KB155891

근대음악문화유산 창가집 연구

근대음악문화유산 창가집 연구

민경찬 문옥배 김수현 이준희 강태구 최세은 저

경인문화사

책을 펴내며

창가집의 보존과 활용을 위한 모색

창가(唱歌)는 19세기 말부터 20세기 전반기에 시대를 풍미했던 노래 장르였다. 창가는 근대기의 찬송가, 찬송가의 선율을 차용해 만든 노래, 서양 곡조의 차용 노래, 일본 군가 및 창가의 선율을 차용 한 모든 노래, 1945년까지 한국인에 의해 창작 성악곡, 학교 교육에서 사용된 모든 노래, 교육용으로 불린 모든 노래, 유행가 등을 포괄한다. 창가집은 이러한 창가들을 담아 만든 노래집이다. 창가는 무형이지만 이를 수록한 창가집은 문헌기록 근대음악문화유산으로 남아 있다.

근대음악문화유산으로서 창가집을 소개하고 그 가치를 학술적으로 조명하는 작업은 지속적으로 이루어지고 있다. 그러나 창가의 시대적 특수성이 어떠한 것인지, 현재 어떤 창가집이 남아 있으며 어떻게 그 유산을 활용할 것인지를 모색하는 연구와 작업은 여전히 부족한 실정이다.

이 책은 창가집 연구의 한 단계 도약을 위해 기획되었다. 이를 위해 2023년 평택시 한국근현대음악관에서 주관한 '『근화창가』 경기도 등록문화재 지정기념 학술대회'에서 발표한 원고 여섯 편을 수정 보완해 책으로 엮었다. 이 책에는 창가집의 가치와 분류, 내용 등과 활용 등을 주제로 근대음악사를 집중적으로 연구해온 학자들이 집필한

글들이 담겨 있다. 1부는 창가와 창가집의 일반론으로서 그 가치를 규명한 세 편의 글로 구성하고, 2부는 한국근현대음악관 소장 창가집을 대상으로 보존과 활용을 모색하는 세 편의 글로 구성하였다.

1부는 창가의 일반론과 함께 식민지 지배와 국권회복을 위한 투쟁이 맞서는 특수한 시대 상황에서 탄생한 한국의 창가와 그 창가를 담은 창가집이 근대 음악문화 유산으로서 어떤 가치가 있는지 다룬 글이다.

민경찬의 「근대음악문화유산 창가와 창가집의 가치」는 먼저 창가가 국권 상실 위기에서 탄생한 배경, 일제의 탄압으로 저항의 노래, 민족의 노래가 되어 버린 특수성을 서술하였다. 창가의 가치는 음악사적으로는 서양노래 수용 과정을 볼 수 있는 점, 서양의 조성음악이 음악적 모국어의 하나로 형성되는 데 결정적 역할인 점, 동요, 가곡, 대중가요의 탄생에 일정한 역할을 했다는 점, 집단 가창의 속성을 가지고 있어 새롭게 형성된 가창문화 연구에 의미를 가지고 있다는 점에 있다고 강조하였다. 그리고 여러 절을 가진 수천 편의 창가 노랫말은 한국어의 근대식 표현, 표기, 언어의 역사와 근대문학사적으로 보고라고 평가하였다.

문옥배의 「일제강점기 식민지배 체계로서의 창가통제」는 일제강점기에 창가 통제의 이유와 방법과 통제기구, 금지 처분 받은 창가집에 대해서 다룬 연구이다. 먼저 일제가 창가를 통제한 이유는 창가가 매개하는 사회성을 인식했고 그 사회적 영향력을 인식했기 때문이라는 사실을 검열기구 종사자의 입을 통해 증명하였다. 그리고 창가 검열기구로서 조선총독부 경무총감부 고등경찰과, 도서과, 보안과, 검열과 등을 들고 일제의 창가 통제체계와 검열 기준을 출판통제, 음반통제, 가창통제 등으로 나누어 그 통제의 결과물 중의 하나인 금지처분 창가집으로 이성식의 『중등창가』를 비롯한 36편을 사례로 들어 설명했다. 더불어 부록으로 일제강점기 음악통제 관련 1차 자료를 실었다. 이 글은 창가 통제와 창가 유행이 동전의 양면임을 증명하는 연구라고 할 수 있다.

김수현의 「1945년 이전에 생산된 항일애국창가집 17종」은 국권상실의 위기와 국권피탈 상황에서 국권 회복을 위해 노래를 담은 항일애국창가집 17종을 대상으로 가사만 있는 9종과 악보가 있는 8종으로 나누어 사료의 정보를 소개하고 수록곡 및 수록곡의 특징을 밝혔으며 다른 상호 창가집의 수록곡들과의 관련성을 살펴본 글이다. 이 연구는 그동안 관제 창가집 허가받은 창가집 중심의 창가집 연구의 눈을 돌려 항일애국창가집의 존재를 인식시키고 그 가치를 부각시켰다. 더불어 부록으로 17종의 항일애국창가집에 수록된 517곡의 원곡명과 현대어명 앞가사를 실었다.

2부는 경기도등록문화재로 등재된 『근화창가』를 비롯한 평택 한국근현대음악관 소장 창가집을 대상으로, 창가와 창가집의 보존 및 활용을 주제로 하는 글로 구성되어 있다.

이준희의 「1910~1940년대 창가집 내용별 분류-한국근현대음악관 소장자료를 중심으로」는 한국근현대음악관에서 소장하고 있는 한국 창가집 56종, 즉 1910년 통감부 통치 학부에서 편찬한 『보통교육창가집』에서부터 1946년 임동혁의 『여성창가집』까지를 대상으로 연구한 글이다. 이 글에서 창가집을 교육, 교양, 유행 세 가지로 유형으로 분류하여 해당 창가집의 성격, 수록곡의 특징 등을 다루었다. 교육창가집은 주로 총독부가 발행하여 관제적 성격을 띠고 있고, 교양창가집은 김인식, 이상준, 노영호, 백우용 등이 펴낸 것으로 계몽적 성격을 띠고 있으며, 유흥창가집은 오락과 정취 표현에 초점을 맞춘 창가가 수록되었음을 그 특징으로 밝히고 있다. 더불어 부록으로 한국근현대음악관 소장 한국창가집 56종의 목록을 이미지와 함께 실었다.

강태구의 「근현대 음악자료의 활용 방안-창가와 창가집의 활용 사례를 중심으로」는 한국근현대음악관이 소장하고 있는 한국창가집과 일본창가집 전체를 대상으로 창가집 현황을 살펴보고 창가집을 활용한 일본의 사례와 한국의 사례를 비교 분석한 글이다. 한국의 사례로는 한국대중음악박물관과 문화원형 디지털 콘텐츠 사업을 중심으로, 일본의 사례로는 일본근대음악관과 몇 개 도시에서 주관하는 시민 워크숍 프로그램 등을 대상으로 분석했다.

최세은의 「『근화창가』의 경기도 등록문화재 지정 타당성과 그 의의」는 경기도 등록문화재 제도 도입 이래 최초로 등록된 근대음악 관련 문화재로서 한국근현대음악관 소장 자료인 『근화창가』에 대해 다룬 글이다. 『근화창가』는 1921년 노영호가 편찬하여 발매되었다가 1930년대 말 금지된 창가집이다. 이 연구는 『근화창가』의 편찬자 노영호를 비롯하여 편찬사 근화사, 편찬 배경 등을 당시의 신문기사, 광고 등과 함께 <조선의 자랑>을 비롯한 수록곡 7곡을 자세하게 다루고 있다. 이를 통해 『근화창가』의 문화재적 가치, 경기도 등록 문화재 지정의 근거를 제시하였으며 더불어 『근화창가』가 국가문화재로 승격되어야 하는 타당성을 제시하였다.

이 책의 기획은 『근화창가』 경기도등록문화재 지정 기념 학술적 조명을 계기로 시작되었지만, 연구와 책 출간은 수십 종의 한국근현대음악관 소장자료를 비롯하여 창가집 전체에 대한 인식을 확산시키는데 기여할 것이다. 창가는 한국의 특수한 시대 상황에서 탄생한 장르이고, 창가집은 그것이 담긴 근대 문화유산으로 앞으로도 주목해야 할 가치가 충분하다. 특히 창가집 연구는 현재와 미래에 문화콘텐츠로 활용할 원형을 찾을 수 있는 근거를 마련한다는 점에서 큰 의의를 갖는다.

이 책이 근대음악유산, 특히 창가집에 대한 인식을 넓히고 향후 연구를 촉진하는데 조금이나마 도움이 되길 기대한다.

2024년 2월 22일

엮은이 김수현 씀

차 례

책을 펴내며 창가집의 보존과 활용을 위한 모색 5

1부 창가와 창가집의 근대음악사적 가치

민경찬 근대음악문화유산 창가와 창가집의 가치 15

문옥배 일제강점기 식민지배체계로서의 창가 통제 37

김수현 1945년 이전에 생산된 항일애국창가집 17종 109

2부 근대음악유산 창가집의 보존과 활용

이준희 1910~40년대 창가집 내용별 분류 209
- 한국근현대음악관 소장 자료를 중심으로 -

강태구 근현대 음악 자료의 활용 방안 241
- 창가와 창가집의 활용 사례를 중심으로

최세은 『槿花唱歌』의 경기도 등록문화재 지정 타당성과 그 의의 299

참고문헌 341

저자소개 359

1부

창가와 창가집의 근대음악사적 가치

근대음악문화유산 창가와 창가집의 가치

민경찬

다양하고 다채로운 '창가'의 세계

창가(唱歌)란 무엇일까?

음악적인 측면에서 '창가(唱歌)'란, 19세기 말 개항(開港)과 함께 수용되기 시작한 서양의 노래 그러니까 서양의 조성음악(調性音樂)에 우리말 가사를 붙여 만든 노래 및 서양식으로 만든 새로운 양식의 노래를 의미한다. '창가'는 우리의 근대 역사 속에 대표적인 음악양식의 하나로 존재를 했고, 동시에 서양 여러 나라 노래의 수용, 근대 창작음악의 시작, 학교 음악 교육의 시작, 우리나라 국가(國歌)의 탄생 등의 의미를 가지고 있다. 그리고 무엇보다도 계층과 계급과 남녀노소를 불문하고 많은 사람들이 애창을 하면서 한 시대를 풍미한 노래였다는 중요성을 가지고 있다. 즉, 그 안에는 우리의 역사가 있고, 우리의 문학이 있고, 우리의 음악이 있고, 우리 민족의 삶과 애환이 담겨 있다.

창가의 특징 중 하나는, 그 세계가 다양하고 다채롭다는 점에 있다. 애국·애민·애족의 정신을 고취시키는 내용의 노래를 비롯하여, 근대사상과 계몽정신을 북돋아주는 내용의 노래, 독립정신과 독립투쟁을 일깨어 주는 내용의 노래가 주를 이루는 가운데 일본이 강제로 우리에게 보급한 것도 적지 않다. 그런 가운데 유감스럽게도 우리가 만든 일제(日帝)를 찬양하는 노래도 있다. 그리고 기능적인 면에서도 교육적이고 계몽적인 것이 주를 이루면서 군사적인 것, 종교적인 것, 일상의 희로애락을 다룬 것 등 매우 다양하고 다채롭다. 다시 말한다면, 우리의 선조들은 개항과 함께 '창가'라는 새로운 노래를 만들어 부르면서 새로운 시대를 맞이하였다. 그리고 대한제국이라는 근대국가를 건설할 때도 창가와 같이 하였고, 나라를 빼앗긴 시절 해외에서 독립운동과 독립투쟁을 할 때도 창가와 같이 하였다. 그런 한편 일제강점기 국내에서는 우리의 교육권을 강탈한 일제(日帝)가 식민 통치 수단의 하나로 학교 교육을 통해 일본의 창가를 강제로 보급했지만, 이에 대응하여 우리는 우리식의 창가를 만들어 부르기도 했다.

창가의 종류만 살펴보더라도, 애국창가, 계몽창가, 교육창가, 학교창가, 학생창가, 지리창가, 경계창가, 유행창가, 단음창가, 복음창가, 창작창가, 일본창가, 조선창가, 의식창가, 여자창가, 여성창가, 위인창가, 수신창가, 보통창가, 중등창가, 초등창가, 최신창가, 통속창가, 낙원창가, 광익창가, 근화창가, 청년창가, 유년창가, 서정창가, 농금창가, 유희창가, 소애락창가, 무궁화창가 등 매우 다양하다. 그리고 해외에서 우리 민족이 만들어 불렀던 '독립운동가'와 '독립군가', '항일가요'와 '반일가요'도 창가의 범주에 속한다.

그런 한편, 창가의 수만 하더라도 수 천편 아니 어쩌면 수를 셀 수 없을 정도로 많았을 것으로 추정이 되며, 창가를 악보집으로 엮어 출판한 창가집도 수백 편에 달할 것으로 보인다. 그렇지만 유감스럽게도 지금은 대부분 잊혀져버린 노래, 잃어버린 노래가 되어 버리고 말았다.

일제의 탄압으로 잃어버린 노래가 되어버린 '민족의 노래'

우리의 선조들은 가무(歌舞)의 민족답게, 앞에서 말한 바와 같이 나라가 위기에 처했을 때도 대한제국이라는 새로운 나라를 건설할 때도 나라를 빼앗긴 시절 독립운동과 독립투쟁을 할 때도 창가와 같이 하였다.

즉, 우리의 창가는 '애국의 노래', '계몽의 노래', '교육의 노래', '구국(救國)의 노래'라는 성격을 띠고 출발을 하였으며, 그 안에는 우리의 역사가 숨 쉬고 있고, 우리 민족의 삶과 애환이 담겨져 있고, 우리의 민족혼이 서려 있고, 우리의 예술적 정서와 음악적 정서가 녹아 있다.

그런데 창가는 우리의 근대사와 같이 험난한 길을 걸어야만 했다. 일제(日帝)는 우리의 창가와 창가집을 철저히 탄압을 했고, 다른 한편으로는 일본 창가를 강제로 보급하였다. 그만큼 창가의 영향력이 컸다는 것을 반증해 주고 있다.

일례로, 1910년 1월 9일자 『황성신문』을 보면 "각 관립 공립 사립학교의 창가가 통일되어 있지 않을 뿐 아니라, 과격한 내용의 불량창가가 많기 때문에 이를 중지시키기 위해 새로운 창가집을 만들고 있다."[1]라는 내용의 기사가 있다. 금지를 시킨 주체는 통감부였고, 여기서 말하는 '중지'란 '금지'를, '불량창가'란 '애국창가'를, '과격한 내용'이란 '반일(反日)적이고 배일(排日)적인 내용'을 뜻한다. 이를 통하여 당시 애국창가와 반일창가가 학교 교육을 통하여 학생들에게 많이 보급이 되었다는 것을 알 수 있다.

---

1 『황성신문』, 1910년 1월 9일.

또 다른 기록으로, 1910년 4월 19일자 『관보』 4656호를 보면 "이성식 저작의 『중등창가』를 허가 받지 않고 출판한 것이기 때문에 출판법에 의해 그 발매와 반포를 금지하고 이를 압수한다."[2]라는 것이 있다. 이 책은 아직 발굴되지 않아 구체적인 내용을 알 수 없지만, 증언 기록에 의하면 〈무궁화〉, 〈전진가〉, 〈격검가〉, 〈정신가〉, 〈국기가〉 등이 수록되었다고 한다.[3] 이 『중등창가』의 저자 이성식은 '애국가 지은 죄'라는 죄목으로 일본 경찰에 의해 체포가 되어 옥살이를 하였는데, 당시 미국에서 발행한 동포 신문은 이를 증언해 주고 있다.

> 애국가 지은 죄
> 세상에 나라사랑하는 죄라는 말은 한국밖에 없을 것이다. 평양에 이덕환씨의 아들 이성식이란 학생은 나이 이제 열여덟 살인데 위인이 총명준수하여 세상사람이 칭찬하기를 저 아이는 장래에 안창호의 이상인물이 될이라 하는 터인데 이성식이가 기왕에 애국가를 지은 바 있으니 이 노래는 과연 감개격절할 뿐 아니라 한번 듣는 자- 피가 뜨거워지며 기운이 왕성하여 곧 산을 흔들며 바다를 뒤집을만하여 그 일편단심이 나라를 위하여 아낄 것이 없게 되었은 고로 각 학교에서 이 노래를 가지고 학도의 창가를 가르치더니 하루는 일인(日人)관리가 어떤 학교에서 이 노래를 듣고 즉시 각 학교에 있는 서적 중에 이 노래가 있는 책은 몰수하여 걷어가더니 필경에는 이 노래지은 사람이 누구냐하고 궁극히 사출하여 이성식인줄 알고 금년 2월에 이성식을 잡아다가 지금까지 평양옥중에 가두어 두었는데 장차 징역을 시킨다하니 이 한가지를 보더라도 日人이 한국에 와서 어찌하는 것을 가히 알리라[4]

2 『관보』, 4656호, 1910년 4월 19일.
3 이상만, 「음악개관」, 『문예총감』(서울: 한국문화예술진흥원, 1976), 336쪽.

이와같이 한일강제병합 직전부터 통감부는 노래가 대한 강력한 규제를 시작하였다. 그러자 애국적이고 반일적인 노래가 서서히 한반도에서 자취를 감추게 되었다. 그런데 영원히 자취가 감춘 것이 아니라 중국지역, 미주지역, 러시아 지역 등 해외 독립운동 지역으로 확대되어 다시 출판되었고 다시 불리기 시작하였다. 만주에 설립된 민족학교인 광성중학교에서 1914년에 편찬한 『최신창가집』과 1916년 하와이에서 편찬한 『애국창가』가 그 대표적인 예인데, 이 노래집에는 일제의 탄압으로 말미암아 한반도에서 자취를 감춘 노래가 총망라 되어 있을 뿐만 아니라 독립정신을 고취시키는 새로 만든 노래도 대거 수록이 되어 있다. 이 노래들은 민족학교에 다니는 학생들뿐만 아니라 동포들과 독립운동가, 독립군들에게도 전해 져 노래를 통한 구국(救國)활동에 커다란 역할을 하였다.

그런 한편, 일제의 강압적으로 폭력적인 통제 속에 있었던 국내에서는 직접적으로 일제에 대한 저항을 하기에 어려움이 있자 우회적인 방법으로 민족정신을 고취시키고 일제에 항거하는 창가를 만들었다. 그리고 일제가 장악하고 있는 정규 학교를 통해서 보급하기에는 어려움이 있자, 교회 학교와 야학 등을 통하여 보급을 하였다. 그 대표적인 것으로는 『동서위인창가』와 『근화창가』라는 창가집이 있다. 이외에도 일제강점기 애국심을 고취시키고 일제에 항거하고 독립정신을 유발시키는 수많은 창가가 만들어지고 애창이 되었는데, 일제의 탄압으로 말미암아 금지가 되어 대부분 잃어버린 노래가 되어 버리고 말았다.

---

4 『신한민보』, 1910년 6월 29일.

그런데 일제에 의해 금지가 된 창가집 중 상당수가 문화유산으로서의 가치가 매우 높은 것들이다. 『최신창가집』, 『애국창가』, 『동서위인창가』, 『근화창가』[5] 등 다시 찾은 창가집이 그것을 증명해 주고 있다.

다시 찾은 창가집

1996년 국가보훈처에서는 한 권의 창가집을 영인본으로 출판하여 각지에 보급했다. 만주에 설립된 우리의 민족학교인 광성중학교에서 1914년에 편찬한 『최신창가집』을 발굴하여 영인·출판한 것이다. 이 창가집에는 152편의 창가가 악보로 수록되어 있는데, 1914년 이전 우리 민족이 만들어 부른 애국가와 애국창가를 비롯하여 각종 창가가 총망라되어 있다고 해도 과언이 아니다.

『최신창가집』은 1914년에 출판된 것인데, 일제에 의해 압수 및 금지가 되어 그동안 존재 자체로 몰랐던 것이었다. 그러다가 일본 외무성 사료관에 압수물로 있었던 것이 82년이 지난 1996년 국가보훈처 한 직원에 의해 발굴이 된 것이다.

이 창가집에는 그동안 악보가 없이 제목만 전해 오거나 아니면 가사만 전해 온 것이 적지 않다. 따라서 이 창가집의 발굴로 말미암아 잃어버렸던 수많은 창가를 다시 찾을 수 있게 되었고, 창가의 진면목을 알 수 있게 되었고, 나아가서는 그동안 몰랐던 우리 근대음악사의 일부를 복원할 수 있게 되었다.

대표적인 예로는 〈국가〉(國歌)와 〈애국가〉를 들 수 있다. 『최신창

5 최세은, 「경기도시도등록문화재 일제강점기 금지창가집 槿花唱歌」, 『근대서지』 26, 민속원, 2022.

가집』에는 〈국가〉(國歌)라는 제목의 노래가 두 편, 〈애국가〉를 비롯하여 '애국'이라는 제목을 가진 노래가 모두 아홉 편이 수록되어 있다.

〈국가〉 중 하나는 1908년 윤치호가 편찬한 『찬미가』에 가사만 수록된 〈Patriotic Hymn〉이란 제목의 노래를, 『최신창가집』에는 악보와 함께 〈국가〉라는 제목으로 수록하였다. 〈국가〉의 가사를 살펴보면 다음과 같다.

국가(國歌)

1절

東海물과 白頭山이 말으고 달토록
한아님이 보우하사 우리 나라 萬歲
無窮花 三千里 華麗江山
大韓 사람 大韓으로 길이 保全하세

2절

南山 우에 져 소나무 鐵甲을 두른 듯
바람잇을 不變함은 우리 氣像일세
無窮花 三千里 華麗江山
大韓 사람 大韓으로 길이 保全하세

3절

가을 하날 空濶한데 놉고 구름 업시
밝은 달은 우리 가삼 一片丹心일세

無窮花 三千里 華麗江山
大韓 사람 大韓으로 길이 保全하세

4절
이 氣像과 이 맘으로 민족을 모으며
괴로우나 즐거우나 나라 사랑하세
無窮花 三千里 華麗江山
大韓 사람 大韓으로 길이 保全하세

위의 가사를 스코틀랜드 노래인 〈Auld Lang Sine〉의 선율에 붙여 오선보 악보로 만들었는데, 이 노래가 오선보 악보로 발굴된 것은 『최신창가집』에 수록된 것이 가장 오래된 것이다. 이를 통하여, 첫째 그동안 이 노래는 1919년 대한민국 임시정부 수립 후에 국가로 불렸다고 알려졌는데 1914년 이전부터 국가로 불렸다는 사실을 알 수 있게 되었고, 둘째 현행 〈애국가〉 가사의 변천 과정을 알 수 있게 되었고, 셋째 어떤 음에 어떤 가사를 붙여 노래했는지 구체적으로 알 수 있게 되었다. 그리고 당시에는 〈국가〉가 두 편이 있었다는 사실도 알 수 있는데, 또 다른 〈국가〉의 가사는 다음과 같다.

국가(國歌)
上帝난 우리 大韓을 도으소셔
獨立富强하야
太極旗를 빗나게 하옵시고

權이 環瀛에 떨치여
於千萬歲에 自由가 永久게 하소서
上帝난 우리 大韓을 도으소서

위의 가사가 오선보 악보와 함께 수록되어 있는데, 이 노래의 원래 제목은 〈대한제국 애국가〉이며, 원래의 가사는 다음과 같다.

〈대한제국 애국가〉
상뎨는 우리황뎨를 도으ᄉᆞ
셩슈무강ᄒᆞᄉᆞ
ᄒᆡ옥듀를 산갓치ᄡᆞ으시고
위권이 환영에 ᄯᅳᆯ치ᄉᆞ
오쳔만세에 복녹이 일신케ᄒᆞ소셔
상뎨는 우리황뎨를 도으소셔

즉, 원래의 가사 중 "황제를"이 "대한을"로, "성수무강하사"가 "독립부강하여"로, "해옥주를 산같이 쌓으시고"가 "태극기를 빛나게 하옵시고"로, "복녹이 일신케 하소서"가 "자유가 영구케 하소서"로 바뀌었다. 원래의 가사는 황제에 대한 충성심과 애국심을 내용으로 하고 있지만, 자주 독립 국가가 되기를 염원한 내용의 노래로 바뀐 것이다. 그리고 음악적인 면에서도 원곡과는 약간의 차이가 있다.

〈대한제국 애국가〉는 우리나라 최초의 국가임에도 불구하고 잃어버린 국가였습니다. 일제(日帝)에 의해 금지가 되었고 가사가 붙은 악보가 전해 오지 않았기 때문이다.[6] 그런데 『최신창가집』으로 말미암아 그 모습을 알 수 있게 된 것이다.

그 외 주목할 만한 것으로는 〈애국가〉를 비롯하여 '애국'이라는 제목을 가진 노래가 모두 아홉 편이 수록되어 있다는 점과, 태극기를 찬양한 〈국기가〉, 독립군 예비대의 노래인 〈혈성대가〉 등과 함께 독립, 대한 정신, 학도, 권학, 절개, 단군, 자유, 국민 등 '애국'과 '독립'을 노래한 창가가 대거 수록되어 있다는 점이다. 이들 노래는 만주에 설립된 우리 민족 학교를 통해 교수가 되었고 또 3·1운동의 현장에서도 불렸을 것으로 추정된다.[7]

창가집 중에는 국가등록문화재로 지정된 것이 있다. 1916년 하와이 동포사회에서 발행한 『애국창가』가 그것이다. 독립기념관에서 해외에 있는 독립 운동 자료 발굴 사업의 일환으로 발굴하여 소장하고 있었던 것이 2021년 국가등록문화재로 지정된 것이다. "우리나라의 독립과 애국, 일본에 대한 저항 의지 등 당시의 시대상을 반영하면서, 다양하고 풍요로운 악곡을 소개하고 있어 역사적 가치가 크다는 이유" 때문이다. 이 책의 서문을 보면, "국가(國家)의 홍망성쇠는 국민의 정신에 달려있고 국민의 정신을 감동시켜 분발하게 하는 데는 노래가 으뜸이다. 우리도 그런 노래가 많았지만 무도무법(無道無法)한 이토 히로부미와 테라우치 무리가 압수를 하고 말았다. 이에 그 노래가 없어지지 않게 한 편의 책으로 만들어 애국 동지에게 전한다."[8]라고

---

6 원곡의 악보는 전해 오고 있지만, 가사와 악보가 따로 되어 있어 어떤 음에 어떤 가사를 붙여 노래했는지는 알 수가 없었다.

7 『최신창가집』의 구체적인 면면에 관해서는 본서에 김수현이 쓴 '항일·애국창가집 17종의 사료적 가치'를 참조 바랍니다.

되어 있다. 모두 75편의 애국창가가 수록되어 있는데, 그 중에는 〈국문가〉라는 제목의 노래가 있는데 그 가사를 보면 다음과 같다.

〈국문가〉

가장 귀한 대한 청년 걸음걸음 전진하세 고생 환란 무릅쓰고 구름같이 쌓인 분을
봄눈같이만 에화 쓸어나 냅시다
〈후렴〉
에헤 에헤이오 에화 지화자 정 좋구나 무장을 떨치고서 독립전쟁에 에화 나아나 갑시다

나라일을 하는 때는 너와 나를 물론하고 노예 됨을 면하고서 누려보세 자유 복락
이천만인 에화 한가지로

달아나는 이 세월을 더디할 자 뉘 있으며 도탄 중에 빠진 동포 두호할 자 어디 있나
우리 청년들이 에화 담당하였네

라팔 불며 전진할 제 너풀너풀 나는 깃발 도중 원수 만나거든 누란같이 짓부수고 승전고를 둥둥 울려나 보세

8 『애국창가』(하와이, 1916).

마치니의 애국 사상 머리 속에 새겨 놓고
모험 정신 분발하여 우리 나라 부강 국가 만드세

바라노니 대한 청년 벗어나세 이 기반을 보국안민 목적 삼아 부월 당전할지라도
용기 있게 에화 나아갑시다

사농공상 물론하고 서로 서로 단합하며 소년 규각 다 버리고
수천만인 일심으로 역대 사업 에화 이루어 봅시다

아름다운 이 계책은 어김없이 마칠지니 오매 중에 자랑할 것 우리 독립 국기로다
이 깃발을 에화 빛내 봅시다

자던 잠을 빨리 깨고 제 할 일을 다ᄒᆞ여서 조상께서 우리에게
주어 전한 이 강토를 아무쪼록 에화 보전합시다

차탄 낙심 하지 말고 처음 나중 같이하여 초패왕의 역발산도 추불서혜 낙망타가
오강에서 에화 죽었나-니

칼리발디 제 누구며 콜럼버스는 제 누구냐 코를 골며 잠든 자야
쿨럭 쿨럭 자지 말고 일어나서 에화 활동을 합시다

타인 압제 벗으려면 터 닦을 것 독립이요 토지 보전하려거든
투신 헌국할지어다 열심 있는 에화 청년들아

파도같이 몰려들어 퍼지나니 애국 정신 포만 전육 하였으니
푸르렀다 청구강산 신출 광경 에화 좋을시고

하느님이 우리에게 허락한 복 찾아 놓고 호호탕탕 넓은 들에
후세 자손 영원토록 만세 만세 에화 만만세토록

각 절의 첫 글자를 배열하면 '가나다…' 순이 되며, 특이하게도 이 창가를 우리 민요 〈방아타령〉에 가사를 붙여 노래하도록 하였다. 이를 통하여, 해외에서 독립정신과 애국정신뿐만 아니라 우리말과 우리글과 우리 민요를 잊지 않게 교육시켰고, 또 민요를 가지고 창가를 만들었다는 사실도 알 수 있습니다. 창가의 다양한 음악적 면모를 보여 주는 사례이기도 하다.

그런 한편, 국내에서는 3·1운동 직후인 1921년 『동서위인창가』를 발행하였다. 이 책의 서문은 독립운동가이자 동경에서 거행된 2·8독립선언의 대표 중 한 사람인 당남 최팔용(崔八鎔, 1891-1922) 선생이셨다. 서문을 보면, "동서양 위인 이야기의 요점을 따서 알기 쉽고 기억하기 쉽게 노래를 지어서 암운을 헤치고 그 광명을 반도에 인도하려하여 위인창가집을 세상에 내 놓으니 이는 진실로 우리 사회에 처음 있는 시험이라. 노장(老壯)을 막론하고 이 글을 읽어서 위인의 밝은 길을 우리도 밝은 진대 계림 천지에 반드시 행복의 곳이 될지라"[9]라

고 되어 있다. 즉 역사 교육과 음악교육이라는 우회적인 방법을 통해 민족의 정신과 독립정신을 고취시키려 했던 것이다. 총 23편의 노래가 수록되어 있는데, 을지문덕 장군·강감찬 장군·양만춘 장군·이순신 장군·장보고·김유신 장군 등 우리 민족의 위인과, 활자·자기·청자 등 우리의 자랑스러운 문화재를 예찬한 노래 등과 함께 〈자각〉(自覺)과 〈경계〉(警戒)라는 제목으로 우리 민족의 새로운 각오를 다짐하게 하는 노래가 수록되어 있다. 이 중 〈이순신〉이란 제목의 노래의 가사를 보면 다음과 같다.

〈이순신〉

장하도다 이순신의 높은 지혜여
전 세계가 암흑해서 혼돈할 때에
철갑으로 거북선을 처음 지어서
온 천하에 군함 제조 모범 되었네

망망대해 풍파 상에 꺼릴 것 없고
왕래 상에 사용함이 편리하도다
조선의 이순신은 해군에 으뜸
그의 지은 철갑선은 군함의 원조

서양의 영길리도 처음 발명해
넬손으로 해군 대장 삼았도다

9 정경운 편, 『동서위인창가』(경성: 廣文書市, 1921), 「서문」.

군함을 새로 짓고 해전할 때에
이순신의 철갑선을 원조를 삼네
장하도다 그 성공이 아름다워서
삼백여 년 옛 사업을 오늘까지도
그 성명과 그 성공이 아울러 살아
영원토록 오래도록 전해오도다

『동서위인창가』는 우리 역사 교육의 일환으로 만든 것으로 보인다. 이 책이 발간된 1921년은 우리의 역사교육을 못하거나 일제의 식민사관에 입각한 역사교육만 해야 했던 시기였다. 그런데 국내에서 조선의 위인을 다룬 노래책을 출판했다고 하는 것은 독립운동을 하는 것과 다름이 아니었을 것이다. 비록 국내라는 한계 때문에 일본에 대한 직접적인 저항을 하지 못했지만, 3·1운동 이후 국내에서 전개된 또 다른 형태의 애국창가 운동의 정형을 보여 주고 있다. 그동안 음악계에서 조차도 알려지지 않았던 3·1운동 이후 국내에서 전개된 애국창가 운동의 면면을 알 수 있게 해주는 중요한 자료이다.

북한의 근대음악사를 바꾸게 한 '창가'

여기서 참고로 북한의 예를 살펴보도록 하겠다. 북한은 우리보다 먼저 범국가적인 차원에서 '창가'를 재평가하고 또 자신들의 음악사를 수정하였다.

북한에서는 '창가'를 '계몽가요'라 칭하고 있다. 창가 즉 계몽가요가 재평가를 받게 된 것은 1990년대 말 김정일의 "우리나라 근대 및 현대 음악발전 역사만 놓고 보아도 일제식민지통치를 반대하는 우리 인민의 반일애국사상이 높아가던 시기에 계몽가요(필자주, 창가)와 같은 음악 종류와 형식이 발전하였으며 그것은 애국적인 인민들과 청년 학생들 속에서 반일애국사상감정을 불러일으키는데 기여하였다."[10] 라는 언급이 직접적인 계기가 되었다. 그리고 이를 계기로 창가는 '계몽가요'라는 이름으로 발굴·정리·연구·보급 등 일련의 작업이 이어졌다.

북한에서 발굴하여 악보를 통해 발표한 대표적인 계몽가요로는, 〈거북선〉, 〈국치일가〉, 〈글자배우기〉, 〈금주가〉, 〈단군탄생가〉, 〈망향가〉, 〈무궁화동산〉, 〈부모의 은혜〉, 〈살수에서의 승리〉, 〈소년남자가〉, 〈을지문덕〉, 〈정신가〉, 〈조선13도가〉, 〈조선은 반도요 삼천리 강산〉, 〈조선의 자랑〉, 〈풍진가〉(희망가), 〈학도가〉 등이 있다. 제목만 보아도 어떤 노래인지 짐작이 간다.

그리고 이러한 노래, 즉 "계몽가요들은 당시 청년 학생들 속에 널리 보급되어 그들의 향학열을 높여주고 애국적 감정을 불러일으키는데 일정한 작용을 하였다."고 하면서, '계몽가요'의 가장 큰 의의는 "수많은 계몽가요들이 창작되어 불리워지면서 예술가요창작의 밑거름으로 되었다"[11]고 평가하고 있다.

이를 통하여 북한에서는 '창가'에 관한 재평가 작업이 본격적으로 이루어지고 있고 또 그것을 보급하는 단계에까지 이르렀다는 것을 알

10 최창호, 『민족수난기의 가요들을 더듬어』(평양: 평양출판사, 1997)와 『계몽기가요선곡집』(평양: 문학예술종합출판사, 1999)에 수록된 김정일의 어록 중에서.
11 최창호, 『민족수난기의 가요들을 더듬어-증보판-』(평양: 평양출판사, 2003), 11쪽.

수 있다. 그리고 자신들의 음악사의 뿌리를 종전에는 '혁명가요'에 초점을 맞춰 설명을 하였는데 '계몽가요'로 전환시켰다는 것을 알 수 있다. '혁명가요'라는 김일성 중심의 음악사마저 수정을 한 것이다.

이와 같이 창가의 중요성을 우리보다 북한에서 먼저 인식을 하였다. 그런데 주지하다시피 창가(계몽가요)가 만들어지고 향유되던 시기는 남북이 분단되기 이전입니다. 북에서 발굴한 창가 역시 남북한을 떠나 우리 민족의 유산인 것이다.

따라서 남북이 공유하고 또 공유할 창가를 통해서 남북음악교류와 민족동질성 회복의 길을 모색해 볼 수 있지 않을까 생각한다. 그리고 그 가능성이 현실이 되기를 기대해 본다.

창가와 창가집이 가진 근대 문화유산으로서의 가치

창가는 시문학과 음악이 결합된 예술 양식이고 그 출현 및 내용은 우리의 시대상과 밀접한 관계를 가지고 있다.

음악적인 측면에서 창가는, 서양음악을 우리 식으로 수용 및 우리의 문화과정에 편입시켜 새로운 양식으로 발전시킨 우리의 근대노래다. 좀 더 구체적으로 말씀드린다면, 첫째 창가는 서양 노래를 수용하는 것으로부터 시작하였기 때문에 창가를 통하여 서양노래의 수용과정을 살펴 볼 수가 있다. 즉, 미국의 노래를 비롯하여, 영국의 노래, 독일의 노래, 오스트리아의 노래, 프랑스의 노래, 러시아의 노래 등 외국 여러 나라의 다양한 노래가 어떻게 수용되었고 우리의 문화과정 속에서 어떤 역할을 하였는지 등에 관해 알 수가 있다. 둘째, 20세기 한국 음악의 커다란 특징 중의 하나가 음악적 모국어가 2개로 형성이 되었다는 점이다. 하나는 국악의 어법 바탕으로 하는 것이고, 또 다른 하나는 서양의 조성음악을 바탕으로 하는 것이다. 이로 말미암아 우리 민족에게는 다양한 음악문화를 이해할 수 있는 bi-musicality가 형성이 되었고, 또 다양한 음악문화를 낳게 하였다. 그리고 나아가서는 '음악 한류'를 낳기도 하였는데, 바로 그 토대의 역할을 한 것이 '창가'였다. 창가는 서양의 조성음악을 바탕으로 하고 있기 때문에 조성음악이 우리의 음악적 모국어의 하나로 형성되는데 있어 결정적인 역할을 한 것이다. 셋째, 우리나라의 근대식 창작음악 역사 역시 창가로부터 시작한다. 그리고 창작 창가는 1920년대 중반 이후부터 '창작 동요', '창작 가곡', '창작 대중가요'의 탄생에 일정한 역할을 하였다. 따라서 '창작 창가'의 연구는 우리의 창작음악사 연구와 밀접한 관계를 가지고 있다. 넷째, 창가는 계급과 계층 그리고 남녀노소를 불문하고 모두가 다 함께 부른다는 '집단 가창'을 속성으로 하고 있다. 따라서 근대시기에 새롭게 형성된 '우리의 가창문화 연구'를 연구한다는 의미를 가지고 있다. 한마디로 말씀드린다면 우리 근대음악사의 보고(寶庫)인 것이다.

그런 한편, 창가는 노래이기 때문에 당연히 노랫말(가사)을 가지고 있습니다. 그런데 그 노랫말이 짧게는 1절로 되어 있지만, 길게는 10절이 넘는 것도 적지 않다. 즉, 창가가 1,000편이라 하면 그 노랫말도 1,000편이라는 것을 의미하며, 그 노래의 절을 편으로 계산하면 어마어마한 수가 나온다. 따라서 어문학적인 측면에서 창가는, 한국어의 근대식 표현과 표기 그리고 언어의 변천과정을 알 수 있게 해 주고 있다. 그리고 노랫말이 모두 시(詩)이기 때문에 근대문학사를 복원하는데 있어 일정한 역할을 할 것이다. 어문학적은 측면에서도 보고(寶庫)인 것이다.

노랫말의 내용적인 측면에서 창가는, 앞에서 말한 바와 같이 애국·애민·애족의 정신을 고취시키는 것에서 비롯하여, 근대사상과 계몽정신을 북돋아주는 것, 교육적이고 교훈적인 것, 독립운동과 독립투쟁의 정신을 일깨어 주는 것, 우리에게 용기와 희망을 주는 노래, 희로애락을 다룬 것, 해외에서 사는 우리 동포들의 고국 사랑 및 애환을 담은 노래 등 다양하다. 따라서 우리의 근대 정신사를 비롯하여 독립운동사, 생활사, 디아스포라 연구에 있어서도 많은 도움을 줄 것으로 생각한다.

'창가'는 근대 노래인 동시의 우리의 역사 그 자체이기도 하다. 그리고 근대 문화유산으로서의 가치를 가진 것이 상당수에 이른다. 그런데 우리는 그것을 제대로 보존을 하지 못하였기 때문에 연구도 안 되었고 또 계승도 안 되었다. 그리고 그로 말미암아 역사 및 음악사의 공백이 생겼고 또 민족 유산적 가치를 가진 많은 보물을 잃어버리고 말았다. 창가의 발굴과 복원 그리고 연구 등 일련의 작업은 무엇보다도 잃어버린 우리의 역사를 복원하고 일제의 의해 왜곡된 역사를 수정하고 또 우리의 민족 유산을 계승한다는 의미를 가지고 있다. 우리는 근대 문화유산인 창가와 창가집을 발굴하고, 정리하고, 연구하고, 보급하고, 계승할 의무가 있다.

일제강점기 식민지배체계로서의 창가 통제

문옥배

1. 머리말 : 일제는 왜 창가를 통제했는가?

일제는 한일합병 이전부터 창가(唱歌, 노래)를 통제하였다. 통감부 시기에 「출판법」(1909)과 「출판규칙」(1910)을 제정하여 출판 전 창가책을 검열하였고, 금지처분된 창가책의 시중 유통과 가창을 단속하였다. 그러면 왜 미적 정서의 표현물인 창가를 검열하고 단속하는 등 통제했는가?

첫째, 일제가 창가가 매개하는 '사회성'을 인식했기 때문이었다. 일제는 창가를 단순히 미적 표현물로만 여기지 않았다. 이는 당시 조선총독부의 검열 관련 부서에서 근무했던 검열관의 글에서 나타난다. 조선총독부 경무국의 왕차산(王此山)은 당시 노래(가요)를[1] 검열해야 하는 당위성을 다음과 같이 말하고 있다.

---

1 왕차산의 글 전체 맥락을 보면 그가 말하는 가요란 대중가요가 아닌 노래를 의미한다. 당시 가요는 전통적 노래의 범칭으로 사용되었고, 1930년대 들어 민요와 분리되어 전통적 노래는 '민요'로, 가요는 대중적 노래인 '유행가'(流行歌)로 탈바꿈하여 유행창가(流行唱歌)·유행소곡(流行小曲)·유행소패(流行小唄)·유행가요곡 등의 용어와 혼용되어 불렸다. 1941년 이후에는 음반회사를 중심으로 대중적인 노래를 '가요곡'이라는 용어로 사용하기 시작했다. 박애경, 2012, 「가요개념의 근대화, 식민화, 혼종화」, 『구비문학연구』 제34집, 한국구비문학회, 170-176쪽.

가요란 동일 민족의 사상 감정을 같이하는 사람들 사이에서 발호된 정서의 표현이다. … (중략) … '가요는 사회의 반영'이라고 보통 말해지고 있다 … (중략) … 민정 시찰에서 가요는 이만큼 중요하고 긴요한 것이다. … (중략) … 최근 일대 사건이었던 대정 8년 만세 소요 직전에도 변함없이 가요가 많이 유행했다. 그리고 당시 누구도 이러한 가요를 염려해 연구하지 않았다. 가요가 민중의 사상이고 사회의 목소리인 이상 사상 취체를 해야 하는 것은 결코 그것을 소홀히 해 버릴 수 없다고 생각하기 때문이다.[2]

노래에 대해 사상감정 공유자들의 정서표현, 사회의 반영, 민중의 사상, 사회의 목소리 등의 표현에서 노래를 '사회적 생산물'로 인식하고 있음을 읽을 수 있다.

일제는 가요음반도 검열하였는데, 그 검열 배경에 대해 조선총독부의 문예 검열부서인 도서과의 검열관 오카다 준이치(岡田順一)는 다음과 같이 말하고 있다.

음악을 가장 대중적이고 보편적으로 보급하는 기관(機關)은 실로 축음기 레코드이다. 현재 전 조선(全鮮)에서 레코드의 판매고가 1년에 2백만 매에 달한다고 일컬어지는 것을 보더라도 명확하다. …(중략)… 종래 레코드는 취미, 오락을 본위로 하는 음악, 가요 등에 한정된 감이 있었지만, 문화의 진보에 따라 그 내용에도 두드러지게 진전(進轉)해 왔다. 각 레코드 회사는 다투어 새로운 제품의 제작에 부심하여 취향에 따라 인기에 달하는 판매정책을 취하였기 때문에, 자연히 그들 레코드 중에는 사상적, 민족적 색채를 담은 것이 많아지고 비속(卑俗)한 가요를 취입한 것이 출판되고 있

2 王此山, 1934, 「歌謠から流るゝ思想」, 『警務彙報』 4月號, 第336號, 56-60쪽.

으며, 가두에서 연주되거나 혹은 가정에 선전용으로 제공되어 선량한 질서풍속을 어지럽히는 등 그 취체를 소홀히 할 수 없게 되었다. 종래 비록 이러한 종류의 레코드 취체에 관해서 충분한 뜻을 가지고 이것이 미치는 실제 해로움을 저지하기 위해 노력했지만, 취체규칙이 마련되지 않아 그 철저를 기할 수 없는 감이 있었다. 이에 출판물과 활동사진필림 등에 필적하는 취체를 가해 레코드에 의한 반사회성을 엄격하게 배제하고 비도덕성을 바로잡아 문화기관으로서의 사명을 다하기 위해 본 취체규칙이 공포되기에 이르렀던 것이다.[3]

오카다 준이치는 음반이 오락물이라면 문제가 없지만, 반사회성(사상적, 민족적 색채)과 비도덕성(비속함)을 담고(매개하고)있는 경우가 있어 검열해야 한다고 말하는 것이다.

조선총독부 경무국도 내부 비밀문서인 『조선경찰개요』에서 오카다 준이치와 동일한 음반의 취체(取締) 배경을 밝히고 있다.

축음기레코드는 종래 경찰 시찰의 권외에 있어 그다지 중요하게 여겨지지 않았지만, 레코드의 수효가 매년 현저하게 증가하고, 그 속에서 주의사상 선전을 위해 사용되거나 치안풍속을 해하는 듯한 것들이 발견되어 레코드 취체를 소홀히 처리할 수 없는 상세(狀勢)에 이르게 되었다.[4]

오카다 준이치와 조선총독부는 음반의 검열 배경으로 가요가 사상적, 민족적 색채와 비속함을 매개하는 것에 대한 우려를 말하고 있는 것이다. 음반검열은 음반에 담긴 노래의 검열이 목적이었고, 이를 통

3 岡田順一, 1933, 「蓄音機'レコード'取締に就いて」, 『警務彙報』 6月號, 第326號, 142쪽.
4 朝鮮總督府 警務局, 1941a, 「蓄音機レコードの取締」, 『昭和15年 朝鮮警察概要』, 94쪽.

해 노래를 통제하기 위한 것이었다.

둘째, 음반의 대중화로 창가 보급이 확대되면서, 그 '사회적 영향력'을 인식하였기 때문이다. 일제는 식민지 조선이 근대화되면서 대중사회로 변화하고, 축음기레코드의 등장으로 창가의 대중적 보급이 가능해지자 창가의 사회적, 대중적 영향력을 확인하게 된 것이다. 즉 축음기 보급이 확대되고 가요음반이 대중화되자 일제는 적극적인 창가검열의 필요성을 갖게 된 것이다. 물론 단순히 음반에 의한 창가의 대중화 때문은 아니며, 사회성을 매개하는 창가의 대중적 영향력에 대한 우려 때문이었다. 당시의 잡지에 실린 기사는 가요음반이 얼마나 대중화되었는지를 보여 준다.

> **레코트 판매점과 육백만원**
> '술은 눈물인가 한숨인가', '나물캐려 갓더니', '흐-응흥-', '이산 저산 다 버리고 강원도 무슨 산이로구나' 하는 식으로 유행가가 지금 각지에 광장(廣壯)히 흐르고 잇다. 그러면 이 레코드반을 보급식히는 전 조선판매점은 멧 군대나 되는가 하면 약 200개소요 1년에 몃 장이나 팔니는가 하면 콜럼비아 200만매 빽타 약 200만매 그 박계 포리돌 시에론 오-케 태평양 등 모다 합하면 6,700만에 달한다하니 한장에 1원씩만 하여도 6,700만원이란 축음기보반(蓄音器譜盤) 매매가 잇다. 놀납게도 큰 시장이라 아니할 수 업다.[5]
>
> **악단메리-그라운드**
> 수년내 레코드의 판매율은 급속도로 증가하야 삼천리 8월호 추정 통계를

5 편집부, 1934, 「레코드 판매점과 육백만원」, 『삼천리』 8월호, 제6권 제8호, 14쪽.

보면 판매점 이백여 매수 육백만여라 한다. 이런 대중은 축음기의 보급과 아울너 민중이 오락을 간단하게 만족할 수 있는 「레코드」 예술의 특장(特長) 요소에 잇는 것으로 이에 민중의 약점을 파악하야 레코드회사의 격렬한 경쟁과 생산율을 우리는 수년 내로 주시하여온 바다.[6]

한국대중음악사에서 광복 이전 근대시기만 놓고 본다면 1930년대는 대중가요의 황금기였고,[7] 이는 곧 한국음반사(韓國音盤史)에 있어서 황금기를 의미한다. 대중화로 규모가 커진 음반시장을 놓고 음반사간에는 전쟁이랄 정도로 치열한 점유 경쟁을 하였다.

6대 회사 레코-드전(戰)

레코드의 홍수이다. 레코드 예술가의 황금시대이다. 레코드 외에는 오락을 갓지 못한 중산가정에서는 찻느니 레코드뿐이다. 콜넘이아 빅타만이 접전을 하든 때는 그야 말맛다나 한 옛날 이약이거리로 밧게는 남지를 안케 되얏다. 전선(全鮮) 300이 넘는 대소(大小) 축음기점에서 매삭(每朔) 각사(各社)가 적어도 50종에 갓가온 신보를 내놋컷만 그것이 한 가지에 1,000매 2,000매가 손쉽게 팔녀간다.[8]

조선총독부의 내부자료와 신문 및 잡지 기사에 의하면, 1930년대

6 한양화랑(漢陽花郞), 1934, 「악단메리-그라운드」, 『삼천리』 9월호, 제6권 제9호, 157쪽.

7 황문평, 1981, 『노래백년사』, 숭일문화사, 141쪽 ; 박찬호 저·안동림 역, 1992, 『한국가요사』, 현암사, 265쪽 ; 장유정·서병기, 2015, 『한국 대중음악사 개론』, 성안당, 92쪽.

8 초병정(草兵丁), 1933, 「6대 회사 레코-드전(戰)」, 『삼천리』 10월호, 제5권 제10호, 34-36쪽.

조선에 수입 및 이입(移入)되어[9] 소화된 한국어음반의 연간 매수는 평균 1백만 장에서 2백만 장 사이 정도였다.[10] 곧 축음기 음반에 의해 창가의 대중화가 확대된 것이다.

> 거리의 꾀꼬리인 십대가수를 내보낸 작곡·작사자의 고심기
> 일백이십만장, 이것이 일년 동안에 조선시장에서 팔니는 레코드 수효다. 이 중에 조선소리판이 그 1/3쯤은 된다. 엇잿든 매년 4, 50만장의 구매자를 가지고 잇고 그 노래를 돗고 즐기는 사람을 수십만명 수백만명을 가지고 잇는 레코드게는 참으로 부럽고도 빗나는 존재라 아니 할 수 업다.[11]

9 이입은 내지(內地, 식민지본국 일본)로부터 들여오는 것을 말하며, 수입이란 내지 외의 외국에서 들여오는 것을 말한다. 일본에 수입된 외국품을 다시 조선 내로 들여오는 것과 타 일본식민지에서 들여오는 것은 수입이 아닌 이입에 해당하였다. 岡田順一, 1933, 앞의 글, 143쪽.

10 기록물에 따라 판매 매수를 달리 기술하고 있는데, 년도차이는 있지만 조선총독부의 도서과장은 1백만 장으로(1934), 기자의 조선총독부 취제는 1백50만 장으로(1936), 조선총독부의 일본제국의회 설명자료는 2백만 장으로(1937) 기술하고 있다. [1백만장 기록] 편집부, 1935, 「거리의 꾀꼬리인 십대가수를 내보낸 작곡·작사자의 고심기」, 『삼천리』 11월호, 제7권 제10호, 150쪽 ; 「왜곡한 오락을 시정 : 레코드 면목 일신, 취체의 효과가 이러케 크다, 청수(淸水)도서과장 談」, 『매일신보』, 1934.02.02 ; 「레코드판매 년 2백만매 : 수난의 소리판 44종 7천매, 조선말 소리판이 33종」, 『조선중앙일보』, 1934.02.02 ; 「레코드취체 금후 엄격화」, 『조선중앙일보』, 1936.03.13 ; 「풍속치안방해로 압수 8천매, 노래도 너무 에로틱하면 질색」, 『동아일보』, 1937.06.09. [2백만장 기록] 「레코드판매 년 2백만매 : 풍속괴란과 치안방해 등 취체규칙제정중」, 『조선중앙일보』, 1933.05.10 ; 「치안방해물 속출로 축음기규정 개정」, 『조선일보』, 1933.05.23 ; 「레코드취체규칙을 발표 : 6월 15일부터 시행」, 『동아일보』, 1933.05.23 ; 「사설 : 불량레코드와 그 영향」, 『매일신보』, 1933.06.17 ; 「레코드취체부령 去 15일부터 실시, 시행초일은 계출전무(屆出全無)」, 『조선일보』, 1933.06.17 ; 朝鮮總督府 警務局, 1937, 「蓄音機レコード取締狀況」, 『第73回 帝國議會 說明資料』, 85쪽.

> 인기가수좌담회
>
> 김동환(본사 주간) : 내가 총독부 당국에 가서 조사한 바에 의하면 지금 조선서 일년 동안에 팔려가는 레코드 장수는 약 일백오십만장으로 그중에 삼분에 일인 사오십만매가 조선소리판이라고 한다.[12]

일제는 음반산업이 성장하여 음반이 대중화되자 음반의 콘텐츠인 창가의 대중적 영향력을 인지하게 된 것이다. 이에 가요음반 취제법규의 제정과 검열부서를 설치하는 등 창가 통제를 강화하게 된 것이다. 일제는 음반의 대중화 이전에는 그 영향력이 미약하다고 판단하여 음반을 관리감시 대상에서 제외하고 있었고, 따라서 창가의 관리감시도 느슨하였다.

> 소화(昭和) 8년 6월 비로서 처음 총독부 당국에서 레코드 검열계를 두기 전에는 조선 안에 잇서서 레코드의 취체(取締)란 것이 도모지 업섯다 …(중략)… 그 이유로는 소화 8년 이전으로 말하면, 조선 내의 레코드의 힘이란 극히 미약한 것으로서 일반 사회인들은 이 레코드에다 그다지 머리를 돌리지 안헛섯고, 그 필요성을 깨닷지 못하고 잇섯든 시기이엿다. 다시 말하면 이 레코드 문화에 대하야 넘우나 무관심하여 왓고 등한시하여 왓섯든 것이다.[13]

조선총독부도 내부 비밀문서(『조선경찰개요』) 등에서 과거 음반은

---

11 편집부, 1935, 위의 글, 150쪽.

12 편집부, 1936, 「인기가수좌담회」, 『삼천리』 1월호 제8권 제1호, 130쪽.

13 편집부, 1936a, 「엇더한 레코드가 금지를 당하나」, 『삼천리』 4월호, 제8권 제4호, 268쪽.

경찰 시찰의 권외(圈外)에 있어 그다지 중요하게 여겨지지 않았고, 단속법규도 없었다고[14] 밝히고 있다.

앞서 살펴본 조선총독부 검열관 오카다 준이치는 음반을 '대중적 음악보급기관', '문화기관'으로 인식했고, 따라서 검열 대상으로 삼았다. 이는 조선총독부 도서과의 다른 검열관 구사부카 조오지(草深常治)가 말한 신문지 검열 배경과도 유사하다.

> 신문지가 단순한 보도기관(報道機關)으로써 이용되고 있는 때는 그 신문기사를 하등의 취체를 가하지 않고 방임해 두어도 그것에 의해 일어나는 폐해는 극히 적은 것이다. 문화가 진전하고 교육이 보급되고 이지(理智)가 발전하고 완전한 판단력이 갖춰진 국민에 대해서는 출판물의 검열은 거의 불필요할 것이다. 이것에 반해 신문지가 그 대상인 독자의 지도적 지위로 되는 경우에 있어서는 그 기사에 대해서는 만전(萬全)의 검열제도를 필요로 한다.[15]

구사부카 조오지는 신문지가 단순한 '보도기관'이라면 문제가 없지만, 대중의 지도적 역할을 담당한다면 검열이 필요하다고 주장하는 것이다. 곧 음반도 오락물이라면 문제가 없지만, 사회적 영향력을 가진 대중적 음악보급기관이기에 검열대상이 되었던 것이다.

조선총독부가 창가를 검열, 단속하는 등 통제하게 된 배경은 창가에서 조선의 민족의식(정서) 함양과 현 식민지배에 장애가 되는 내용이 나타나는 등 창가가 매개하는 사회성을 인식했고, 조선사회가 대

---

14 岡田順一, 1933, 앞의 글, 142쪽 ; 朝鮮總督府 警務局, 1941a, 앞의 글, 94쪽.

15 草深常治, 1931, 「偶感片々」, 『警務彙報』 11月號, 第307號, 38쪽.

중사회로 변화되고 대중문화인 가요음반이 대중화되면서 창가의 대중적 영향력을 인식했기 때문이었다.

일제는 효율적 식민지배를 위한 사회운용체제로서의 구축과 식민지배에 대한 저항행위 또는 저항세력의 제거를 위해 식민지 조선에 대한 통제제도를 운용하였다. 일제의 통제는 사회 각 분야에 걸쳐 광범위하게 행해졌고, 창가 역시 그 대상에서 벗어나 있지 않았다.

조선총독부의 검열관이 말했듯이 일제는 창가의 내용이 식민지배체제에 위배되거나 가치기준을 깨뜨리는 것이 있다고 판단하여 창가에 대한 관리감시의 필요성을 갖게 되었고, 그 장치로 검열과 단속 등의 통제를 선택한 것이다.

일제는 창가에 대해 검열과 단속의 법규 제정과 전담기구 설치, 창가집과 가요음반의 검열을 통한 발매금지와 압수(차압) 및 처벌을 통한 가창의 통제 등을 시행하였다. 창가에 대한 검열과 단속의 범위는 창가·창가책·창가음반·가창행위 등 창가관련 전 영역에 걸쳐 있었고, 이를 전일적(全一的)으로 통제하였다.

이 글은 일제강점기 조선총독부가 창가에 대한 검열과 단속 등 통제를 위해 무엇을, 왜, 어떻게 제도화하고 실행하였는지 살펴본 것이다.

먼저 1장에서는 일제가 식민지 조선의 지배에서 왜 창가를 검열, 단속하는 등 통제하였는지 그 배경을 살펴보았다.

제2장은 일제가 식민지 조선의 지배를 위해 조선총독부에 설치한 고등경찰과·도서과·보안과 등 창가(문화예술) 검열기구의 흐름과 기능·인력·검열대상 등을 살펴보았다.

제3장은 일제가 창가통제에 적용한 법제가 무엇이 있었고, 그것을

통해 창가를 어떻게 검열하고 단속하였는지 그리고 창가의 검열기준은 어떻게 형성되었고 내용은 무엇이었는지를 정리하였다.

제4장에서는 조선총독부에 의해 금지처분된 창가와 창가집의 금지사유 및 내용을 살피고, 조선총독부에 의해 발행된 관제창가집과의 내용 차이를 살펴보았다.

제5장 맺음말에서는 일제의 창가통제가 식민지 조선의 지배차원에서 이루어진 것이었음을 정리하였다.

본 글의 연구대상인 창가의 범위에는 민경찬이 정리한 기준에[16] 따라 1945년 이전인 근대기의 찬송가, 찬송가 선율을 차용하여 만든 모든 노래, 서양 노래의 선율을 차용하여 만든 모든 노래, 일본의 군가 및 창가와 그 선율을 차용한 모든 노래, 서양음악 수용 이후 1945년까지 한국인에 의해 창작된 성악곡, 학교교육에서 사용된 모든 노래, 교육용으로 불린 모든 노래 등에 유행가를 추가하여 서양의 노래 또는 서양식의 노래 모두를 지칭하는 포괄적인 의미의 노래를 포함시켰다. 예컨대 당시 대중가요는 '유행가'(流行歌) 외에 유행창가(流行唱歌)·유행소곡(流行小曲)·유행소패(流行小唄)·유행가요곡 등의 용어로 혼용되어 불렸는데, 당시 유행가집의 제목을 보면 『모던서울창가집 : 5대레코드취입 최신유행가』(세창서관, 1937), 『신유행창가新流行唱歌』(이상준, 삼성사, 1922) 같이 창가라는 용어를 사용하여 부르기도 하였다.

---

16 민경찬, 2008, 「창가를 다시 묻는다」, 『한국어문학연구』 제51집, 한국어문학연구학회, 7쪽. 민경찬의 이 기준은 창가범위에 대한 연구성과를 가장 포괄적으로 정리한 것이다.

2. 일제의 창가(문예)검열기구

식민지 조선의 문예검열을 담당했던 기구는 시기별로 변화하였는데, 조선총독부 경무총감부 고등경찰과(1910-1919), 경무국 고등경찰과(1920-1925), 경무국 도서과(1926-1943), 경무국 보안과(1943-1945), 경무국 검열과(1945) 등이었다. 이러한 검열기구의 변화는 검열대상인 출판물, 음반, 영화 등 대중문화의 시기별 부흥과 관련되었다. 1910-20년대 전반의 경무총감부 고등경찰과와 경무국 고등경찰과의 검열대상이 출판물 중심이었던 것에 반해, 1920년대 중반 이후의 경무국 도서과, 경무국 보안과, 경무국 검열과의 검열대상은 출판물(신문, 잡지, 일반출판물), 영화, 음반 등 문화예술 영역 전반이었다.

2.1. 조선총독부 고등경찰과(1910)

1910년 한일합병 후 출판물의 검열을 담당했던 조직은 조선총독부 경무총감부(警務總監部)였다. 1910년 10월 1일에 제정된 조선총독부 훈령 제4호「조선총독부 경무총감부 사무분장규정」에 따라 경무총감부의 조직은 서무과·고등경찰과·경무과·보안과·위생과 등 5개 과로 조직되었고, 출판물에 대한 검열은 고등경찰과(高等警察課)에서 담당하였다.[17] 고등경찰과는 산하에 기밀계와 도서계를 두었고, 신문·잡지·일반출판물 및 저작물에 대한 검열은 도서계에서 담당하였다. 고등경찰과의 책임은 헌병 고위장교(대좌)가 맡았는데, 당시에는 헌병이 치안

17「朝鮮總督府 訓令 第4號 朝鮮總督府 警務總 部 事務 分掌 規程」,『朝鮮總督府官報』第29號, 1910.10.01.

유지 등 경찰업무를 담당케 했던 '헌병경찰제'의 시기였기 때문이다.

경무총감부 고등경찰과시기(1910-1919)에는 한일합병 후 무단통치시기(武斷統治時期)로 대한제국시기에 발행되던 민족신문이 모두 폐간되었고, 총독부 기관지인 『매일신보』(每日申報)가 유일한 조선어신문이었다. 때문에 무단통치기 10년 동안은 조선어 출판물에 대한 검열이 중요시 되지 않았던 시기라 할 수 있다.[18]

1919년 8월 20일 개정된 조선총독부 훈령 제30호 「조선총독부 사무분장규정」에 따라 경무총감부는 경무국(警務局)으로 개편되었고, 경무국은 산하에 경무과·고등경찰과·보안과·위생과의 4개를 두었다. 경무국 산하부서 중 신문·잡지·일반출판물 및 저작물의 검열과 허가는 고등경찰과에서 다루었고, 검열업무는 고등경찰과의 도서계에서 담당하였다.[19] 경무국 고등경찰과시기(1919-1925)는 1919년 3·1만세운동을 계기로 일제가 '무단통치'에서 '문화통치'로 전환한 시기였고, 경찰제도는 '헌병경찰제'에서 '보통경찰제'로 전환한 시기였다.

조선총독부의 검열업무가 본격화된 것은 조선어신문의 창간이 한몫을 하였다. 1920년 1월 조선총독부는 민간 조선어신문 발행을 허가하였고, 이후 『조선일보』(1920.03.05.), 『동아일보』(1920.04.01.), 『시사신문』(1920.04.01.)이 창간되자 검열의 필요성이 대두된 것이다.

고등경찰과의 인력에는 일본인과 조선인이 근무하였는데, 조선어신문과 잡지의 검열은 일본인 경찰이 맡았고, 「출판법」에 의해 간행

---

18 정진석, 2004, 「언론통제 검열기구 총독부 경무국 도서과」, 『관훈저널』 겨울호, 통권93호, 관훈클럽, 83쪽.

19 「朝鮮總督府 訓令 第30號 朝鮮總督府 事務分掌規程中改正」, 『朝鮮總督府官報』 號外, 1919.08.20.

되는 단행본과 잡지의 검열은 조선인 경찰이 맡았다.

이 시기의 음악 관련 검열대상은 노래책(창가집, 가요집)이었다. 아직 음반산업이 활성화되지 않은 관계로 음반은 검열대상이 아니었다. 노래책은 인쇄출판물이었기에 「출판법」(법률 제6호, 1909. 2.)과 「출판규칙」(통감부령 제20호, 1910.5.)의 적용대상이었다.

2.2. 조선총독부 경무국 도서과(1926)

1926년 4월 24일 개정된 조선총독부 훈령 제13호 「조선총독부 사무분장규정」에 따라 조선총독부 경무국은 고등경찰과를 폐지하고 보안과의 기능 조정과 함께 도서과(圖書課)를 신설하는 조직개편을 단행하였다.[20] 이에 따라 경무국은 경무과·보안과·도서과·위생과 등 4개과 체제로 바뀌었다. 신설된 도서과는 검열업무를 담당했던 고등경찰과의 도서계가 확장 독립된 것으로, 출판경찰업무의 강화를 의미하는 것이었다. 도서과는 신문·잡지·일반출판물·저작물·음반·영화·흥행(공연) 등의 검열을 맡았다. 곧 도서과의 설치는 식민지 조선의 문예검열에 있어 전환점이라 할 수 있다.

경무국의 고등경찰과는 폐지되었으나, 각 도(道) 경찰부의 고등경찰과는 존속되었다. 각 지방의 검열 현장집행을 수행할 기구가 필요했기 때문이었다. 이에 따라 경무국 도서과는 직접검열과 검열교육 및 지도하는 상부기관으로, 각 도 경찰부의 고등경찰과는 검열의 현

20 「朝鮮總督府 訓令 第13號 朝鮮總督府 事務分掌規程中改正」, 『朝鮮總督府官報』 第4102號, 1926.04.24 ; 「경무국 과폐합, 경무과 분산, 도서과 신설」, 『동아일보』, 1926. 04.25.

장 단속을 수행하는 하위기관으로 작동하는 틀이 구축되었다.[21] 도서과 직원들은 각 도 경찰부 검열관계관을 소집, '출판검열사무협의회'를 개최하여 검열담당자의 교육과 사무협의를 하였고,[22] 각 도에 출장하여 검열업무를 지휘하였다.

도서과의 신설은 1920년대 문화예술계 상황과 관계되어 있었다. 1920년대 중반 들어 식민지 조선은 출판물이 증가하고,[23] 특히 영화의 활성화로 그 사회적 영향이 커지면서 영화 검열의 필요성이 제기되었다.[24] 당시에는 영화검열에 대한 특별규정이 없었으며, 흥행단속의 수단으로 각 도에서 검열을 행하기만 했을 뿐이었다.[25] 또한 영화검열은 보안경찰의 업무였다.[26] 이에 조선총독부는 1926년 7월 5일 조선총독부령 제59호로 「활동사진필름검열규칙」(活動寫眞フィルム檢閱規則)을 제정하여 영화만을 전문적으로 다룬 영화검열제도를 시행하였다.[27] 곧 도서과의 신설은 출판물의 증가 외에도 영화검열 부분이 작용요인 중의 하나였다.[28]

---

21 정근식, 2005, 앞의 글, 15쪽.

22 「4도 검열관 소집, 출판경찰강습」, 『조선일보』, 1937.06.19 ; 「출판검열사무협의회」, 『동아일보』, 1937.06.25.

23 정근식·최경희, 2006, 「도서과의 설치와 일제 식민지출판경찰의 체계화 : 1926-1929」, 『한국문학연구』 제30집, 동국대 한국문학연구소, 108-111쪽.

24 朝鮮總督府 警務局, 1941, 「映畫の取締」, 『昭和15年 朝鮮警察概要』, 93쪽.

25 朝鮮總督府 警務局, 1941, 「映畫の檢閱」, 『昭和15年 朝鮮警察概要』, 91쪽.

26 정근식·최경희, 2006, 앞의 글, 111쪽.

27 「朝鮮總督府令 第59號 活動寫眞フィルム檢閱規則」, 『朝鮮總督府官報』 第4162號, 1926.07.05.

28 또 다른 작용요인으로는 일본 내 사회주의운동에 따른 특별고등경찰의 강화와 일본의 도서과 기능강화에 따른 본국과 식민지의 출판통제 일원화 기획의 영

1930년대 들어서 한국 내 음반산업이 활성화되자 조선총독부 도서과는 음반 관련 검열업무를 추가하였다. 종래 음반은 그다지 중요하게 여겨지지 않아 경찰 시찰의 권외에 있었고, 검열 및 단속법규도 없어 편의처분(便宜處分)으로써 연주와 배포를 저지하는 정도였다. 그러던 것이 매년 음반의 수효가 현저하게 증가하고, 그 속에서 주의사상 선전내용 등 치안과 풍속을 해하는 것들이 발견되자 취체를 소홀히 처리할 수 없는 상태에 이르게 된 것이다.[29] 이에 조선총독부는 음반검열을 위해 1933년 5월 22일 「축음기레코드취체규칙」(蓄音機レコード取締規則, 조선총독부령 제47호)을 제정하고 6월 15일부터 이를 시행하였다.[30]

도서과는 부서 신설 이전인 도서계의 관장업무였던 신문·잡지·출판물 외에 영화와 음반의 검열업무까지 담당하였기 때문에 대중문화업무를 총괄하는 기구였다. 즉 고등경찰과의 검열업무가 출판물 중심이었다면, 신설된 도서과의 검열업무는 음반과 영화로 영역이 확대된 것이었다. 도서과에는 영화와 음반 등의 검열만 담당하는 전문검열관이 있었다. 일제강점기 대중문화의 검열체제는 바로 도서과가 설치되면서 체계성을 갖추기 시작한 것이다.

향이었다. 영화검열이 도서과의 업무에 포함된 것은 일본의 영향이다. 당시 일본 대심원은 활동사진을 출판물로 건주하는 판결을 내렸고, 이후 일본에서 영화검열은 「출판법」의 적용대상이 되었다. 정근식·최경희, 2006, 앞의 글, 112-113, 161쪽.

29 朝鮮總督府 警務局, 1941a, 앞의 글, 94쪽.

30 「朝鮮總督府令 第47號 蓄音機レコード取締規則」, 『朝鮮總督府官報』 第1907號, 1933.05.22.

출판물·영화·음반의 검열은 조선총독부의 전국 도(道) 경찰부장회의(警察部長會議)에서 주요 지시사항에 포함될 정도로 중요시되었다. 1933년 4월 17일 전 조선 경찰부장회의의 총독 지시사항으로 도서과는 출판물의 취체, 불온 축음기레코드의 취체, 소형필름의 검열, 발성필름의 실지상영 취체 등을 하달하였고,[31] 1939년 4월 24일에 열린 도경찰부장회의에서도 32개의 지시 주의사항에 출판물·음반의 취체와 출판경찰의 기능확충 등이 포함되어 있었다.[32]

1926년 4월 도서과가 신설되었을 때의 인력은 10명에서 시작하여 1929년 22명, 1937년 31명, 1942년에는 37명으로 증가하였다. 이는 시간이 지남에 따라 대중문화 검열업무가 확대되고 조선총독부가 이를 중요시 여기게 되었음을 의미한다. 도서과의 직원체계중 검열관은 3개 계층으로 구성되었다고 볼 수 있는데, 사무관 이상의 책임관리자급, 속 및 촉탁이라는 실무자급, 그리고 하위 보조업무를 담당하는 일용직인 고원(雇員)이 있었다. 도서과는 서무계·일본어 1-2계·조선어 1-2계로 구성되었고, 조선인 검열관은 한국어 단행본을 다루는 조선어 2계에만 배치되었으며, 때때로 영화검열도 겸하였다. 조선어 1계는 조선문 신문과 잡지를 담당하였다.[33]

도서과장은 담당역할로 인해 '반도언론기관 취체의 총수'로 표현되었는데, 지방 경찰부장을 지낸 뒤 도서과장으로 온 경우가 많았고, 도서과장을 재임한 후에는 다른 핵심부서의 과장을 거쳐 도지사로 나

31 「경찰부장회의, 총독훈시 요지」, 『동아일보』, 1933.04.18.
32 「도 경찰부장회의 지시주의사항」, 『동아일보』, 1939.04.25.
33 정근식, 2005, 앞의 글, 15-17쪽.

가는 경우가 많았다.[34]

조선인 검열관의 경력을 보면, 1920년대 도서과 근무 이전 경찰이나 관료 출신과 1930년대 고학력 엘리트 출신 등 두 범주로 구분된다. 경찰이나 관료 출신은 도서과 근무가 끝나면 지방 군수로 승진 전출하였고, 고학력 엘리트 출신은 경성제국대학 및 경성법학전문학교 졸업생이 주를 이루었다.[35] 도서과장과 한국인 검열관의 승진과정을 보면, 조선총독부 업무 중 검열업무의 중요성을 가름해 볼 수 있는 것이기도 하다. 뿐만 아니라 검열관들은 전문잡지에 검열관련논문을 발표할 정도의 실력을 갖추고 있었다.[36]

〈표 1〉 조선총독부 검열관의 검열관련 논문

직원명	논문명	출 처
高安彦 (고우 야스히코) 도서과장	필름검열잡감 (フイルム檢閱雜感)	『조선』, 1928.01, 제152호
朝倉昇 (아사쿠라 노보루) 보안과장	각본 검열에 대해 (脚本檢閱に就て)	『경무휘보』, 1929.12, 제284호
岡稠松 (오카 시게마쓰) 도서과 검열관	조선에서의 영화검열에 대해 (朝鮮に於ける映畵の檢閱に就て)	『조선』, 1931.03, 제190호
	영화관견 (映畵管見)	『경무휘보』, 1936.07, 제363호
岡田順一 (오카다 준이치) 도서과 검열관	축음기레코드 취체에 관하여 (蓄音機レコード取締に就いて)	『경무휘보』, 1933.06, 제326호
	영화검열의 개황 (映畵檢閱の槪況)	『경무휘보』, 1936.04, 제360호

34 정근식, 2005, 위의 글, 19-21쪽.

35 정근식, 2005, 위의 글, 27-30쪽.

36 정진석, 2008, 『극비 조선총독부의 언론검열과 탄압』, 커뮤니케이션북스, 84쪽.

직원명	논문명	출 처
王此山 (왕차산) 경무국	가요에서 흐르는 사상 (歌謠から流るゝ思想)	『경무휘보』, 1934.04, 제336호
川尻忠 (가와지리 다다시) 도서과 검열관	검열상으로 본 출판물의 추세 (檢閱上より見たる出版物の趨勢)	『경무휘보』, 1936.07, 제363호
兼田要 (가네다 가나메) 도서과 이사관	신문의 취체에 관하여 (新聞の取締に就いて)	『경무휘보』, 1936.09, 제365호
池田國雄 (이케다 구니오) 필름검열실 검열관	검열상으로 본 조선의 최근 영화계 (檢閱上より見たる朝鮮に於ける最近の映畵界)	『조선』, 1938.02, 제273호
金聲均 (김성균) 도서과 검열관	조선영화 소고 (朝鮮映畵小考)	『조선』, 1939.02, 제285호

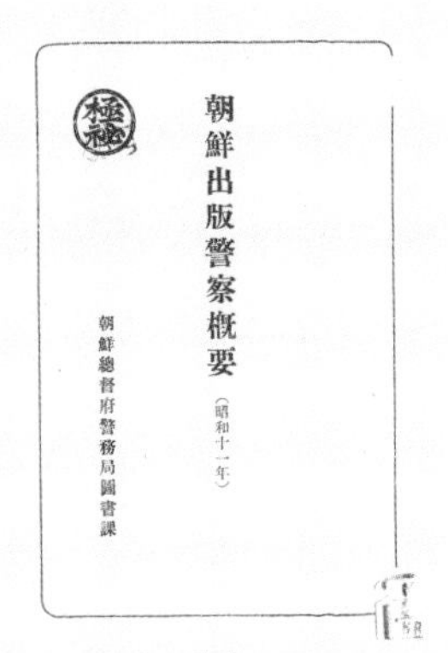
極祕

朝鮮出版警察概要 (昭和十一年)

朝鮮總督府警務局圖書課

〈그림 1〉 '極祕'가 찍힌 『조선출판경찰개요』 표지[37]

도서과는 1927년부터 그동안의 검열 자료를 정리하여 연보나[37]자료집으로 간행하였고, 표지에 '秘'(비) 또는 '極祕'(극비)를 찍어 비밀자료로 분류, 관리하였다. 1926년 8월 1일부터 1927년 7월까지 영화검열 내용을 정리한 『활동사진필름검열개요』(活動寫眞フィルム檢閱概要, 1932)를 발행하였고, 1928년 8월부터는 『조선출판경찰월보』(朝鮮出版警察月報)를 발행하기 시작했다.[38] 또한 도

37 「朝鮮總督府 訓令 第88號 朝鮮總督府 事務分掌規程中改正」, 『朝鮮總督府官報』 號外, 1943. 12.01.

서과는 30년대 후반 들어 검열업무 외에도 관계분야의 조직 결성이나 선전에도 관여하였다.

〈표 2〉 조선총독부 검열기구 흐름표(1910-1945)

부서	경무총감부	경무국			
	고등경찰과	고등경찰과	도서과	보안과	검열과
기간	1910-1919	1920-1925	1926-1943	1943-1945	1945
주요 법규	「보안법」(1907), 「출판법」(1909) 「출판규칙」(1910) 「경찰범처벌규칙」(1912)		「흥행장급흥행취체규칙」(1922) 「축음기레코드취체규칙」(1933) 「조선흥행등취체규칙」(1944)		
대상	신문·잡지·일반출판물·저작물		신문·잡지·일반출판물·저작물·음반·영화·흥행		

조선총독부는 1943년 12월 1일 도서과를 폐지하고 출판물·영화·음반 등의 검열업무를 '보안과'로 이관하였으며,[39] 1945년 4월 17일에는 '검열과'를 신설하여 대중문화에 대한 검열을 담당케 하였다.[40]

38 정근식, 2005, 앞의 글, 19쪽.

39 「朝鮮總督府 訓令 第88號 朝鮮總督府 事務分掌規程中改正」, 『朝鮮總督府官報』 號外, 1943. 12.01.

40 「朝鮮總督府 訓令 第18號 朝鮮總督府 事務分掌規程中改正」, 『朝鮮總督府官報』 號外, 1945. 04.17.

3. 일제의 창가 통제체계와 검열기준

일제의 식민지 조선에 대한 창가통제는 사상통제였고, 그 통제방식은 출판통제, 음반통제, 가창통제였다. 창가통제의 기본틀은 치안통제(치안방해)와 풍속통제(풍속괴란)였고, 통제대상은 출판통제는 창가텍스트, 음반통제는 창가음반, 가창통제는 공개가창 및 흥행(공연)[41]이었다.

창가통제를 위해 적용된 법제로는 출판통제는 「출판법」(1909)을, 음반통제는 「축음기레코드취체규칙」(1933)을, 가창통제는 「보안법」(1907)과 「경찰범처벌규칙」(1912), 「흥행취체규칙」 등이었다.

3.1. 창가의 통제체계

출판통제

창가의 출판통제는 1909년 2월 23일 대한제국 법률 제6호로 제정, 공포된 「출판법」에 의해서였다.[42] 총 16조로 구성된 「출판법」은 모든 출판물을 대상으로 하는 법률로, 내용 중 출판허가, 검열 및 처벌 등 취체와 관계된 조항은 다음과 같다.

41 「조선흥행등취체규칙」(1944.05.08.)에 의하면, 흥행이란 영화·연극·연예 또는 관물(觀物)을 요금을 받고 공중에게 관람 또는 청취하게 하는 행위로(제1조) 규정하였다.

42 「法律 第6號 出版法」, 『大韓帝國官報』 第4311號, 1909.02.26.

〈표 3〉「출판법」의 구조

조 항	내 용	
	세부사항	규정영역
1조	관련용어 정의	
2-4조	출판허가의무	행정규정
5-6조	납본의무	
7-8조	발행자자격	
9조	재판(再版)신고의무	
10조	허가예외사항	
11조	검열 및 사법처분기준	검열·처분규정
12-13조	행정처분기준	처분규정
14조	사법처분기준	
15-16조	기존출판물 소급적용	경과규정(부칙)

「출판법」(1909.02.23.)

□ 출판절차

제2조 문서·도화를 출판코저 하는 때는 저작자, 그 상속자와 발행자가 연인(連印)하고 고본(稿本)을 첨부하여 지방관장(한성부에서는 경시총감으로 함)을 경유하여 내부대신(內部大臣)에게 허가를 신청해야 한다.

제5조 제2조의 허가를 취득하여 문서·도화를 출판한 때에는 즉시 제본 2부를 내부(內部)에 납부해야 한다.

제6조 관청에서 문서·도화를 출판한 때에는 그 관청에서 제본 2부를 내부에 송부해야 한다.

□ 검열·처분기준

제11조 허가를 받지 않고 출판한 저작자, 발행자는 아래의 구별에 따라 처단한다.

1. 국교(國交)를 저해하거나 정체(政體)를 변괴하거나 국헌(國憲)을 문란하는 문서·도화를 출판한 때는 3년 이하의 역형(役刑)
2. 외교와 군사의 기밀에 관한 문서·도화를 출판한 때는 2년 이하의 역형

3. 앞 2호의 경우 외에 안녕질서를 방해하거나 풍속을 괴란하는 문서·도화를 출판하는 때는 10개월 이하의 감옥형
4. 기타의 문서 도서를 출판한 때는 100환 이하의 벌금, 전항 문서 도서의 인쇄를 담당하는 자의 죄도 역시 같다.

앞 항 문서·도화의 인쇄를 담당하는 자의 처벌도 역시 같다

제12조 외국에서 발행한 문서·도화와 외국인이 국내에서 발행한 문서·도화로 안녕질서를 방해하거나 풍속을 괴란할 때는 내부대신은 그 문서·도화를 국내에서 발매·반포함을 금지하고 그 인쇄본을 압수할 수 있다.

제13조 내부대신은 본법을 위반하여 출판한 문서·도화의 발매·반포를 금지하고 해당 각판(刻版)과 인쇄본을 압수할 수 있다.

제14조 발매·반포를 금지한 문서·도화인 줄 알면서 발매·반포하거나 외국에서 수입한 자는 6개월 이하의 금옥에 처한다. 단 그 출판물로서 제11조 제1항 제1호, 제3호의 하나에 해당하는 때는 동 조례에 비추어 처단한다.

제16조 내부대신은 본 법 시행 전에 이미 출판한 저작물로 안녕질서를 방해하거나 풍속을 괴란할 우려가 있다고 인정한 경우 그 발매·반포를 금지하고 해당 각판이나 인쇄본을 압수할 수 있다.

「출판법」은 발매 반포를 목적으로 발행되는 일체의 문서와 도서를 대상(제1조)으로 출판물의 출판 전 사전허가(제2조)와 반포 전, 납본(제5,6조)을 의무규정으로 둔 사전검열제도였다. 출판물의 사전허가절차는 원고의 사전검열을 의미하는 것이었다. 사전검열(허가과정)에서 기준을 통과하지 못한 원고는 출판할 수 없었고, 발행허가를 위반한 출판물에 대해서는 발매 또는 반포를 금지하고 그 판(版)과 인본(印本)을 압수할 수 있도록 하였다(제11,12,13조). 또한 법 제정 이전의 간행된 출판물이라도 안녕질서를 방해하거나 풍속을 괴란할 염려가 있을 때에는 발매·반포를 금지하고 압수할 수 있도록 한 소급입법이었다(제16조).

「출판법」은 일제의 통감부 영향 아래서 일본 「출판법」을 적용하

여 제정한[43] 것이었기에 한국인에 대한 사상통제를 목적으로 제정된 것이었다. 출판법은 대한제국 시기에 제정되었음에도 조선총독부 설치전 조선법령이 그 효력을 지속한다는 제령 제1호 「조선에서의 법령효력에 관한 건」(1910.08.28.)에 의해 1910년 한일합병 이후에도 적용되었다.

창가집도 발매와 반포를 목적으로 삼은 것이었기에 「출판법」의 대상이었고, 출판 전 당국의 사전검열을 받아야 했다. 창가의 검열내용은 가사였다. 검열을 통과하지 못한 창가집은 발행과 발매, 반포가 금지되었으며, 이를 위반하였을 경우 경찰서에 연행되어 사법처분을 받았다.[44] 사전검열과정에서 통과를 전제로 삭제와 수정을 받기도 하였다.

---

43 송민호, 2014, 「대한제국시대 출판법의 제정과 출판검열의 법」, 『한국현대문학연구』, 제43집, 한국현대문학회, 23쪽. 일본의 「출판법」은 1893년 4월 13일 법률 제15호로 제정된 것으로, 총 35조로 구성되었다.

44 언론에 기사화된 사법처분사례는 다음과 같다. 「옥내(獄內)에서 불온창가 작자 불복 항소」, 『매일신보』, 1920.04.02 ; 「여학생의 불온창가」, 『매일신보』, 1921.04.15 ; 「창가를 교수하고 구류열흘동안」, 『동아일보』, 1921.05.22 ; 「불온창가」, 『매일신보』, 1923.03.12 ; 「애국가로 경찰서」, 『조선일보』, 1923.10.02 ; 「불온창가 교수죄로 공판 받은 신지교(薪智校)의 네 선생 검사는 모두 징역형을 구형」, 『조선일보』, 1925.03.22 ; 「불온창가 짓고 형평사원(衡平社員) 피검」, 『조선일보』, 1927.06.01 ; 「숭전(崇專)학생을 구인 : 「동해물과 백두산이」 문제」, 『조선일보』, 1928.05.01 ; 「야학교원검거」, 『동아일보』, 1930.09.09 ; 「과역보교(過驛普校)교원 고흥서(高興署)에 피검」, 『동아일보』, 1930.09.17 ; 「불온창가로 장씨를 검거」, 『조선일보』, 1931.08.16 ; 「신흥서(新興署) 돌연긴장, 청년 3명 검거, 내용은 불온창가 선전혐의」, 『조선일보』, 1931.11.21 ; 「불온창가 불르다 소년 5명 피검」, 『동아일보』, 1932.01.20 ; 「불온창가사건 4명은 석방」, 『동아일보』, 1932.01.27 ; 「불온창가로 구류」, 『동아일보』, 1932.02.02 ; 「결혼식장에서 불온한 창가, 6명에 구류처분」, 『매일신보』, 1932.07.02 ; 「불온창가로 목동이 피검」, 『동아일보』, 1932.09.24 ; 「불온창가사건 25일간 구류처분」, 『조선일보』, 1934.

창가집뿐만 아니라 창가(가요)음반 출반 시 수록되는 가사지인 음반해설서도 「출판법」에 의해 검열되었다.[45] 「출판법」 제1조에 기계와 기타 여하 방법을 물론하고 발매 또는 분포로 목적을 삼는 문서와 도서를 인쇄함을 출판이라 규정하고 있어, 음반해설서(창가가사지)도 「출판법」의 대상이었다. 검열된 음반해설서의 건수를 살펴보면, 1935년 12,259건, 1936년 13,167건, 1937년(1-10월) 13,526건 등이었다.[46]

창가집의 검열기준은 국교를 저해하거나 국헌(國憲)을 문란하는 것, 외교와 군사의 기밀에 관한 것, 안녕질서(치안방해)를 방해하거나 풍속을 괴란하는 것 등이었다(출판법 제11조). 이는 검열기준의 대기준으로, 원고검열과정에서는 세부적인 검열기준이 적용되었다. 세부적인 검열기준은 조선총독부 출판경찰 내부의 비밀영역에 속했고, 그 기준은 조선총독부 경무국 검열담당부서가 작성한 내부용 비밀문서에만 수록되었다.

「출판법」은 단순히 창가집의 통제 법규가 아닌 일제강점기의 전 시기를 통하여 시행된 창가통제의 토대였다. 창가집의 통제는 그 책에 수록되어 있는 창가의 유통과 가창(공연)의 통제를 의미하기 때문

02.15 ; 「야학강습소 습격, 선생 생도 등 검거, 원인은 모종 불온창가 혐의인듯」, 『조선중앙일보』, 1935.03.30.

45 岡田順一, 1933, 앞의 글, 144쪽 ; 「불온레코드를 철저 취체한다. 도서과장이 성안을 어디서 불원(不遠) 심의실에 회부」, 『매일신보』, 1933.05.03 ; 「레코드취체안 도서과서 입안중, 치안방해물은 금단」, 『조선일보』, 1933.05.04 ; 「레코드판매 년 2백만매 : 풍속괴란과 치안방해 등 취체규칙제정중」, 『조선중앙일보』, 1933.05.10 ; 「레코드취체규칙을 발표 : 6월 15일부터 시행」, 『동아일보』, 1933.05.23 ; 「치안방해물 속출로 축음기규정 개정」, 『조선일보』, 1933.05.23.

46 朝鮮總督府 警務局, 1937, 앞의 글, 87쪽.

이었다.

일제강점기 전 시기를 통틀어 금지처분된 창가집을 살펴보면, 처분사유가 '풍속괴란'에 비해 '치안방해'가 훨씬 많았다. 이는 일제의 창가검열이 식민지배차원에서 이루어졌음을 의미하는 것이다. 창가집의 금지처분은 수록된 창가의 금지를 의미하였다. 물론 수록된 모든 창가가 금지곡이 되는 것은 아니었지만, 창가집의 출판·발매·반포의 금지로 인해 금지처분되지 않은 창가까지 피해를 입게 되는 것이다.

일제는 출판물에 대한 일본인과 한국인의 법규 적용을 달리하여 한국인 발행의 출판물은 「출판법」을, 일본인 발행의 출판물은 「출판규칙」을 적용하였다. 적용 법규가 일본인은 단지 제출만 하면 되는 반면, 한국인은 허가를 받아야 하는 등 한국인 출판물에 대한 규정이 훨씬 까다로워. 한국인 출판물 통제가 식민지배에 목적이 있었음을 보여 주는 것이다.

〈표 4〉 출판물 검열의 한국인과 일본인의 적용법령[47]

검열대상	한국인 발행	일본인/외국인 발행
일반출판물 (일반잡지, 단행본)	「출판법」 (허가제/사전검열) 조선인 검열관	「출판규칙」 (신고제/사후검열) 일본인 검열관

음반통제

창가의 음반통제는 1933년 5월 22일 제정, 공포된 「축음기레코드

47 김길연, 2013, 「한국금서의 시대별 양상 연구」, 서경대학교대학원 박사학위논문, 60쪽.

취체규칙」(蓄音機レコード取締規則, 조선총독부령 제47호)을[48] 통해 이루어졌다. 1930년대 초반까지 음반은 조선총독부의 검열 대상에서 벗어나 있었다. 음반이 대중화되지 않은 관계로 중요시 되지 않아 경찰 시찰의 권외에 있었고, 음반을 검열, 단속, 압수할 수 있는 법적 근거가 없어 편의처분(便宜處分)으로써 공개연주 반포를 저지하는 정도였다.

> 축음기레코드는 종래 경찰시찰의 권외에 있어, 그다지 중요하게 여겨지지 않았지만, 레코드의 수효가 매년 현저하게 증가하고, 그 속에서 주의사상 선전을 위해 사용되어 지거나 치안풍속을 해하는 듯한 것들이 발견되는 등 레코드 취체를 소홀히 처리할 수 없는 상세(狀勢)에 이르게 되었다.
> 종래에는 단속 법규가 없었기 때문에 편의처분으로써 그 연주 반포(頒布)를 저지하는 정도에 지나지 않았으나, 소화8년 5월 총독부령 제47호로 축음기레코드단속규칙를 공포하여 이로써 유효적절한 취체를 할 수 있게 되었다.[49]

1930년대 들어 축음기음반이 대중화되고, 창가음반의 내용에 사상적, 민족적 색채가 표현되자 음반통제의 필요성이 생긴 것이다. 음반이 대중화되기 이전 창가는 창가집을 통해 발표 전파되었으나, 음반산업 활성화 이후 음반을 통해 발표되기 시작했고 그 대중적 전파력은 대단한 것이었다. 곧 조선총독부는 창가통제의 한 방식으로 음반

48 「朝鮮總督府令 第47號 蓄音機レコード取締規則」, 『朝鮮總督府官報』 第1907號, 1933. 05.22.

49 朝鮮總督府 警務局, 1941a, 앞의 글, 94쪽.

통제를 시행한 것이었다.

먼저 신고되지 않은 음반은 판매나 공개연주(청취)를 금지하였다.[50] 판매 또는 대중이 청취할 수 있는 장소에서 연주(재생)할 목적으로 음반을 제조·수입 또는 이입하는 자는 제조·수입 또는 이입일로부터 10일 이내에 음반해설서 2부를 첨부하여 그 종류·명칭·수량을 관할 도지사에게 신고해야 했으며, 신고서를 제출하지 않고 축음기레코드를 판매하거나 대중이 청취할 수 있는 장소에서는 연주할 수 없게 했다(제2조).

관련 신고는 관할 도지사에게 하게 되어 있지만, 그 신고를 관할 경찰서장을 경유토록 규정했는데(제3조), 이는 경유가 단순 행정절차가 아닌 검열과정임을 의미한다. 조선총독부의 음반검열 담당부서는 경무국 도서과였지만, 음반검열의 현장집행을 수행하는 부서는 각 도 경찰부의 고등경찰과였기 때문이다.

음반의 검열기준은 치안을 해치거나 풍속을 어지럽힐 우려가 있을 때였다(제4조). 검열기준인 '치안'과 '풍속'은 일제강점기의 양대 검열 범주(사유)인 '치안방해'와 '풍속괴란'을 의미했다. 치안방해는 사상 검열이 목적이었으며, 풍속괴란은 저속·퇴폐 등을 내세워 풍속의 자유를 구속한 것으로,[51] 음반취체의 목적이 식민지 조선의 사회통제에

---

50 岡田順一, 1933, 앞의 글, 143쪽.

51 「〈연애행진곡〉 금지 에로틱한 도시레코드 제작판」, 『동아일보』, 1934.05.25 ; 「풍교(風教)상 불미의 레코드 발금(發禁)」, 『동아일보』, 1936.07.05 ; 「저급레코드 격증, 16종에 행정처분」, 『동아일보』, 1936.08.05 ; 「악성 유행물 전성(全盛), 사회교화상 대문제, 영화, 레코드취체강(取締綱)을 강화」, 『동아일보』, 1937.06.09 ; 「풍속치안방해로 압수 8천매, 노래도 너무 에로틱하면 질색」, 『동아일보』,

있었음을 보여 준다.

검열기준을 위반하면 행정처분이 따랐는데, 도지사가 그 제조·판매·수여 또는 연주를 제한하거나 금지할 수 있었다(제4조). 법규상 규정이 없어 음반압수는 할 수 없었지만, 법규와 달리 단속현장에서는 금지처분된 음반에 대해 음반판매점·악기점 등의 재고를 전부 압수하였고, 음식점·카페 심지어 개인이 소장한 것까지 압수하기도 했다.[52]

「출판법」에 의해 이미 시행하고 있는 음반해설서의 검열도 규정하고 있는데(제2조), 음반해설서의 검열은 음반내용의 검열을 의미한다. 음반해설서가 작곡가·작사자·가수·가사내용·연주악단 등 음반내용 일체를 담고 있기 때문이다.

법령을 위반하면 사법처분이 따랐는데, 첫째 미신고자 또는 불성실 신고자에 대해서는 구류(拘留) 또는 과료(科料)에(제5조), 둘째 미신고된 음반을 판매나 공개연주하는 자에 대해서는 50원 이하의 벌금 또는 구류나 과료에(제5조), 셋째 금지나 제한처분된 음반을 제조·판매·수여·청취 시킨 자에 대해서는 200원 이하의 벌금 또는 구류나 과료에 처했다(제6조).

1937.06.09 ; 「〈나는 행복이여요〉 압수 레코드취체 강화」, 『동아일보』, 1938.02.27 ; 「퇴폐기분 도발하는 불량레코드 검색」, 『동아일보』, 1939.04.03.

52 「성진(城津)에서도 레코드 압수」, 『조선일보』, 1933.07.12 ; 「반전(反戰)데 압두고 취체가 더욱 엄중, 악긔점까지도 뒤저서 레코드까지 취체한다」, 『조선중앙일보』, 1933.07.23 ; 「빅타 가반(歌盤)압수, 24일 개성서」, 『동아일보』, 1933.09.30 ; 「레코드의 공포시대, 去 27일 장연(長淵)에서 취체」, 『조선일보』, 1933.10.01 ; 「발금(發禁) 레코드 군산서(群山署)에서 몰수」, 『매일신보』, 1936.09.20.

가창통제

창가의 가창통제는 「보안법」과 「경찰범처벌규칙」, 「흥행취체규칙」에 의해 이루어졌다. 출판 불허처분받은 창가는 '불량창가'(不良唱歌), '불온창가'(不穩唱歌)로 규정되어 공개가창도 불허되었고,[53] 이를 위반할 시 「보안법」과 「경찰범처벌규칙」에 따라 사법처리되었다. 뿐만 아니라 「흥행취체규칙」에 의해 흥행에서의 연주도 불허되었다.

「보안법」(법률 제2호, 1907.07.27.)은[54] 일제의 통치에 있어 사회적 불안을 일으킬 수 있는 사안이라면 무엇이든 통제할 수 있는 법률이었다. 경찰관은 가로나 기타 공개된 장소에서 문서·도화의 게시와 반포와 낭독, 언어와 형용과 기타의 행위를 하여 안녕질서를 문란할 우려가 있다고 인정될 때는 금지를 명할 수 있었기에(제4조) 공개가창이나 흥행에서의 가창도 통제할 수 있었다.

「경찰범처벌규칙」(조선총독부령 제40호, 1912.03.25.)은[55] 처벌 범죄로 87개 행위를 규정하고 있는데, 불온한 문서·도서·시가(詩歌)를 게시·배포·낭독하거나 큰소리로 읊는 자는 구류 또는 과태료에 처할 수 있었다(제1조 20항).

「흥행취체규칙」은 1910년 4월 1일 부산이사청령[56] 제2호로 공포되

---

53 「피로연에 불른 창가가 불온하다는 문데로 단천서(端川署)에 3명 취조」, 『동아일보』, 1929.03.06.

54 「法律 第2號 保安法」, 『大韓帝國官報』 第3830號, 1907.07.29.

55 「朝鮮總督府令 第40號 警察犯處罰規則」, 『朝鮮總督府官報』 第470號, 1912.03.25.

56 이사청(理事廳)은 일제가 1904년 을사늑약(乙巳勒約)으로 불리는 제2차 한일협약 이후 통감부와 함께 지방통치를 위해 설치한 기관으로 1905년 3월 전국에 10개소를 설치했다.

면서 법규 형태로 처음 등장하였고, 각 지역마다 '도령'(道令)으로 자체 제정하여 시행하였다. 각 도령은 공통적으로 흥행을 하려는 자는 경찰관리의 인가를 받아야했고, 경찰관은 흥행이 풍속을 문란케 하거나 공안을 해친다고 인정될 때에는 정지시킬 수 있었다. 즉 불온창가는 흥행에서 연주할 수 없었다.

「보안법」과 「경찰범처벌규칙」, 「흥행취체규칙」은 현장의 검열과 단속을 각 지방경찰이 담당하였기 때문에 현장에서 큰 영향력을 발휘하였다.

3.2. 창가의 검열기준

일제의 최우선 정책은 식민지 조선의 안정적 지배였다. 이에 조선에 대한 사회통제정책을 실시하였는데, 통감부는 치안통제를 위해 고문경찰제도(顧問警察制度)를, 언론 통제를 위해 「신문지법」(1907)을, 집회·결사 통제를 위해 「보안법」을 제정 시행하였다. 일제는 사회통제정책을 문화예술에도 적용하였다.

일제강점기 전 시기를 통하여 창가통제에 적용된 법규인 「보안법」(1907), 「출판법」(1909), 「경찰범처벌규칙」(1912), 「흥행장급흥행취체규칙」(1922), 「축음기레코드취체규칙」(1933) 등에서 꾸준히 제시된 검열기준은 '치안방해'(안녕질서)와 '풍속괴란'(풍속문란)이었다.

「보안법」은 안녕질서를 보지(保持)하기 위하여 필요할 경우에 집회 또는 다중의 운동 혹은 군집을 제한·금지 또는 해산할 수 있고(제2조), 가로(街路)나 기타 공개한 처소에서 문서·도화의 게시와 분포와 낭독 또는 언어와 형용(形容)과 기타의 작위를 하여 안녕질서를 문란할 우려(慮)가 있음으로 인식(認)할 시에는 그 금지를 명할 수 있었다(제4조).

창가집 검열에 적용되었던「출판법」은 검열기준으로 국교를 저해하거나 국헌을 문란하는 것, 외교와 군사의 기밀에 관한 것, 안녕질서를 방해하거나 풍속을 괴란한 것으로 제시하고 있었다(제11조).

악극·가극·쇼 등의 흥행검열에 적용되었던「흥행취체규칙」은 관할경찰서의 흥행허가를 받았다 하더라도 공안 및 풍속 등을 해칠 염려가 있다고 인정되는 경우에는 취소하거나 임석경관이 그 흥행을 정지하거나 제한할 수 있었다(평안남도령 제2호「흥행취체규칙」제25조, 충청북도령 제12호「흥행취체규칙」제9조, 함경북도령 제4호「흥행취체규칙」제29조).

창가음반의 제조·유통·연주 등의 검열에 적용되었던「축음기레코드취체규칙」은 축음기레코드가 치안을 방해하거나 풍속을 해칠 우려가 있다고 인정될 때는 도지사는 그 제조·판매·수여 또는 연주를 제한하거나 금지할 수 있었다(제4조).

이처럼 일제강점기의 각 법규에 나타난 창가통제의 기저(基底)는 '치안방해'와 '풍속괴란'이었다. 한편 검열의 대기준으로 치안방해와 풍속괴란은 공개되었지만, 그 세부기준은 공개되지 않았다. 세부기준은 조선총독부 출판경찰의 내부에서만 공유해온 비밀사항이었다. 그럼 치안방해와 풍속괴란의 세부검열기준이 무엇이었고, 어떤 과정을 거쳐 정립되었는지 살펴보기로 하자.

조선총독부의 출판물 검열 초기에는 신문지와 잡지에 게재된 불온기사의 사례를 분류 집합하여 제시하던 방식을 채용하였다. 조선총독부가 치안방해와 풍속괴란에 해당하는 검열상의 표준기준을 마련하여 전국적으로 시행한 것은 1917년 3월 29일 내훈(內訓) 갑(甲)2호로 각 도에 통첩(通牒)하면서였다.[57] 조선총독부는 경무국 도서과 출범(1926) 이후 조선문간행물 행정처분기준(검열기준)과 사례를 다룬 내부용 비밀문서(연보)를 출판하였는데, 『1926년 신문지요람』(大正15年昭和元年 新聞紙要覽, 1927)은 불온사례를 5개항으로 다루었고, 『1927년 신문지출판물요항』(昭和27年 新聞紙出版物要項, 1928)은 13개항으로 명확화한 「간행물행정처분표준」을 제시하였으며, 『조선에서의 출판물개요』(朝鮮に於ける出版物概要, 1929-1932)는 19개항으로 세분화한 「조선문간행물행정처분예」를 제시하였다.

「조선문간행물행정처분예」[58]

1. 황실의 존엄을 모독하는 기사
2. 국헌을 문란시키는 기사
3. 국제교의를 저해하는 기사
4. 비공개 관청의 문서나 회의의 의사에 관한 기사
5. 공판전 예심에 관한 사항이나 방청금지된 재판에 관한 기사
6. 형사피고인, 범죄인 또는 사형자를 구호 상휼(賞恤)하거나 범죄선동하며 혹은 곡비(曲庇)하는 기사
7. 제국을 모욕하거나 저주하는 기사
8. 국가에 대한 의무를 부인하는 기사
9. 조선통치를 부인하는 기사
10. 조선통치를 방해하는 기사
11. 사유재산제도를 부인하는 기사

57 兼田要, 1936, 「新聞の取締に就いて」, 『警務彙報』 9月號, 第365號, 56쪽.

12. 계급투쟁 기타 쟁의를 선동하는 기사
13. 시사에 관한 무계(無稽)한 풍설을 유포하여 인심을 혹란동요시키는 기사
14. 경제혼란을 야기하거나 인심의 불안을 초래할 우려가 있는 기사
15. 사람을 훼비(毁非)할 목적의 허위사항에 관한 기사
16, 외설 난륜 잔인 기타 풍속을 해칠 기사
17. 군사외교 및 비밀을 요하는 사항에 관해 게재를 금지하는 기사
18. 복자(覆字), 0자, ×자를 사용하더라도 본 표본의 각 항에 해당된다고 인정되는 기사
19. 도화(圖畫)로써 전기 각 항에 해당되는 것

1936년 조선총독부는 『조선출판경찰개요』(朝鮮出版警察概要, 1937)에서 검열의 범주를 치안방해와 풍속괴란의 2개 영역으로 나누고, 치안방해 28개항과 풍속괴란 11개항으로 세부검열기준을 표준화한 「일반검열표준」을 제시하였다.[59] 2개 영역 39개항으로 구성한 1936년의 「일반검열표준」은 이후 일제강점기 동안 출판물 및 저작표현물의 표준화된 검열기준으로 자리 잡았고, 모든 출판물과 음반 등 표현물의 검열에 적용되었다. 즉 초기 검열은 명확한 기준이 없어 검열자의 주관에 의존하였지만, 시간에 지나면서 그동안의 경험을 바탕으로 표준화된 검열기준이 마련된 것이다.

58 朝鮮總督府 警務局, 1930, 「朝鮮文刊行物行政處分例」, 『朝鮮に於ける出版物概要』, 85-131쪽.

59 朝鮮總督府 警務局 圖書科, 1937, 「朝鮮內新聞雜誌竝に普通出版物の取締狀況」, 『昭和11年朝鮮出版警察概要』, 76-79쪽.

「일반검열표준」(1936)[60]

☐ 치안방해(안녕문란)

1. 황실의 존엄을 모독할 우려가 있는 사항
2. 신궁, 황릉, 신사 등을 모독할 우려가 있는 사항
3. 조국(肇國)의 유래, 국사(國史)의 대체(大體)를 곡설분갱(曲說紛更)하고, 기타 국체(國體)관념을 동요시킬 우려가 있는 사항
4. 국기, 국장(國章), 군기, 국가에 대하여 이를 모독할 우려가 있는 사항
5. 군주제를 부인하는 것 같은 사항
6. 법률재판 등의 국가권력 작용에 관하여 계급성을 고조하거나, 이를 곡설(曲說)하고 기타 국가기관의 위신을 실추시킬 우려가 있는 사항
7. 비합법적으로 의회제도를 부인하는 사항
8. 공산주의, 무정부주의의 이론 내지 전략전술을 지원 선전하거나 그 운동의 실행을 선동하는 사항
9. 혁명운동을 선동하거나 이를 상양(賞揚)하는 것 같은 사항
10. 폭력직접행동, 대중폭동 또는 각종쟁의, 동맹파업, 동맹휴교 등을 선동하거나 원조하며 상양(賞揚)하는 것 같은 사항
11. 납세 기타 국민의무를 부인하는 사항
12. 외국의 군주, 대통령 또는 제국에 파견된 외국사절의 명예를 훼손하고 이로 인해 국교상 중대한 지장을 초래할 우려가 있는 사항
13. 군사 외교상의 기밀에 관계되거나 국가의 불이익을 초래할 우려가 있는 사항
14. 국군 존립의 기초를 동요시키거나 그 통제를 문란케 할 우려가 있는 사항
15. 군질서를 문란케 하거나 군민 이간 및 반군사상을 선동 고취하는 사항
16. 전쟁 도발의 우려가 있는 사항
17. 반만(反滿) 항일(抗日) 또는 배일(排日)을 시사(示唆) 선동하거나 이를 상양(賞揚)하는 것 같은 사항
18. 재계를 교란하고 기타 현저하게 경제계의 불안을 야기시킬 우려가 있는 사항
19. 범죄를 선동하거나 곡비(曲庇)하며, 범죄인 또는 형사피고인을 상휼(賞恤) 구호하는 사항
20. 공개되지 않은 관청의 문서 또는 의사(議事)에 관한 사항
21. 공판에 회부하기 전에 중죄 경죄의 예심에 관한 사항 및 방청을 금한 재판에 관한 사항
22. 중대 범죄의 수색상 심대한 지장을 초래하거나 그 불검거로 인하여 사회의 불안을 야기하는 것 같은 사항

23. 조선의 독립을 선동하거나 그 운동을 시사하고, 이를 상양(賞揚)하는 것과 같은 사항
24. 내지인과 조선인간의 대립을 시사(示唆) 선동 또는 선전하며, 내지인 및 조선인 간의 융화를 저해할 우려가 있는 사항
25. 조선 민족의식을 앙양(昂揚)하는 것 같은 사항
26. 조선총독의 위신을 훼손하거나 조선통치의 정신에 배반하는 것 같은 사항
27. 조선민족의 처지를 곡설(曲說)하고 이를 모멸하여 기타 조선통치상 유해하다고 인정되는 사항
28. 기타 안녕질서(치안)을 방해하는 사항

□ 풍속괴란

1. 춘화와 음본(淫本)의 류(類)
2. 성, 성욕, 성애 등에 관한 기술로 음외(淫猥) 수치의 정을 일으켜 사회의 풍교(風敎)를 해치는 사항
3. 음부를 노출한 사진, 회화, 그림엽서의 류(아동은 제외)
4. 음부노출을 하지 않았으나 추악도발적 표현한 나체사진, 회화, 그림엽서의 류
5. 선정적 혹은 음외수치의 정을 유발할 우려가 있는 남녀포옹, 입맞춤(接吻, 아동제외)의 사진, 회화의 류
6. 난륜(亂倫)의 사항. 단 난륜의 사항을 기술하여도 조사평담(措辭平淡)하고 거듭 선정적 혹은 음외한 자구의 사용이 없는 것은 아직 풍속을 해치는 것으로 인정치 않는다.
7. 타태(墮胎)방법 등을 소개한 사항
8. 잔인한 사항
9. 유리(游里), 마굴(魔窟)의 소개로써 선정적이거나 또는 호기심을 도발하는 것 같은 사항
10. 서적 또는 성구(性具)약품 등의 광고로써 현저하게 사회의 풍교(風敎)를 해칠 사항
11. 기타 선량한 풍속을 해칠 사항

60 朝鮮總督府 警務局 圖書科, 1937, 앞의 책, 76-79쪽.

검열기준의 표준화는 초기 사례 중심에서 개념 중심으로의 구체화 과정을 통해 정립된 것으로, 「간행물행정처분표준」과 「조선문간행물행정처분예」에서는 검열된 사례를 통해 일관된 검열기준(항목)을 간접 제시하는 열거주의방법이었고, 「일반검열표준」은 2개 영역 39개항으로 추상적 기준을 개념화하여 검열기준을 직접 제시하는 표준주의 방법이었다.[61]

「일반검열표준」의 기본틀은 일본에서 사용된 검열기준에 기초하였다. 일본은 1934에 안녕문란사항 15개항과 풍속괴란사항 6개항으로 구성된 「안녕·풍속에 관한 출판물검열표준」을 수립했다. 조선의 「일반검열표준」 중 치안방해사항은 일본의 「출판물검열표준」의 안녕문란사항 15개항에 13개항을 추가한 28개항으로, 내선융화저해·민족의식앙양·조선통치정신배반·조선통치상유해 등의 조선의 식민지배에 관한 사항이 추가된 것이다. 풍속괴란사항은 일본의 풍속괴란사항 6개에 1개항을 추가하고, 일본의 외설적인 사항을 5개항으로 세분화하여 11개항으로 구성한 것이다. 이렇게 일본의 「출판물검열표준」에 비해 폭넓게 구성된 조선의 「일반검열표준」은 치안에 중점을 둔 검열기준으로, 그 목적이 식민지배를 위한 사상검열(통제)에 있었음을 보여준다.

이러한 일본과 식민지 조선 간의 검열표준 적용차이에 대해 대만총독부의 경무국 보안과 검열관이었던 스즈키 세이치로(鈴木淸一郞)의 검열기준(검열표준)에 대한 설명이 이유를 말해준다. 스즈키는 식민본국인 일본과 조선이나 대만과 같은 식민지에서의 검열기준 차이를 다음과 같이 말하였다.

---

61 정근식·최경희, 2006, 앞의 글, 153-154쪽.

〈표 5〉 검열기준의 구체화과정[62]

출 처	구성항목	내 용
1926년도 신문지요람 (1927)	불온기사의 사례 (5개항)	1. 조선민족독립사상을 고취선전하거나 독립운동 선동 (조선독립의 필요나 가능. 조선독립을 상찬 또는 선동) 2. 배일사상을 선전하거나 배일운동을 선동 (일본의 조선 통치정책 비난, 배일적 직접행동선동, 일본저주) 3. 사회주의 선전 또는 사회혁명선동 (자본가의 착취를 저주하고 계급투쟁을 선동, 사회혁명풍자) 4. 기타 치안문란 (시사에 관한 무계한 풍설유포-인심동요, 국가에 대한 의무부인) 5. 풍속괴란
1927년도 신문지출판물요항 (1928)	간행물 행정처분표준 (13개항)	황실존엄모독, 국헌문란, 국제교의저해, 관청문서공개나 회의의사, 공판예심과 방청금지재판, 형사피고 및 사형자 구호, 제국모욕이나 저주, 국가의무부인, 조선통치부인, 조선통치방해, 사유재산제도부인, 계급투쟁선동, 무계풍설유포
1928-29년도 조선에 있어서의 출판물개요 (1929-1930)	간행물 행정처분례 (19개항)	상동 (13개항) 추가항목 6개항(경제혼란야기, 명예훼손, 외설·난륜·잔인 및 기타 풍속을 해함, 군사외교비밀 누설, 복자사용문제, 도화를 통한 위반)
1936년도 조선출판경찰개요 (1937)	일반검열표준	일반검열표준 1.안녕질서(치안)방해의 사항 (28개항) 2.풍속괴란 신문지출판물검열표준 (11개항) 3.특수검열표준 (6개항)
1937년도 조선출판경찰개요 (1938)	일반검열표준 특수검열표준	일반검열표준 1.안녕질서(치안)방해 (28개항) 2.풍속괴란 (11개항) 특수검열표준 (6개항)

62 정근식·최경희, 2006, 위의 글, 159쪽.

> 이 금지표준은 그 지방의 민족, 정치조직, 기타 사정이 다름에 따라 당해 기사의 효과의 영향력에 관계가 있다. 예를 들면 내지에서의 금지표준과 외지 즉 조선과 대만 등에서의 표준은 명백히 다르다. 외지는 내지에 비하여 특수사정이 존재하므로 이로 인해 금지표준도 내지와 다른 것이 일반적이며, 그 결과 외지에서의 금지표준이 내지에 비하여 특수사정에 의존하는 경우가 많다. 그 때문에 외지는 내지에 비해 언론을 압박한다는 비난이 생겨나는 일이 많다.[63]

여기서의 '외지특수사정'은 식민 본국이 비해 식민지의 상황을 얘기하는 것이고, 이는 식민 본국과 식민지간의 차별을 정당화하는 근거로 작용한 것이다.

「일반검열표준」중 음반의 현장 단속에서 행정처분된 주요 사유로는 치안방해는 현 제도 조직의 저주, 계급투쟁 선동, 민족의식 고취선동, 내선융화의 저해, 신사(神社)존엄 모독, 시국상 사기저하 등이었고, 풍속괴란은 외설스러운 정사설교(情事說敎), 정욕선정(煽情), 정교(情交) 묘사 등이었다.[64]

풍속에 대한 검열은 정치사회적 의미에서 매우 중요한 의미를 지닌다. 사회의 지배이데올로기에 대한 대항담론을 금지하고, 표현의 자유를 제한한다는 점에서도 시사하는 바가 크다. 유교적 봉건 이데올로기가 강력했던 조선 사회에서 음란물에 대한 금지는 사회적 동의를

63 鈴木清一郎, 1937, 『臺灣出版關係法令釋義』, 臺北: 杉田書店, 105쪽을 인용한 정근식, 2012, 위의 글, 27쪽에서 재인용.

64 朝鮮總督府 警務局, 1937, 앞의 글, 85-87쪽 ; 「왜곡한 오락을 시정 : 레코드 면목 일신, 취체의 효과가 이러케 크다, 청수(淸水)도서과장 談」, 『매일신보』, 1934. 02.02.

얻을 수 있었을 가능성이 컸고, 이는 정치사회적 대항담론에 대한 억압을 포함한 검열제도 전반에 대한 지지로 이어질 수도 있었을 것이다.[65]

한편 검열기준의 '표준화'는 이전의 추상적인 기준을 개념화했지만, 항목 자체의 추상화로 인해 그 적용의 주관성이 확대되었다고 할 수 있다.[66] 이 '검열표준'의 범주에 들어가기만 하면 검열관이 매우 자의적(주관성)으로 판단을 할 수 있었기 때문이다. 조선총독부 도서과의 검열관 오카다 준이치는 "무엇으로 치안을 방해하고 풍속을 문란하게 했는가는 전적으로 해석상의 문제이다. 요는 그때 사회환경에 따라 객관적으로 그것을 정해야 할 것이라 생각한다"[67]라고 검열의 주관성을 인정하고 있었다.

조선총독부 도서과의 또 다른 검열관 가네다 가나메(兼田要)도 일반적으로 취체에서 치안방해인가 또는 풍속문란인가 판단하는 것은 '검열당사자의 감'(検閱當事者の感)이 중요하며, 서로 다르게 판단하는 경우도 있다고[68] 검열의 주관성을 인정하였다.

1939년 6월 경무국 도서과 주최의 문인과의 간담회가 있었고 여기에서는 당국이 내부만 비밀 공유하던 세부검열기준에 대한 지시전달이 있었는데 "검열기준은 확고부동한 것이 안니고 시세변천(時勢變遷)에 반(伴)하여 당연히 변하는 것이므로 임히 출판허가한 것이라도 차압 혹은 재판(再版)을 인가하지 안을 경우도 잇을 것"[69]이라고 하였다.

---

65 김길연, 2013, 앞의 글, 78쪽.

66 이민주, 2011, 「일제시기 검열관들의 조선어 미디어와 검열업무에 대한 인식」, 『한국언론학보』 2월, 제55권 제1호, 한국언론학회, 189쪽.

67 岡田順一, 1933, 앞의 글, 142쪽.

68 兼田要, 1936, 잎의 글, 55쪽.

곧 검열기준이 사회적 환경에 따라 변할 수 있음을 밝힌 것이다.

조선총독부 도서과의 창가검열은 주관성을 띠었다. 창가검열기준으로 적용된 출판물의 검열사례와 일반검열표준 등이 계량화할 수 없고, 검열관의 주관이 반영될 수밖에 없는 추상적 내용들이기 때문이었다. 검열에 걸려 발표되는 행정처분 사유는 치안방해 내지 풍속괴란으로만 발표될 뿐 세부처분 사유는 발표되지 않아 피검열자들은 실제 적용된 구체적인 금지사유를 알 수 없었다.

4. 금지처분된 창가집

일제강점기 출판된 창가집은 사제창가집과 관제창가집으로 나눌 수 있다. 사제창가집은 민간에 의해 출판된 것으로 대중을 위한 일반용과 학교교육을 위한 교육용(교과용)이 발행되었다. 일반용은 「출판법」에 의해 발행이 통제되었고, 교육용은 「출판법」외에 '교과서검정 및 인가제'에 의해 발행이 통제되었다.

관제창가집은 조선총독부에 의해 출판된 창가집으로 주로 학교교육용이었다. 관제창가집은 「출판법」과 '교과서검정 및 인가제'의 출판허가기준(검열기준)에 맞추어 편찬된 창가집이다. 따라서 금지처분된 사제창가집과 관제창가집의 내용을 비교하면 「출판법」과 「일반검열표준」의 검열기준이 창가집에 실제 어떻게 적용되었는지 알 수 있다.

---

69 편집부, 1939, 「도서과 주최 문인간담회」, 『조광』 9월호, 제5권 제9호, 160쪽.

4.1. 금지창가와 창가집

한일합병 전 통감부시기에 출간된 교육용 창가집인 이성식(李聖植) 저작의 『중등창가』(中等唱歌, 1910.04.)가 1910년 4월 15일에, 이기종(李基鍾) 저작의 『악전교과서』(樂典敎科書, 1910.04.)가 1910년 4월 20일에 「출판법」 제13조에 의거, 발매·반포가 금지되고 압수처분되었으며, 사유는 허가를 받지 않은 '비밀출판'이었다.[70]

1912년 2월 7일에는 찬송가집인 윤치호(尹致昊, 1865-1945) 역술(譯述)의 『찬미가』(광학서관, 1905)가 처분사유 '치안방해'로,[71] 1921년 노영호(盧永鎬)가 펴낸 『근화창가 제1집』(槿花唱歌, 근화사, 1923)가 1939년 12월 1일 '치안방해' 사유로 금지되었다.[72]

'3·1만세운동' 이후 조선에서는 사회주의사상이 대두되어 1922년 1월 조선 최초의 사회주의사상단체인 '무산자동지회'(無産者同盟會)가 결성되었고, 1924년 4월에는 223개 청년단체대표가 참여하는 '조선청년총동맹'(朝鮮靑年總同盟)이 결성되었다. 이외에도 '화요회'(火曜會, 1925.04.), '북성회'(北星會, 1922), '서울청년회'(1921.01.) 등 다양한 사회주의사상단체가 결성되었다. 이는 노동운동으로 확대되어 1920년 4월 조선 최초의 전국적 성격을 띤 '조선노동공제회'(朝鮮勞動共濟會)와 1924년 4월 전국 167개 노동자·농민단체의 결집체인 '조선노농총동맹'(朝鮮勞農總同盟) 등 각종 노동 단체들이 결성되었다. 1925년에는 조

---

70 「內部告示 第32號 中等唱歌」, 『大韓帝國官報』 第4656號, 1910.04.19 ; 「內部告示 第38號 樂典敎科書」, 『大韓帝國官報』 第4660號, 1910.04.23 ; 朝鮮總督府 警務総監部, 1912, 「押收出版物一覽表」, 『警務月報』 3月分, 第21號, 378쪽.

71 朝鮮總督府 警務総監部, 1912, 앞의 글, 381쪽.

72 朝鮮總督府 警務局, 1941b, 앞의 책, 229쪽.

선의 사회운동을 이끌 통일조직으로 '조선공산당'이 창립되었다. 1925년 8월에는 '조선프롤레타리아예술동맹'(카프 : KAPE)가 결성되면서 조선에서의 프로예술운동이 전개되게 되었다.

사회주의운동은 노동운동과 예술운동, 계급운동을 넘어 민족해방운동의 지도사상으로 대두되었고, 일제는 이 운동을 사회안녕을 해치는 식민지 통치의 방해물로 보았다. 1931년 7월부터 10월까지 카프맹원들은 조선총독부에 의해 검거, 구속되는 사건이 발생했다. 따라서 일제는 사회주의운동을 탄압하였고, 사회주의운동과 관계된 노래 역시 금지시켰다. 이에 따라 1933년 5월 18일 『불별 : 푸로레타리아동요집』(중앙인서관, 1931)이, 1935년 8월 30일 노동절(5월 1일)과 관계된 운동가(運動歌)인 〈메이데이가〉(May Day Song), 〈우크라이나혁명가〉, 〈독일공산당혁명가〉 등이 '치안방해'의 사유로 금지처분되었고,[73] 이들 노래를 부르는 행위조차도 보안법 위반으로 처벌되었다. 일제는 혁명가(革命歌)·노동가(勞動歌)가 체제, 곧 국체의 변혁을 꾀하는 것이었기에 창작은 물론 가창하는 것도 금지하였다.[74]

기독교계에서 불린 〈금주가〉(禁酒歌, 임배세 작사·작곡)도 금지되었다. 당시 기독계를 중심으로 술·담배·아편 등을 금하자는 금주운동

---

73 「적색음반 수종을 압수」, 『조선일보』, 1933.07.20 ; 편집부, 1936a, 앞의 글, 271쪽 ; 朝鮮總督府 警務局, 1941b, 『朝鮮總督府 禁止單行本目錄』, 285쪽.

74 「직공과 경관 격투」, 『동아일보』, 1921.06.20 ; 「평양의 사회주의자를 지난 4일에 7명 검거해, 내용은 선전문과 혁명가 까닭」, 『조선일보』, 1923.10.08 ; 「완도청년 3명, 혁명가 불렀다고 검사국으로 넘겨」, 『조선일보』, 1926.06.02 ; 「혁명가 고창한 여류악가(樂家) 검속」, 『조선일보』, 1926.12.09 ; 「혁명가와 혁명문예를 가르친 탓, 교원 학생 등 20명 피착(被捉)」, 『동아일보』, 1928.12.12 ; 「노동자 창가까지 단속」, 『조선일보』, 1931.02.13.

이 전개되었는데, 이는 단순한 절제운동이 아니라 조선을 살리는 운동으로 민족운동적 성격을 내포하고 있었기 때문이었다.[75]

대중문화와 음반산업이 전성기를 이루었던 1930년대에는 '창가집'라는 이름으로 대중가요집이 출판되었고, 그중에는 조선총독부에 의해 치안방해와 풍속괴란으로 행정처분을 받은 가요책이 다수 있었다.

다음은 조선총독부에 의해 금지처분된 창가집(노래책)[76]들로, 다수가 1930년대에 금지되었다.

75 손메례, 「조선의 금주운동」, 『기독신보』, 1930.04.30 ; 「금주가 배부한 것을 출판법으로 취조」, 『동아일보』, 1931.09.09.

76 朝鮮總督府 警務摠監部, 1912, 「押收出版物一覽表」, 『警務月報』 3月分, 第21號 ; 朝鮮總督府 警務摠監部, 1912, 「2月中 押收處分」, 『警務彙報』 4月分, 第23號 ; 朝鮮總督府 警務摠監部, 1912, 「5月中 差押處分に附したる出版物左の如し」, 『警務彙報』 6月分, 第26號 ; 朝鮮總督府 警務摠監部, 1912, 「8月中 發行不許可の出版物左の如し」, 『警務彙報』 9月分, 第32號 ; 朝鮮總督府, 1915, 「發賣頒布禁止圖書」, 『教科用圖書一覽』 改訂9版 ; 京畿道 警務部報告, 1915.11.13. 「不穩者發見處分 1件」, 『警高機發』 第527號 ; 朝鮮總督府 警務局 圖書科, 1928, 「不許可差押及削除出版物目錄」, 『朝鮮出版警察月報』 11月號, 第3號 ; 朝鮮總督府 警務局 圖書科, 1929, 「不許可差押及削除出版物目錄」, 『朝鮮出版警察月報』 1月號, 第5號 ; 朝鮮總督府 警務局 圖書科, 1930, 「不許可差押及削除出版物目錄」, 『朝鮮出版警察月報』 9月號, 第24號 ; 朝鮮總督府 警務局 圖書科, 1931, 「不許可差押及削除出版物目錄」, 『朝鮮出版警察月報』 5月號, 第31號 ; 朝鮮總督府 警務局 圖書科, 1934, 「朝鮮文出版物差押目錄」, 『朝鮮出版警察月報』 11月號, 第74號 ; 朝鮮總督府 警務局 圖書科, 1935, 「朝鮮文出版物差押目錄」, 『朝鮮出版警察月報』 5月號, 第80號 ; 朝鮮總督府 警務局 圖書科, 1935, 「朝鮮文出版物差押目錄」, 『朝鮮出版警察月報』 9月號, 第84號 ; 朝鮮總督府 警務局 圖書科, 1937, 「出版物差押目錄」, 『朝鮮出版警察月報』 2月號, 第101號 ; 朝鮮總督府 警務局 圖書科, 1937, 「出版物差押目錄」, 『朝鮮出版警察月報』 8月號, 第107號 ; 朝鮮總督府 警務局 圖書科, 1938, 「出版物禁止要項-安寧禁止-削除處分」, 『朝鮮出版警察月報』 12月號, 第123號 ; 朝鮮總督府 警務局, 1941, 『朝鮮總督府 禁止單行本目錄』.

〈표 6〉 조선총독부에 의해 금지(행정)처분된 창가집(노래책)

저 자	서 명	출판사항	처분년도	처분사유
이성식	중등창가	황성서적업조합, 1910	1910.04.15.	비밀출판 (압수)[77]
이기종	악전교과서	황성서적업조합, 1910	1910.04.20.	비밀출판(압수)
윤치호	찬미가	광학서관, 1905	1912.02.07.	치안방해(압수)
-	신편창가	-	1912.05.13.	치안방해(차압)
-	창가	-	1912.05.13.	치안방해(차압)
이상준	중등창가	김용준	1912.08.15.	발행불허
명동예수교학교	신찬(新纂)창가집	명동예수교학교, 1913	1913.10.08.	발매반포금지
한영서원	창가집	한영서원, 1915	1915.11.13.	불온서적
노익형	조선동요선집	1929	1929.01.09.	치안방해(삭제)
-	새노래	조선예수교장로회, 1930	1930.08.30.	치안방해
이상준	풍금독습중등창가집[78]	삼성사, 1934(6판)	1930.08.08.	치안방해

77 일제의 검열관련 문건에는 '압수처분'와 '차압처분'이라는 유사한 개념의 용어가 등장하는데, 압수는 조선인에 적용되었던 「출판법」과 「신문지법」에 나오는 용어이고, 차압은 일본인 또는 외국인에게 적용되었던 「출판규칙」과 「신문지규칙」에 나오는 용어이다. 압수처분이 떨어지면 경찰이 출판물을 몰수해가는 것에 반해 차압처분이 떨어지면 발매와 반포를 금하고 출판물은 출판사에 그대로 두는 것이다. 그러나 실제로 두 용어는 혼용되어 사용되어졌고, 차압이 몰수의 압수형태로 처리되었다. 恒緣, 1930, 「朝鮮に於ける出版物の考察」, 『警務彙報』 12月號, 第296號, 39-40쪽 ; 정진석, 1998, 「해제 : 일제의 탄압과 언론의 저항」, 『일제시대 민족지(民族紙) 압수기사모임 1』, LG상남언론재단, 14쪽.

78 『풍금독습중등창가집』은 1934년판이 1930년에 금지처분된 것으로 나오는데, 그 기록은 朝鮮總督府 警務局, 1941b, 앞의 책, 273쪽에 의한다. 이 잘못된 기록은 『朝鮮總督府 禁止單行本目錄』의 출판년도가 1941년이기에, 금지목록 작성시 당시 사용되고 있던 1934년판(제6판)을 적어 넣은 것이 아닌가 추정된다.

저 자	서 명	출판사항	처분년도	처분사유
주요한	조선신동요선집 제1집	김기계, 1931	1931.03.19.	치안방해(삭제)
-	불별:푸로레타리아 동요집	중앙인서관, 1931	1933.05.18.	치안방해
홍성은	동요	1935	1935.04.22.	출판법(차압)
신태삼	메-데의의(意義) 附메-데가	홍문서관, 1930	1935.08.30.	치안방해(차압)
안익태	대한국 애국가	미국桑港재한인동민회	1936.03.04.	치안방해
한석원	소년소녀가극집 제1집	영창서관, 1924	1937.01.15.	치안방해
한석원	소년소녀가극집 제2집	영창서관, 1927	1937.01.14.	치안방해(차압)
다나카(田中初夫)	가곡집 제1집	조선문예회, 1937	1937.07.16.	치안방해(차압)
강신명	아동가요곡선 삼백곡	농민생활사, 1936	-	치안방해
현제명	현제명작곡집 제1집	한규상, 1931	1938.05.14.	치안방해
노영호 편	근화창가 제1집	근화사, 1923	1939.12.01.	치안방해
강의영	특별무궁화창가집	영창서관, 1935	1940.02.17.	치안방해
독고선 편	가요곡찬집(撰集) 제1집	창문당서점, 1928	1928.11.20.	치안방해(삭제)
핸드포드 편	정선조선가요집 제1집	조선가요연구사, 1931	1932.01.00.	치안방해
강의영	20세기신청년 삼천리창가집	영창서관, 1932	1934.10.22.	출판법(차압)
-	신유행(三友) 창가집	영창서관, 1932	1934.10.29.	출판법(차압)
장경휘	청년노래가락창가	1937	1938.09.20.	풍속괴란
김재덕	강남제비창가집	1935	1939.05.19.	치안방해
김재덕	서울타령창가집	1935	1939.05.19.	풍속괴란
김준환	청년남녀 삼천리신창가집	1934	1939.06.12.	풍속괴란
김동진	현대유행 팔도명창가사집	덕흥서림, 1934	1939.07.29.	치안방해
신태삼	모던서울창가집 (5대레코드취입	세창서관, 1937	1939.08.04.	치안방해

저 자	서 명	출판사항	처분년도	처분사유
	최신유행가)			
강하형	최신유행 방아타령창가	태화서관, 1932	1940.02.17.	치안방해
김재덕	조선행진곡창가집	1935	1940.04.16.	치안방해
노익형	최신유행 길경(桔梗)타령창가	1938	1938.12.00	치안방해(삭제)

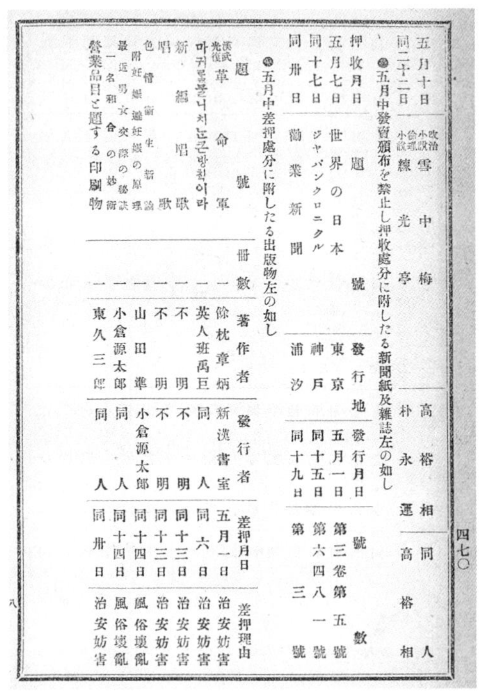

五月十日	政治小說 雪中梅	高裕相	同人
同二十二日	倫理小說 線光亭	朴永運	高裕相

●五月中發貞頒布を禁止し押收處分に附したる新聞紙及雜誌左の如し

押收月日	題號	發行地	發行月日	號數
五月七日	世界の日本	東京	五月一日	第三卷第五號
同十七日	ジャパンクロニクル	神戶	同十五日	第六四八一號
同卅日	勸業新聞	浦汐	同十九日	第三號

●五月中差押處分に附したる出版物左の如し

題號	冊數	著作者	發行者	差押月日	差押理由
漢武光復 革命軍	一	餘杭章炳	新漢書室	五月一日	治安妨害
마귀를물니치는큰방칙이라	一	英人班禹巨	同人	同六日	治安妨害
新編唱歌	一	不明	不明	同十三日	治安妨害
唱歌	一	不明	不明	同十三日	治安妨害
色情衞生新論 附妊娠避妊娠の原理	一	山田準	小倉源太郎	同十四日	風俗壞亂
最近男女交際の秘訣 一名和合の妙術	一	小倉源太郎	同人	同十四日	風俗壞亂
營業品目と題する印刷物	一	東久三郎	同人	同卅日	治安妨害

四七〇

〈그림 2〉 압수처분된 『신편창가』(1912)
『창가』(1912)의 처분기록[79]

79 朝鮮總督府 警務摠監部, 1912, 『警務彙報』, 6月分, 第26號.

금지처분된 창가집 중 치안방해의 사유로 처분된 『찬미가』(1905), 『근화창가 제1집』(1923), 『풍금독습중등교육창가집』(1921), 『정선조선가요집 제1집』(1931), 『최신유행길경타령창가』(1938)를 사례로 그 구체적 처분이유에 대해 살펴보기로 하자.

찬송가집인 윤치호 역술의 『찬미가』가 1912년 2월 7일 처분사유 '치안방해'로 압수처분되었다. 『찬미가』의 내용을 살펴 보면, 총 15곡 중 1장 〈우리 황상 폐하〉(Korea), 10장 〈승자 신손 천만년은〉(Patriotic Hymn No.III), 14장 〈동해물과 백두산이〉(Patriotic Hymn)등 한국인 작사의 '애국찬송가' 3곡이 수록되어 있어 처분받은 것으로 보인다. 3곡의 찬송가의 특징은 애국적 가사의 내용으로, 황제를 중심으로 한 상징적인 애국심이 나타난다.

제1장 〈우리황상폐하〉(Korea)

1. 우리황상폐하 텬디일월갓치 만수무강
   산놉고물고흔 우리대한뎨국 하나님도으사 독립부강
2. 길고긴왕업은 룡흥강푸른물 쉬지안툣
   금강쳔만봉에 날빗찬란함은 태극긔영광이 빗취난듯
3. 비단갓흔강산 봄꼿가을달도 곱거니와
   오곡풍등하고 금옥구비하니 아셰아락토가 이아닌가
4. 이천만동포난 한맘한뜻으로 직분하세
   사욕은바리고 충의만압세워 님군과나라를 보답하셰

제10장 〈승자 신손 천만년은〉(Patriotic Hymn No.III)

1. 승자신손 천만년은 우리황실이오
   산고슈려 동반도난 우리본국일세

2. 애국하난 열심의긔 북악갓치놉고
충군하난 일편단심 동해갓치깁허
3. 이천만인 오즉한맘 나라사랑하야
사롱공샹 귀천업시 직분만다하세
4. 우리나라 우리님군 황천이 도으사
국민동락 만만세에 태평독립하세
(후렴)
무궁화 삼천리 화려강산
대한사람 대한으로 길이 보전하세

제14장 〈동해물과 백두산이〉(Patriotic Hymn)

1. 동해물과 백두산이 말으고달토록
하나님이 보호하사 우리대한만세
2. 남산우헤 저소나무 철갑을두른 듯
바람이슬 불변함은 우리긔상일세
3. 가을하날 공활한대 구름업시놉고
밝은달은 우리가슴 일편단심일세
4. 이긔상과 이마음으로 님군을섬기며
괴로오나 질거우나 나라사랑하세
(후렴)
무궁화 삼천리 화려강산
대한사람 대한으로 길히 보전하세

이상준(李尙俊, 1884-1948)이 발간한 『풍금독습중등창가집』(風琴獨習中等唱歌集, 삼성사, 1934, 6판)이 1930년 8월 8일에 '치안방해' 사유로 금지처분되었다. 『풍금독습중등창가집』의 초판은 1921년에 출판되었고, 5판인 1929년판에 개정증보되어 1934년판(6판)은 66곡을 수록하

였다.[80]

수록된 66곡의 가사내용은 민족적이거나 현실비판적인 것이 전혀 없다. 이를 주제별로 분류해 보면, 권학(勸學)적인 것, 교훈적인 것, 자연을 표현한 것, 생활의 정서를 표현한 것, 부모나 친구의 은혜를 표현한 것, 생업에 관한 것 등이다.[81] 창가에 사용된 음계는 장·단조 음계, 5음음계, 요나누끼음계 등이었고, 창가의 출처는 이상준이 작사·작곡한 창가와 서양노래, 그리고 일본창가이다.

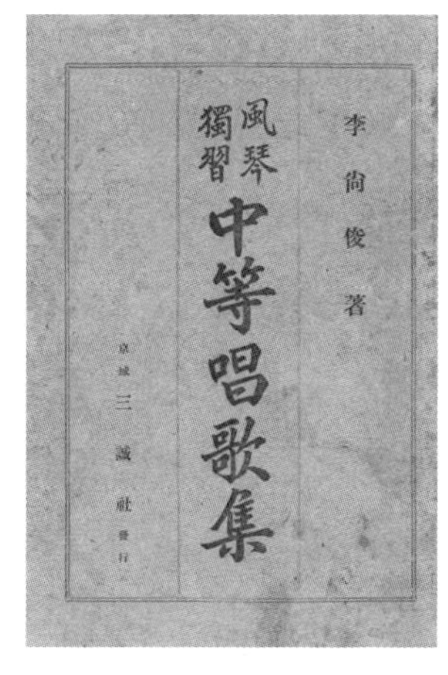

〈그림 3〉 이상준, 『풍금독습중등창가집』(1921) 표지

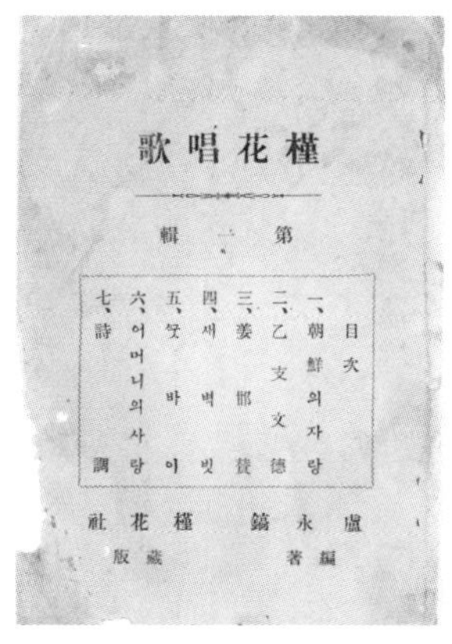

〈그림 4〉 노영호 편, 『근화창가』(1923) 속표지

이 창가집은 조선총독부의 검열기준인 「일반검열표준」으로 보면 금지처분될만한 요소가 보이지 않는다. 가사내용이나 창가에 사용된 음계 그리고 창가의 출처도 문제시 될만한 것이 없다. 오히려 일본창가가 상당수 수록되어 있다. 그럼에도 이 창가집은 '치안방해' 사유로 금지처분을 받았다. 세부금지시유는 알 수 없다. 권학과 교훈, 은혜 표현 등이 민족 계몽적

80 민경찬, 1997, 『한국창가의 색인과 해제』, 한국예술종합학교 한국예술연구소, 74쪽.

81 주제별 분류는 박은경의 분류를 차용함. 박은경, 1996, 「이상준의 『풍금독습중등창가』 연구」, 『음악과 민족』 제12호, 민족음악학회, 254쪽.

이라 본 것인지 짐작되지 않는다. 앞에서 살펴본 검열의 주관성을 실감하는 예이기도 하다.

1923년 노영호(盧永鎬)가 펴낸 『근화창가 제1집』(槿花唱歌, 근화사)이 1939년 12월 1일 '치안방해' 사유로 금지되었다.[82] 세부사유는 수록곡 7곡 중 〈조선의 자랑〉·〈을지문덕〉·〈강감찬〉 등 민족정서가 반영된 창가가 실려 있어 처분된 것으로 보인다.

〈조선의 자랑〉

1 장하고도 아름답다 무궁화벌판
금수강산 삼천리는 우리집이요
성자신손 이천만은 우리결에며
반만년의 긴역사는 우리빗칠세
2 육대주(六大洲)의 쏫쏫까지 두루차지며
오대양(五大洋)을 속속드리 뒤저보아도
산고하며 수려하야 세계공원은
삼천리의 금수강산 하나뿐일세
3 십육억의 세계인종 취입식히고
모든질문 가진시험 대해보아도
슬긔잇고 똑똑하야 문명인종은
이천만의 우리민족 하나뿐일세
4 이세상의 웬갓서책 한 대모으고
이리찻고 저리뒤저 암만보아도
오래되고 거륵하야 세계웃듬은
반만년의 빗난역사 하나뿐일세

82 朝鮮總督府 警務局, 1941b, 앞의 책, 229쪽.

〈조선의 자랑〉은 '무궁화', '금수강산', '삼천리', '반만년 긴역사', '우리민족', '빛난역사' 등 조선의 민족정서, 민족정기와 관계된 가사가 드러나고 있다. 금지처분 연도가 1939년인 것으로 보아 1936년에 표준화된 「일반검열표준」 중 치안방해의 "25항 조선 민족의식을 앙양(昂揚)하는 것"이 적용된 것으로 보인다.

〈을지문덕〉과 〈강감찬〉은 외세의 침략에 대항해 물리친 고구려와 고려의 명장을 노래로 표현하고 있어 이 역시 조선의 일제 침략에 대항하는 것을 표현한 것으로 보여 「일반검열표준」 중 치안방해의 "23항 조선의 독립을 선동하거나 그 운동을 시사하고, 이를 상양(賞揚)하는 것과 같은 사항"이 적용된 것으로 보인다.

외국인이 편자인 『정선조선가요집 제1집』(精選朝鮮歌謠集, 조선가요연구사, 1931)은 콜럼비아레코드의 경성지부장인 핸드포드(C. J. Handford)가 편집한 것으로, 경기계통 긴잡가·잡잡가, 서도계통잡가, 남도계통의 단가, 춘향전, 심청전, 잡가 등 전통음악 57곡과 부록으로 당시 유행한 대중가요 악보 30곡을 수록하였다. 이 가요집은 1932년 1월 '치안방해' 사유로 금지처분되었는데, 수록곡의 가사내용이 조선독립이나 조선통치 방해, 현 사회체제 비판, 사회주의 옹호 등이 없음에도 수록 노래가 전체적으로 민족정서의 가요들로 구성되어 행정처분된 것으로 보인다.

〈표 7〉『정선조선가요집 제1집』(1931) 수록곡

□ 조선가요선집 목차

<table>
<tr><td colspan="2">가사·편·시
(歌詞·編·詩)</td><td>죽지사(竹枝詞), 황계사(黃鷄詞), 백구사(白鷗詞), 어부사(漁父詞)
상사별곡(相思別曲), 춘면곡(春眠曲), 양양가(襄陽歌), 수양가(首陽歌)처사가(處士歌), 화편(花編), 옥편(玉編), 대인난편(待人難編)
권주가(勸酒歌), 관산융마(關山戎馬,詩)</td></tr>
<tr><td colspan="2">경기계통
긴잡가·잡잡가
(京畿系統
긴雜歌·雜雜歌)</td><td>유산가(遊山歌), 적벽가(赤壁歌), 제비가, 선유가(船遊歌, 가세타령)소춘향가(小春香歌), 형장가(形杖歌), 집장가(執杖歌), 노래가락</td></tr>
<tr><td colspan="2">서도계통잡가
(西道系統雜歌)</td><td>공명가(孔明歌), 배다락이</td></tr>
<tr><td rowspan="5">남도계통
(南道系統)</td><td>단가
(短歌)</td><td>편시춘(片時春), 불수빈(不須嚬), 진국명산(鎭國名山)
대관강산(大觀江山), 월하몽(月下夢), 소상팔경(瀟湘八景)조어환주(釣魚換酒), 죽장망혜(竹杖芒鞋), 장부한(丈夫恨)일장춘몽(一場春夢), 호남가(湖南歌), 만고강산(萬古江山)
초한가(楚漢歌), 고고천변(皐皐天邊), 달거리</td></tr>
<tr><td>춘향가</td><td>적성가(赤城歌), 천자(千字)푸리, 사랑가, 자진사랑가
군로사령(軍奴使令), 십장가(十杖歌), 몽중가(夢中歌), 옥중가(獄中歌)
추월강산(秋月江山), 춘당시과(春塘試科)</td></tr>
<tr><td>심청가</td><td>소상팔경(瀟湘八景), 심황후사친가(沈皇后思親歌), 화초가(花草歌)</td></tr>
<tr><td>삼국지</td><td>삼고초려(三顧草廬), 화용도(華容道)</td></tr>
<tr><td>잡가</td><td>륙자백이, 자진륙자백이, 새타령</td></tr>
</table>

▢ 부 록 : 유행명곡선집

오동나무, 방랑가, 메리의 노래, 베니스의 노래, 라인강, 봄노래, 부활(復活), 실연(失戀), 유랑의 노래, 청춘가, 풍운아 노래, 아리랑, 암로(暗路), 젊은이의 노래, 카쥬샤, 종로행진곡, 낙화유수(落花流水), 그대 그립다, 세동무, 귓드람이, 려창(旅窓), 비행긔, 쐬ㅅ고리, 형용가, 흰구름, 고독한 몸, 유랑인의 노래, 패수의 애상곡(浿水의 哀傷曲), 그리운 강남, 마의태자(麻衣太子)

〈그림 5〉 핸드포드 편, 『정선조선가요집 제1집』(1931)
표지와 〈낙화유수〉 악보

조선총독부 도서과는 1938년 11월에 노익형(盧益亨)이 편찬한 『최신유행길경타령창가』(最新流行桔梗打令唱歌, 1938)에 대해 '치안방해'를 사유로 '삭제처분'을 내렸다. 삭제처분이유는 "전체적으로 계급의식이 포함되어 온당하지 않다고 판단되기"[83] 때문이었다. 그러나 실제

83 朝鮮總督府 警務局 圖書科, 1938, 「出版物禁止要項-安寧禁止-削除處分」, 『朝鮮出版警察月

내용을 살펴보면 계급의식보다는 민족의식, 민족현실이 보인다. 『최신유행길경타령창가』의 수록 가요 중 삭제처분된 가요는 〈에라 좋구나〉, 〈오동나무〉, 〈노래하는 시절〉, 〈경성행진곡〉, 〈마적의 노래〉, 〈낙성의 패〉, 〈신아리랑〉, 〈폐허의 노래〉, 〈인도의 밤〉 등이며, 다음은 각 곡의 삭제부분이다.[84]

〈에라 좋구나〉
(전수린 작사·작사, 이애리수 노래)
세월아 류수야 가지를 말아라
아까운 청춘시절 다늙어 가노라
삼천리강산에 새봄이 왔요
무궁화강산 춘절경개 에라 좋구나
※ 밑줄 가사가 삭제부분

〈오동나무〉[85]
(이규송 작사, 강윤석 작곡, 이은파 노래)
5 금수강산은 다 어데가고요
황막한 광야가 웬일인가
에-라 이것이 눈물이란다
에-라 이것이 설음이라오

報』 12月號, 第123號, 19쪽.

84 朝鮮總督府 警務局 圖書科, 1938, 위의 글, 18-21쪽. 조선출판경찰월보에는 한국어 가사를 일본어로 번역한 가사가 수록되어 있다. 이에 번역과정에서 문장이 달라질 수 있어 가사의 명확한 의미전달을 위해 기존 가요집에 수록된 한국어 원가사로 적는다.

85 핸드포드 편, 1931, 『정선조선가요집 제1집』, 조선가요연구사, 부록.

〈마적의 노래〉[86]

1 나의가는 그때에 그대도가세
 좁다란 이곳에는 참아못사리
 압록강 저쪽에는 지나(支那)영토니
 지나에는 사억만에 민중이사네
2 나의게는 부모며 친척도업고
 나― 나은 고향에는 집조차업네
 긔년간 든 산천잇기는 하나
 이 리별슬허할자 하나도업네
7 고국을 써난지 십여년만에
 지금은 마적에 대두령이라
 아세아의 고근산(高根山) 아래에서는
 지휘하는 부하가 오천인이라
8 오날은 길림성의 그편쪽으로
 수림(樹林) 새 이울니는 말굽소래와
 발자취에 소래를 숨겨가지고
 사억만의 지나민중을 놀내리로다

4.2. 관제창가집과의 비교

일제는 한일합병 후 1911년 8월 〈조선교육령〉(칙령 제229호)을 제정, 공포함으로써 '제1차 조선교육령기'(1911.11.-1922.03.)가 시작되었다. 조선총독부는 새로운 교육령에 따라 새로운 교과서를 편찬작업에 착수하였고, 1914년에 교과용 창가집인 『신편창가집』(新編唱歌集)을 발행하였다. 『신편창가집』은 일제의 조선에 대한 강점 후 조선총독부

86 강범형, 1929, 『신식유행 이팔청춘창가집(新式流行 二八青春唱歌集)』, 시조사.

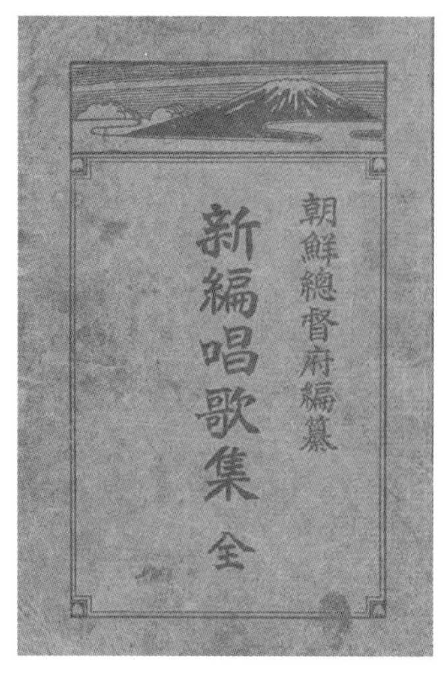

〈그림 7〉『신편창가집』(1914) 표지

가 발행한 최초의 음악교과서이다.

『신편창가집』은 제1·2편의 일본어창가(일본어가사)와 제3편의 조선어창가(한글가사) 등 세 편으로 구분되었고, 제1편 6곡, 제2편 29곡, 제3편 6곡 등 총 41곡이 수록되었다. 이 중 일본어가사로 되어 있는 곡은 35곡이며, 한글가사로 되어 있는 것은 6곡이다. 제1편은 6곡으로 일본국가인 〈기미가요〉(君が代)·〈1월1일〉·일본건국 기념일인 〈기원절〉(紀元節)·일본천황 탄생일인 〈천장절〉(天長節)·천황의 분부를 봉답한다는 〈칙어봉답〉(勅語奉答)·졸업식 노래인 〈졸업식〉(卒業式)등 일본의 축일(祝日)과 국가행사 때에 불리는 의식창가(儀式唱歌)로 구성되었다. 제2편은 29곡으로 일본전래동요와 일본 창작창가였고, 제3편은 6곡으로 한국전래동요 1곡과 일본 번역창가 5곡으로 구성되었다. 『신편창가집』은 창가의 성격(일본의식창가), 가사내용, 곡의 출처(일본창가), 가사문자(일본어) 등 완벽한 일본 창가집이라 할 수 있다.

1922년 2월 〈조선교육령〉(칙령 제19호)이 제정, 공포됨으로써 '제2차 조선교육령기'(1922.04.-1938.03.)가 시작되었다. 이 시기의 관제 창가집은 1926년 조선총독부 편찬한 『보통학교보충창가집』(普通學校補充唱歌集)이 발행되었다. 이 창가집은 학교교과용 주 창가집의 보조용 창가집으로 편찬되었다. 제2차 조선교육령기의 교과용 창가는 『심상소학창가』(尋常小學唱歌, 전6책)였다. 『심상소학창가』는 일본 문부성이 발행한 메이지시대를 대표하는 학교 창가집이다. 『보통학교보충창가집』은 일본 창가 교과서인 『심상소학창가』를 보충하기 위한 목적으로 만들어진 것이며, "조선 취미의 보충창가집"으로 기획되었다.

> 보통학교용 보충창가의 응모
>
> 선년(先年) 조선교육령이 개정된 후로 보통학교에서도 『심상소학창가』(전6책)를 교과서로 사용하여온 바 그래서는 조선적 교재가 전무하야 수업 상 유감되는 점이 불선(不尠)함으로 선반(先般) 보통학교 아동에게 가르칠 조선 취미의 보충창가집을 편찬할 목적으로 널니 가사를 모집하엿셧다.[87]

『보통학교보충창가집』에는 다수의 '신작창가'가 수록되었다. 『심상소학창가』가 일본 창가집인 관계로 조선관련 내용이 없어 조선총독부 학무국은 조선 취미를 보충할 창가 가사를 공모하였고, 그 선정가사로 다수의 곡을 창작하여 수록했다. 다음은 신작창가 공모 기사다.

> 보통창가 공모
>
> 총독부 학무국에서는 본년도에 『보통학교보충창가집』을 편찬 발행할 계획으로 기 가사를 일반에 공포 모집하야 최우량한 자를 선정 채용할 터이라는 바 우(右) 가사모집 규정은 일간 총독부 관보로 공포할 터인 바 기(其) 응모규정은 좌(左)와 여(如)하더라.

87 「보통학교용 보충창가의 응모」, 『동아일보』, 1924.01.29.

창가모집 규정

一, 제재: 조선의 동화(童話), 동요, 전설, 사전(史傳) 교훈, 명소구적(名所舊蹟), 실업(實業), 기타 조선적 제재로 보통학교 아동의 흥미를 환기함에 족할 것. 단 보통학교용 수신, 일어, 조선어 등의 교과서 중에서 조선적 교재를 선하야 가사를 작(作)함도 무방함[88]

『보통학교보충창가집』은 '조선 취미의 보충'과 '아동의 흥미 환기'를 위해 조선의 동화, 동요, 전설, 사전 교훈, 명소구적, 실업 등을 제재로 제시하였다. 조선적 제재가 창가에 많이 실리게 된 것은 제2차 조선교육령기에 조선총독부의 보통학교 교과서 편찬의 일반방침에 "교재는 조선 아동에 대해서는 조선에 관한 교재를 많이 넣고 아주 일부의 교재에 대해서만 국정교과서를 전부 또는 조금 변경하여 채용하고(제2항), 교과서의 기술은 아동의 심리에 맞게 하고 무엇보다도 흥미에 맞게 한다(제3항)"고[89] 세웠기 때문이다.

전래와 풍물을 통해 조선의 정서를 내세우지만 민족정체성으로 나아가진 않는다. 오히려 민족정체성에 대한 인식의 경계를 느슨하게 만든다. 『보통학교보충창가집』을 통한 조선 취미의 보충은 학교교육에서 조선의 아동이 『심상소학창가』로 일본의 창가를, 보충교재인 『보통학교보충창가집』으로 조선의 창가를 배워 융화되는 것을 의미한다. 이는 일제의 문화통치의 이념인 '내선융화'(內鮮融化), 즉 일본과 조선이 융화를 실천하는 것이다.

---

88 「보통창가 응모」, 『동아일보』, 1923.11.27.

89 이혜영·윤종혁·류방란, 1997, 『한국근대학교교육 100년사 연구(Ⅱ) : 일제시대의 학교교육』, 한국교육개발원, 204쪽.

『보통학교보충창가집』은 개정된 보통학교 수업 연한에 맞게 6개 학년용 6단원으로 나뉘어져 있다. 각 단원은 10곡으로 구성되어 있으며, 총 60곡의 창가가 수록되었다. 곡조는 요나누키음계(ヨナ拔キ音階)의 창가가 39곡, 일본민요음계의 창가가 2곡으로,[90] 전체의 2/3 이상이 일본 고유의 음계로 작곡되었다. '조선적 제재'의 가사들도 대부분 일본 고유의 음계로 작곡되었다. 조선 정서의 가사로 곡조에 대한 거부감을 허물면서 일본음악의 정서를 자연스럽게 받아들이게 한다.

『보통학교창보충창가집』에는 '제1차 조선교육령기'의 『신편창가집』에 수록되었던 의식창가가 수록되지 않았다. 『보통학교보충창가집』은 보충교재였으므로, 학생들은 이미 의식창가가 학습되었기 때문이다. 오히려 제2차 조선교육령기의 보통학교규정에는 '의식창가' 학습에 대한 조항이 신설되었다. 「보통학교규정」에 의식창가(축일에 상당하는 창가)의 교육과 실행을 명문화하였다.

> 「보통학교규정」(조선총독부령 제8호, 1922.02.15.)
> 第43조: 기원절, 천장절, 축일 및 1월 1일에는 직원 및 아동이 학교에 모여 다음의 식을 행한다
> 1. 직원 및 아동은 「기미가요」를 합창한다.
> 2. 학교장은 교육에 관한 칙어를 봉독한다.
> 3. 학교장은 교육에 관한 칙어에 기초해 취지에 있는 것을 봉독한다.
> 4. 직원 및 아동은 그 축일에 상당하는 창가를 합창한다.

위에서 살펴본 조선총독부 발행 관제창가집의 내용은 대한제국 시

90 민경찬, 1997, 앞의 책, 197-215쪽.

기부터 한일합병 이후까지 창가의 변화를 보여주고 있다. 개화기 시대상황에 맞추어 계몽적 노래로 사회참여를 했던 창가는 한일합병 이후 일제의 영향하에 들어가게 되었다. 학교의 창가교육은 일본의 창가교육체계를 그대로 따랐고, 일본 창가들이 교과용창가집(교과서)에 그대로 수록되었다. 한국인의 창작창가 마저도 가사 내용은 민족적일지라도 음악구조는 일본의 음계를 사용하는 것들이 많았다.

금지처분된 사제창가집과 조선총독부 발행의 관제창가집의 내용을 비교해 보면, 금지창가집의 수록곡은 전통음악과 창작창가가 주류를 이루는 것에 반해 관제창가집은 일본창가가 중심을 이룬다. 가사언어의 경우 금지창가집이 한글 중심인 것에 반해 관제창가집은 일본어가사가 주류를 이루며, 가사내용은 금지창가집이 민족의식고취, 조선의 고유역사(민족정체성), 현실비판적(사회비판) 내용이 주류를 이루나, 관제창가집은 일본의식 교화와 민족동화의 가사가 주를 이루고 있다. 가사에 등장하는 인물의 경우 금지창가집은 『근화창가 제1집』에 수록된 창가 〈을지문덕〉과 〈강감찬〉같이 외세의 침략에 대항해 물리친 인물인 것에 반해 관제창가집은 『보통학교보충창가집』에 수록된 창가 〈석탈해〉와 〈계림〉처럼 조선인이 신라시대 때부터 일본인과 융화, 동화되어 살았음을 표현하여 일제의 식민통치이념인 '내선융화'를 표현한다. 음계의 경우 금지창가집의 창가는 전통, 서양, 일본음계가 고루 사용된 것에 반해 관제창가집의 창가는 일본음계가 주를 이루고 있다. 심지어 한국어가사의 창작곡도 일본음계로 작곡되었다. 관제창가집은 일본축일을 기념하는 창가를 수록하여 일본의식을 고취하려 한다.

〈표 8〉 금지창가집과 관제창가집의 비교표

구 분	금지창가집(사제)	관제창가집
수록곡	창작, 전통, 번안	일본창가 중심
가사언어	한글가사 중심	일본어가사 중심
가사내용	민족의식고취 고유역사(민족정체성) 현실비판(사회주의)	일본의식교화 내선융화, 동화 일본전래
가사인물	외세 대항 인물	내선(內鮮)융화 인물
음계	전통, 서양, 일본음계	일본음계 중심
의식창가	-	일본축일창가

5. 맺음말

일제는 창가가 매개하는 대중성과 사회성을 인식하였다. 이에 조선총독부는 창가와 창가출판물, 창가음반 그리고 가창행위를 당국의 관리감시의 대상에 포함시켰다. 일제강점기 초기의 검열은 조선총독부 고등경찰과에서 담당하였으나, 1920년대 중반 이후 검열전문담당부서인 도서과를 설치하였다. 도서과의 신설은 대중문화의 형성으로 출판물의 증가와 음반·영화의 대중화에 따른 전문체계성을 갖춘 전담부서의 필요성 때문이었다. 조선총독부 도서과는 창가출판물과 창가음반의 검열을 담당하였다.

일제는 창가 통제를 위해 대상에 따른 적절한 법규를 제정하여 시행하였다. 창가책은 「출판법」, 창가음반은 「축음기레코드취체규칙」, 창가의 가창행위는 「흥행취체규칙」과 「조선흥행등취체규칙」을 적용하였다. 각 법규는 서로 연관성을 가지고 시행되었으며, 창가 자체의 통제에서 탈피하여 창가책·창가음반·가창 및 공연 등 통제대상을 전방위적으로 확대하였다.

「출판법」과 「축음기레코드취체규칙」은 창가집과 창가음반 제작 전 가사내용의 사전심의 및 제작 후 납본심의 등을 통해 통제하였고, 「흥행취체규칙」과 「조선흥행등취체규칙」은 흥행 내용의 사전심의는 물론 공연과정 중 임석이라는 현장검열을 통해 창가가 대중에게 수용되는 마지막 단계의 통제역할을 하였다. 즉 「출판법」과 「축음기레코드취체규칙」의 사전심의를 통과하여 창가집과 창가음반의 제작·판매 및 연주가 허락되었어도, 「흥행취체규칙」과 「조선흥행등취체규칙」에 의거, 공연과정에서의 적절성 여부를 현장판단하는 검열과정이 있었다.

창가집과 창가음반의 검열은 사전·사후검열장치로 작동하였고, 이는 자기검열이라는 또 하나의 검열체계를 만들어냈다. 창가집과 창가음반의 판매금지와 압수로 인한 출판사와 음반사의 경제적 손해를 이용하여 사전에 자기검열에 충실할 수밖에 없는 구조를 만든 것이다. 경제자본의 속성을 파악하여 이용한 것이다.

창가집과 창가음반의 사후검열은 발행·발매된 것이라 하더라도 치안방해와 풍속괴란의 문제가 발생할 우려가 있으면 금지시키는 것이었다. 발행·발매 후 창가의 사회적 영향으로 인해 식민지 통치에 문제를 야기(惹起)할 소지가 있으면 금지시켰다.

일제의 창가에 대한 검열은 사상검열이었고, 그 기본틀은 치안과 풍속의 검열이었다. 창가와 창가음반의 세부검열기준은 조선총독부

출판경찰 내부의 비밀영역에 속했고, 그 내용은 조선총독부 경무국 도서과가 작성한 내부용 비밀문서에만 수록되었다. 1936년 이후 모든 출판물과 저작표현물의 검열기준으로 「일반검열표준」을 수립하여 적용하였는데, 이는 일본의 '출판물검열표준'에 식민지 지배에 관한 사항인 내선융화저해, 민족의식앙양, 조선통치정신배반, 조선통치상 유해 등의 내용을 추가하여 제정한 것이었다. 검열범위에 있어서도 치안방해항목이 풍속괴란항목보다 2배가 넘는 조항으로 광범위하는 등 근본적으로 사상검열에 목적이 있었다. 곧 「일반검열표준」이 식민지 조선의 지배에 적용하기 위한 검열기준임을 보여 준다.

조선총독부의 창가에 대한 통제는 사전/사후라는 이중검열장치로 언제든지 식민지배체제에 위배되거나 가치기준을 깨뜨리는 저항행위 등 일제가 설정한 통제기준을 벗어나는 상황이 전개되면 행정적·사법적 처분을 할 수 있도록 제도를 마련하였다. 곧 창가와 창가음반 그리고 창가의 가창행위의 검열과 단속 등 통제제도는 식민지배체계의 하나였다.

부록 : 논문에 사용된 1차 자료*

□ 관보(대한제국, 조선총독부)

「內部告示 第32號 中等唱歌」, 『大韓帝國官報』 第4656號, 1910.04.19.

「內部告示 第38號 樂典教科書」, 『大韓帝國官報』 第4660號, 1910.04.23.

「法律 第2號 保安法」, 『大韓帝國官報』 第3830號, 1907.07.29.

「法律 第6號 出版法」, 『大韓帝國官報』 第4311號, 1909.02.26.

「朝鮮總督府 訓令 第4號 朝鮮總督府 警務總監部 事務分掌規程」, 『朝鮮總督府官報』 第29號, 1910.10.01.

「朝鮮總督府令 第40號 警察犯處罰規則」, 『朝鮮總督府官報』 第470號, 1912.03.25.

「朝鮮總督府 訓令 第30號 朝鮮總督府 事務分掌規程中改正」, 『朝鮮總督府官報』 號外, 1919.08.20.

「平安南道令 第2號 興行取締規則」, 『朝鮮總督府官報』 第2861號, 1922.02.28.

「朝鮮總督府 京畿道令 第2號 興行場及興行取締規則 取扱心得」, 『朝鮮總督府官報』 第2909號, 1922.04.27.

「忠淸北道令 第12號 興行取締規則」, 『朝鮮總督府官報』 第3019號, 1922.09.04.

「咸鏡北道令 第4號 興行取締規則」, 『朝鮮總督府官報』 第3448號, 1924.02.14.

「朝鮮總督府 咸鏡北道 訓令 第14號 興行取締規則 取扱手續」, 『朝鮮總督府官報』 第3505號, 1924.04.16.

「朝鮮總督府 訓令 第13號 朝鮮總督府 事務分掌規程中改正」, 『朝鮮總督府官報』 第4102號, 1926.04.24.

「朝鮮總督府令 第59號 活動寫眞フィルム検閲規則」, 『朝鮮總督府官報』 第4162號, 1926.07.05.

---

* 1차 자료는 역사적 추이를 살필 수 하기 위해 '가나다순'이 아닌 '연도순'으로 배열하였다.

「朝鮮總督府令 第47號 蓄音機レコード取締規則」, 『朝鮮總督府官報』 第1907號, 1933.05.22.
「朝鮮總督府 訓令 第88號 朝鮮總督府 事務分掌規程中改正」, 『朝鮮總督府官報』 號外, 1943.12.01.
「朝鮮總督府令 第197號 朝鮮興行等取締規則」, 『朝鮮總督府官報』 第5174號, 1944.05.08.
「朝鮮總督府 訓令 第18號 朝鮮總督府 事務分掌規程中改正」, 『朝鮮總督府官報』 號外, 1945.04.17.

▢ 조선총독부 문서

朝鮮總督府 警務総監部, 1912, 「押收出版物一覽表」, 『警務月報』 3月分, 第21號.
朝鮮總督府 警務摠監部, 1912, 「2月中 押收處分」, 『警務彙報』 4月分, 第23號.
朝鮮總督府 警務摠監部, 1912, 「5月中 差押處分に附したる出版物左の如し」, 『警務彙報』 6月分, 第26號.
朝鮮總督府 警務摠監部, 1912, 「8月中 發行不許可の出版物左の如し」, 『警務彙報』 9月分, 第32號.
朝鮮總督府, 1915, 「發賣頒布禁止圖書」, 『教科用圖書一覽』 改訂9版.
京畿道 警務部報告, 1915.11.13. 「不穩者發見處分 1件」, 『警高機發』 第527號.
朝鮮總督府 警務局 圖書科, 1928, 「不許可差押及削除出版物目錄」, 『朝鮮出版警察月報』 11月號, 第3號.
朝鮮總督府 警務局 圖書科, 1929, 「不許可差押及削除出版物目錄」, 『朝鮮出版警察月報』 1月號, 第5號.
恒綠, 1930, 「朝鮮に於ける出版物の考察」, 『警務彙報』 12月號, 第296號.
朝鮮總督府 警務局 圖書科, 1930, 「不許可差押及削除出版物目錄」, 『朝鮮出版警察月報』 9月號, 第24號.
朝鮮總督府 警務局, 1930, 「朝鮮文刊行物行政處分例」, 『朝鮮に於ける出版物概要』.
朝鮮總督府 警務局 圖書科, 1931, 「不許可差押及削除出版物目錄」, 『朝鮮出版警察月報』 5月號, 第31號.

草深常治, 1931, 「偶感片々」, 『警務彙報』 11月號, 第307號.
岡田順一, 1933, 「蓄音機'レコード'取締に就いて」, 『警務彙報』 6月號, 第326號.
王此山, 1934, 「歌謠から流るゝ思想」, 『警務彙報』 4月號, 第336號.
朝鮮總督府 警務局 圖書科, 1934, 「朝鮮文出版物差押目錄」, 『朝鮮出版警察月報』 11月號, 第74號.
朝鮮總督府 警務局 圖書科, 1935, 「朝鮮文出版物差押目錄」, 『朝鮮出版警察月報』 5月號, 第80號.
朝鮮總督府 警務局 圖書科, 1935, 「朝鮮文出版物差押目錄」, 『朝鮮出版警察月報』 9月號, 第84號.
兼田要, 1936, 「新聞の取締に就いて」, 『警務彙報』 9月號, 第365號.
朝鮮總督府 警務局 圖書科, 1937, 「出版物差押目錄」, 『朝鮮出版警察月報』 2月號, 第101號.
朝鮮總督府 警務局 圖書科, 1937, 「出版物差押目錄」, 『朝鮮出版警察月報』 8月號, 第107號.
朝鮮總督府 警務局, 1937, 「蓄音機レコード取締狀況」, 『第73回 帝國議會 說明資料』.
朝鮮總督府 警務局 圖書科, 1937, 「朝鮮內新聞雜誌竝に普通出版物の取締狀況」, 『昭和11年 朝鮮出版警察概要』.
朝鮮總督府 警務局 圖書科, 1938, 「出版物禁止要項-安寧禁止-削除處分」, 『朝鮮出版警察月報』 12月號, 第123號.
朝鮮總督府 警務局, 1941, 「映畫の取締」, 『昭和15年 朝鮮警察概要』.
朝鮮總督府 警務局, 1941, 「映畫の檢閱」, 『昭和15年 朝鮮警察概要』.
朝鮮總督府 警務局, 1941a, 「蓄音機レコードの取締」, 『昭和15年 朝鮮警察概要』.
朝鮮總督府 警務局, 1941b, 『朝鮮總督府 禁止單行本目錄』, 朝鮮總督府 警務局.

□ 단행본

강범형, 1929, 『신식유행 이팔청춘창가집(新式流行 二八青春唱歌集)』, 시조사.
핸드포드 편, 1931, 『정선조선가요집 제1집』, 조선가요연구사.
이상준, 1934, 『풍금독습중등창가집』, 삼성사.

▢ 정기간행물(잡지)

초병정(草兵丁), 1933, 「6대 회사 레코-드전(戰)」, 『삼천리』, 10월호, 제5권 제10호.
편집부, 1934, 「레코드 판매점과 육백만원」, 『삼천리』 8월호, 제6권 제8호.
편집부, 1935, 「거리의 꾀꼬리인 십대가수를 내보낸 작곡·작사자의 고심기」, 『삼천리』 11월호, 제7권 제10호.
편집부, 1936, 「인기가수좌담회」, 『삼천리』 1월호, 제8권 제1호.
편집부, 1936a, 「엇더한 레코드가 금지를 당하나」, 『삼천리』 4월호, 제8권 제4호.
편집부, 1939, 「도서과 주최 문인간담회」, 『조광』 9월호, 제5권 제9호.
한양화랑(漢陽花郎), 1934, 「악단메리-그라운드」, 『삼천리』 9월호, 제6권 제9호.

▢ 일간지

「옥내(獄內)에서 불온창가 작자 불복 항소」, 『매일신보』, 1920.04.02.
「여학생의 불온창가」, 『매일신보』, 1921.04.15.
「창가를 교수하고 구류열흘동안」, 『동아일보』, 1921.05.22.
「직공과 경관 격투」, 『동아일보』, 1921.06.20.
「불온창가」, 『매일신보』, 1923.03.12.
「애국가로 경찰서」, 『조선일보』, 1923.10.02.
「평양의 사회주의자를 지난 4일에 7명 검거해, 내용은 선전문과 혁명가 까닭」, 『조선일보』, 1923.10.08.
「보통창가 응모」, 『동아일보』, 1923.11.27.
「보통학교용 보충창가의 응모」, 『동아일보』, 1924.01.29.
「불온창가 교수죄로 공판 받은 신지교(薪智校)의 네 선생 검사는 모두 징역형을 구형」, 『조선일보』, 1925.03.22.
「경무국 과폐합, 경무과 분산, 도서과 신설」, 『동아일보』, 1926.04.25.
「완도청년 3명, 혁명가 불렀다고 검사국으로 넘겨」, 『조선일보』, 1926.06.02.
「혁명가 고창한 여류악가(樂家) 검속」, 『조선일보』, 1926.12.09.
「불온창가 짓고 형평사원(衡平社員) 피검」, 『조선일보』, 1927.06.01.
「숭전(崇專)학생을 구인 ; 「동해물과 백두산이」 문제」, 『조선일보』, 1928.05.01.

「혁명가와 혁명문예를 가르친 탓, 교원 학생 등 20명 피착(被捉)」, 『동아일보』, 1928.12.12.
「피로연에 불른 창가가 불온하다는 문뎨로 단천서(端川署)에 3명 취조」, 『동아일보』, 1929.03.06.
손메례, 「조선의 금주운동」, 『기독신보』, 1930.04.30.
「야학교원검거」, 『동아일보』, 1930.09.09.
「과역보교(過驛普校)교원 고흥서(高興署)에 피검」, 『동아일보』, 1930.09.17.
「노동자 창가까지 단속」, 『조선일보』, 1931.02.13.
「불온창가로 장씨를 검거」, 『조선일보』, 1931.08.16.
「금주가 배부한 것을 출판법으로 취조」, 『동아일보』, 1931.09.09.
「신흥서(新興署) 돌연긴장, 청년 3명 검거, 내용은 불온창가 선전혐의」, 『조선일보』, 1931.11.21.
「불온창가 불르다 소년 5명 피검」, 『동아일보』, 1932.01.20.
「불온창가사건 4명은 석방」, 『동아일보』, 1932.01.27.
「불온창가로 구류」, 『동아일보』, 1932.02.02.
「결혼식장에서 불온한 창가, 6명에 구류처분」, 『매일신보』, 1932.07.02.
「불온창가로 목동이 피검」, 『동아일보』, 1932.09.24.
「경찰부장회의, 총독훈시 요지」, 『동아일보』, 1933.04.18.
「불온레코드를 철저 취체한다. 도서과장이 성안을 어더서 불원(不遠) 심의실에 회부」, 『매일신보』, 1933.05.03.
「레코드취체안 도서과서 입안중, 치안방해물은 금단」, 『조선일보』, 1933.05.04.
「레코드판매 년 2백만매 : 풍속괴란과 치안방해 등 취체규칙제정중」, 『조선중앙일보』, 1933.05.10.
「레코드취체규칙을 발표 : 6월 15일부터 시행」, 『동아일보』, 1933.05.23.
「치안방해물 속출로 축음기규정 개정」, 『조선일보』, 1933.05.23.
「레코드취체부령 去 15일부터 실시, 시행초일은 계출전무(屆出全無)」, 『조선일보』, 1933.06.17.
「사설 : 불량레코드와 그 영향」, 『매일신보』, 1933.06.17.

「성진(城津)에서도 레코드 압수」, 『조선일보』, 1933.07.12.
「적색음반 수종을 압수」, 『조선일보』, 1933.07.20.
「반전(反戰)데 압두고 취체가 더욱 엄중, 악긔점까지도 뒤저서 레코드까지 취체한다」, 『조선중앙일보』, 1933.07.23.
「빅타 가반(歌盤)압수, 24일 개성서」, 『동아일보』, 1933.09.30.
「레코드의 공포시대, 去 27일 장연(長淵)에서 취체」, 『조선일보』, 1933.10.01.
「레코드판매 년 2백만매 : 수난의 소리판 44종 7천매, 조선말 소리판이 33종」, 『조선중앙일보』, 1934.02.02.
「왜곡한 오락을 시정 : 레코드 면목 일신, 취체의 효과가 이러케 크다, 청수(淸水)도서과장 談」, 『매일신보』, 1934.02.02.
「불온창가사건 25일간 구류처분」, 『조선일보』, 1934.02.15.
「<연애행진곡> 금지 에로틱한 도시레코드 제작판」, 『동아일보』, 1934.05.25.
「야학강습소 습격, 선생 생도 등 검거, 원인은 모종 불온창가 혐의인 듯」, 『조선중앙일보』, 1935.03.30.
「레코드취체 금후 엄격화」, 『조선중앙일보』, 1936.03.13.
「풍교(風敎)상 불미의 레코드 발금(發禁)」, 『동아일보』, 1936.07.05.
「저급레코드 격증, 16종에 행정처분」, 『동아일보』, 1936.08.05.
「발금(發禁) 레코드 군산서(群山署)에서 몰수」, 『매일신보』, 1936.09.20.
「악성 유행물 전성(全盛), 사회교화상 대문제, 영화, 레코드취체강(取締綱)을 강화」, 『동아일보』, 1937.06.09.
「풍속치안방해로 압수 8천매, 노래도 너무 에로틱하면 질색」, 『동아일보』, 1937.06.09.
「4도 검열관 소집, 출판경찰강습」, 『조선일보』, 1937.06.19.
「출판검열사무협의회」, 『동아일보』, 1937.06.25.
「<나는 행복이어요> 압수 레코드취체 강화」, 『동아일보』, 1938.02.27.
「퇴폐기분 도발하는 불량레코드 검색」, 『동아일보』, 1939.04.03.
「도 경찰부장회의 지시주의사항」, 『동아일보』, 1939.04.25.

1945년 이전에 생산된 항일애국창가집 17종

김수현

1. 항일애국창가집의 개념

항일애국창가집은 1945년 이전에, 국권을 강탈한 일제에 대한 분노, 국권 회복의 의지와 나라 사랑, 조국을 그리워하고 독립을 열망하는 마음이 담긴 노래를 민족학교에서 편찬하거나 개인이 필사하여 모아 놓은 노래가사집이나 악보집을 말한다.

항일애국창가집은 국권이 강탈 위기에 있었던 1890대부터 의병항쟁, 애국 계몽 운동과 함께 생산되기 시작하였고 국권이 강탈된 1910년 이후에는 국외 망명 지역이자 독립운동과 항일무장투쟁 지역, 즉 중국 만주, 연해주, 미주, 중국 관내 등에서 광복될 때까지 꾸준히 만들어졌다.

항일애국창가집은 일제 말에 생산된 '애국가요집'과는 성격이 완전히 다른 노래집이다. 일제는 1931년 만주사변과 1937년 중일전쟁을 일으켜 대륙침략 노골화하면서, 전쟁 미화, 군국주의 찬양, 지원병 독려, 황민화 정책의 정당화 피력 등을 위해 조선총독부의 적극적 지원으로 소위 '애국가요집'을 생산, 출판, 유포한 바 있다. 완전히 상반된 개념으로 애국을 썼기 때문에 애국 앞에 번거롭지만 '항일'이란 용어를 써서 구분한다.

그렇다면 노래집, 가요집 등의 명칭 대신 창가집으로 분류한 이유는 담긴 노래가 근대 시기에 서양음악의 영향으로 새롭게 지어진 창가라는 점에 있다. 창가라는 장르 개념이 1950년대 부터는 사라졌기 때문에 당대에 사용했던 특수한 장르 명칭을 붙여 시대상을 반영하고자 한다.

물론 항일애국창가집에 수록된 창가는 근대의 새로운 양식이라는 음악적 잣대를 가지고 창가라고 규정하는 것은 아니다. 곡조는 전통 노래나 이미 창작되었던 곡을 차용하기도 하였으나 가사는 새로 창작하여 가창할 수 있도록 한 것이다. 어떤 창가집의 경우는 가사만 있어 곡조를 알 수 없는 것도 있고, 어떤 것은 악보가 있더라도 민요, 동요, 예술가곡, 군가 등으로 분류되는 곡도 함께 실려 있고, 어떤 창가집에는 유행가나, 종교의식에 부르는 노래가 섞여 있기도 하다. 말하자면, 애국창가집으로 분류하는 것은 음악 양식적 측면보다는 가사를 기준으로 창작된 노래를 기준으로 한다.

또 일반적인 창가집은 활자화된 인쇄 출판물에 악보집이라는 인식이 있어 악보 없이 가사만 있는 필사본 항일애국적 가사의 노래집을 창가집에 포함할 수 있는지 의문을 제기할 수도 있다. 그러나 가창된 것에는 틀림없는 노래들이 담겨 있는 묶음의 형태라는 점에서 창가집의 범주에 넣을 수 있다. 더구나 이런 가사만 있는 노래집에 더러는 '창가' '창가집'이란 책명까지 붙어 있는 경우도 많아서 창가집으로 분류할 수 있는 근거를 확실케 한다.

2. 항일애국창가집 17종 개요

1945년 이전에 생산된 항일애국창가집이 실제 몇 종이 제작되었는지는 알 수 없다. 국외에서 만들어졌다고 하더라도 이런 류의 창가를 드러내 놓고 제작 유포 소지할 수 없었기 때문에 인쇄 출판물로 여러 권이 만들어진 다른 성격의 창가집처럼 많이 남아 있을 수 없다. 이 때문에 현재까지 발굴된 항일애국창가집은 20여 종에 불과하다. 이 중에서 소장처가 분명하며 내용파악이 어느 정도 이루어진 17종을 선별했다.

그러나 독립운동 기관이 소장하고도 아직 항일애국창가집으로서 성격이 정확히 파악되지 않은 것도 더러 있고 국외의 기관이나 개인 소장으로 아직 학계에 알려지지 않은 자료가 있을 것으로 보인다. 예를 들어 독립기념관 소장된 창가집 중에 독립운동가 소래(笑來) 김중건(金中建, 1889~1933)이 지은 창가집이 있다. 이 창가집은 김중건이 생전 자신의 사상을 전달, 교육하기 위해 지은 것과 자신의 감상을 문학적으로 표현하기 위해 지은 것으로, 1908년경부터 1930년대까지 생산한 작품을 기록으로 남긴 것이라고 한다.

항일애국창가집은 일반적으로 책의 제목이 고유하지 않고 모호한 것이 많다. 창가, 창가집, 최신창가집처럼 다른 창가집과 제목에서 변별성이 없고 노트, 수첩 등에 적어 아예 이름이 없는 경우도 많다. 따라서 이 글에서는 해당 창가집을 지칭하는 임의의 이름이 필요하여 17종의 창가집의 작곡자, 작사자, 필사자, 소장자, 발행처 등의 이름을 넣어 명칭을 부여하고 이칭이나 혼동이 없을 창가집은 그대로 사용하였다. 17종의 항일·애국창가집을 시대순으로 정리해 보면 다음과 같다.

〈표 1〉 항일애국창가집 17종의 목록

순	창가명(임의 명칭)	관련 인물	년도	곡 수	개요
1	義兵歌詞集 **윤희순 의병가사집**	윤희순	1895	13	윤희순 작사 필사, 후손이 후대에 묶음
2	없음 **구한말 애국창가집**	안창호	1908	13	안창호 유품, 활자체, 낙장, 1908~1910.
3	雜集 全 **박창식 잡집**	박창식	1909	20	박창식 필사 노래책, 대성학교 관련
4	唱歌彙集 **박창식 창가휘집**	박창식	1910	21	박창식 필사 노래책, 대성학교 관련
5	唱歌 單 **손봉호 창가**	손봉호	1910	14	손봉호 필사 노래책, 윤백령소장
6	없음 **손승용 창가수첩**	손승용	1910	57	손승용 목사 필사 수첩
7	없음 **포조한민학교창가**		1911	9	블라디보스톡 한민학교 압수창가, 일본어
8	없음 **국자가배일선인창가**		1912	22	만주 국자가 한인 가택수색 압수창가, 일본어
9	崔新唱歌集(附樂典) **광성학교 최신창가집**	이동휘 계봉우	1916	152	압수창가집, 광성중학교 발행, 오선보
10	애국창가 **호놀룰루 애국창가**		1916	77	미국 하와이 호놀룰루 발행, 오선보
11	없음 **이선일 창가집**	이선일	1917	46	필사자 미상의 노트, 하와이 이선일컬랙션
12	槿花唱歌 第一輯 **근화창가**	노영호	1921	7	노영호편, 금지창가집, 인쇄출판, 오선보숫자보

순	창가명(임의 명칭)	관련 인물	년도	곡 수	개요
13	young korea academy song book **홍사단 노래집**	안창호	1923	9	홍사단 발행, 안창호, 김약연, 이광수, 오선보
14	혁명창가집 **태인수 창가집**	태인수	1932	57	태인수 작곡, 원동국립출판부, 오선보
15	없음 **이국영 망향성**	이국영	1935	162	독립운동가 이국영 필사 노트, 숫자보 포함
16	곡조한얼노래 **곡조한얼노래**	이극로	1942	37	대종교 총본사 발행, 이극로, 오선보
17	光復軍歌集-第一集 **광복군가집**	한유한	1943	16	광복군 제2지대 군가집, 숫자보

위와 같이 17종의 항일애국창가집이 나온 시기를 보면, 1910년을 전후로 상당수 제작되었음을 알 수 있다. 이 창가집들이 나온 연도가 정확한 것도 있지만 정확하지 않은 것들도 많다. 그래서 생산연도가 불분명하거나 몇 년에 걸쳐 쓴 필사본의 경우는 가장 빠른 연도로 추정되는 연도를 대표로 썼다.

예들 들어 윤희순의 『의병가사집』은 1895년부터 1923년 사이에 지어진 노래들이고 이를 묶어 노래집으로 만든 것은 후대의 일이다. 『구한말 애국창가집』 역시 노래가 지어진 연도나 편찬된 연도가 분명하지 않으나 1908년 이후에서 1910년 이전에 발표된 가사를 엮은 노래집으로 추정된다. 또 박창식의 『잡집』이나 『창가휘집』 역시 연도가 분명하지 않으나 박창식이 1910년 8월에 죽기 직전에 필사한 것으로 연구자들이 보고 있다. 이국영의 『망향성』의 경우에도 이국영이 중경 임시정부 시절에 토교(土橋)에서 활동했던 시기인 1938~1945년 사이로 볼 수밖에 없다.

위 창가집에 수록된 곡의 수는 가장 적은 『근화창가』의 7곡부터 가장 많은 『망향성』의 162곡까지 다양한데, 17종에 수록된 곡의 수는 전체 732곡으로 집계된다.

또 창가집의 형태는 인쇄 출판의 형태를 띠고 있지 않고 대부분 필사본이면서 동시에 유일본이다. 필사본이든 활자 인쇄든 출판된 것으로는 『구한말 애국창가집』, 광성중학교 『최신창가집 부악전』, 호놀룰루 『애국창가』, 노영호의 『근화창가』, 대종교 발행 『곡조 한얼노래』 등을 들 수 있으나 이 중에서 합법적 출판의 창가집은 노영호의 『근화창가』와 『곡조 한얼노래』 두 책밖에 없다. 게다가 노영호의 『근화창가』는 금지 단행본이 되었던 것이다.

또 연해주나 만주에서 압수되었던 『포조한민학교창가』, 『국자가 배일선인창가』 등은 압수문서에서 발견된 창가 모음의 형태여서 실제 창가집의 형태는 알 수는 없다. 이 자료들은 광성중학교 발행 『최신창가집 부악전』 처럼 창가집을 압수한 채 그대로 남겨 놓은 것이 아니라 불온 문서 취급 일본인 작성자들이 노래의 가사를 일본어로 번역해 놓은 형태로 남아 있기 때문이다. 다만 어떠한 형태든 항일애국창가집이 이만큼이나 남아 있다는 것도 기적적인 일이라고 할 수 있다.

3. 항일애국창가집 17종의 두 가지 유형

일반적으로 일제강점기에 통감부나 총독부, 경성사범과 같은 공교육으로 분류할 수 있는 창가집이나 이상준 김인식 등이 발간한 민간교육으로 분류되는 창가집은 잘 알려져 있다. 이 외에도 교양적 창가집도 있고 유행창가집도 떠 올릴 수 있다.

그러나 항일애국창가집도 엄연히 존재했음에도 불구하고 잘 알려져 있지 않다. 게다가 항일애국창가집의 전체적인 면모가 드러나 있지 않기 때문에 아직 유형 분류도 되어있지 않다. 따라서 위의 17종 항일애국창가집만을 가지고 두 가지 유형으로 크게 분류해 보았다. 하나는 가사만 있는 창가집이고 다른 하나는 악보가 있는 창가집으로 다음과 같이 나눌 수 있다.

〈표 3〉 악보유무에 따른 항일애국창가집의 유형 분류

분류	제목	년도	분류	제목	년도	기보
가사만 있는 창가집	윤희순 의병가사집	1895	악보가 있는 창가집	광성학교 최신창가집	1914	오선보
	구한말 애국창가집	1908		호놀룰루 애국창가	1916	오선보
	박창식 잡집	1909		노영호 근화창가	1921	오선,숫자
	박창식 창가휘집	1910		홍사단 노래책	1923	오선보
	손봉호 창가	1910		태인수 혁명창가집	1932	오선보
	손승용 창가수첩	1910		이국영 망향성	1938	숫자보
	포조한민학교창가	1911		곡조한얼노래	1942	오선보
	국자가배일선인창가	1912		한유한 광복군가집	1943	숫자보
	이선일 창가집	1916				

위와 같이 악보 없이 가사만 있는 창가집은 9종이고 악보가 있는 창가집은 8종으로서 거의 비슷한 양상을 보인다. 가사만 있는 창가집은 대체로 앞 시기에 있고 악보가 있는 창가집은 뒷 시기에 나온 것이 대부분이다. 악보가 있는 창가집은 주로 오선보로 기보되어 있으나 『광복군가집』 처럼 숫자보인 경우도 있고 『근화창가』 처럼 오선보 아래 숫자보를 병기한 경우도 있다. 『망향성』의 경우는 수록된 162곡 중에 30곡만 숫자보 악보가 있다.

악보의 유무와 관계없이 항일애국창가집의 수록곡은 여러 창가집에 반복되어 실려 있어 그 유기적 관계를 알 수 있게 한다. 이 점은 두 가지 측면에서 분석적 연구가 가능하게 한다. 한편으로는 가사만 있는 창가집의 수록곡이 악보가 없더라도 같은 가사의 악보가 있는 창가집을 통해 그 노래를 어떻게 불렀는지 충분히 알 수 있게 한다.

다른 한편으로는 각 창가집의 생산연도에 따라 중복게재 된 곡과 중복되지 않는 곡을 통해 항일애국창가의 가창 양상이 어떻게 변하는지를 알 수 있게 해준다. 말하자면, 이른 시기에 등장했다가 뒤에 나오지 않는 경우는 그 곡의 가창이 단절되었음을, 뒷 시기에 등장하는 노래는 새로 생성되었음을, 앞 시기에 나왔던 것이 반복해서 실리는 것은 지속적인 가창 양상을 파악할 수 있다.

이 글에서는 이렇게 두 가지 유형으로 분류하여 각 개별적인 창가집의 발간 또는 제작 순서대로 기본 정보로서, 발간일, 발간자, 필사자, 원소장자, 현 소장처, 수록곡의 수, 수록곡의 곡명 등을 정확히 파악해 보고자 한다. 그리고 각 창가집의 수록곡의 성격이나 특징, 다른 창가집에 중복되는 수록곡 등을 분석하여 그 관계에 대해서 살펴봄으

로써 항일애국창가집의 전모를 드러내 보고자 한다.[1]

4. 가사만 있는 항일애국창가집

1) 윤희순 의병가사집(尹熙順 義兵歌詞集)

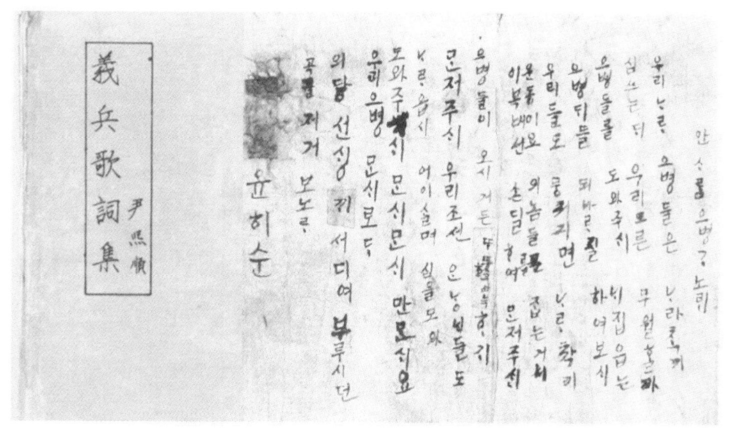

『윤희순 의병가사집』(1895~1923) 강원대학교 중앙박물관 소장

『윤희순 의병가사집』은 윤희순(尹熙順, 1860~1935)이 작사하고 쓴 낱장의 의병가사를 모아 후대에 손자 유연익이 표지를 만들어 한 권으로 묶고 『의병가사집』이라는 제목을 달아 놓은 자료이다.[2] 필자는

1 여기서 다루는 창가집 중 두 책, 『근화창가』와 『곡조한얼노래』는 평택시 한국근현대음악관 소장이지만 많은 수는 독립기념관에 소장되어 있다. 독립기념관에 소장 되어있는 실물을 실제 보여주고 원자료 이미지도 제공해 주신 독립기념관 관계자들과 한국근현대음악관 관계자분들에게도 감사드린다.

이 가사집에 담긴 의병가사가 의병들의 사기를 진작시키도록 노래로 부를 수 있게 지어진 작품이라는 점에서 문학적인 분류와는 달리 노래라는 측면에서 봐야 한다는 판단으로 이 가사집을 항일애국창가집에 포함시켰다. 수록 곡명이 ○○가, ○○노래란 점에서도 그렇지만 "밤낮없는 노래 소리" "노래를 얼마나 열심히 불렀는지" 등의 정황에서도 노래로 부른 것은 분명하다.[3] 그럼 이 노래를 창가로 분류할 수 있는가의 문제인데, 창가란 서양음악의 영향을 받은 새로운 양식이긴 하지만 대중적 가창을 목적으로 한다는 측면에서 창가로 구분할 수 있고 이 노래를 묶은 이 가사집을 창가집으로 넣는 것에 무리가 없다.[4]

또한 이 자료는 비록 후에 묶긴 하였으나 후대에 새로운 활자로 편찬한 것이 아니라 윤희순의 육필 원고 원본 그대를 편집만 한 것이므로 당대의 창가집으로 간주하고자 한다. 이 의병가사집 필사의 시기, 즉 작자 윤희순이 작사하고 필사한 시기는 1895~1923으로 짐작된다.[5] 『의병가사집』은 2019년 5월 7일 국가등록문화제 제750호로 지정

---

2 『의병사사집』에 수록곡 모두의 필사자는 윤희순이지만 작사자는 윤희순이 아닌 시아버지 유홍석이 원작자인 경우도 있다. 그러나 윤희순이 원작에 대해서 스스로 밝혀 놓았고 자신이 번역하여 다시 짓기 하였으므로 전체적으로 윤희순의 작품으로 봐도 무방하다.

3 고순희, 「윤희순 의병가와 가사-여성주의적 성격을 중심으로」, 『한국고전여성문학연구』1, 한국고전여성문학회, 2000, 249쪽.

4 고순희, 앞의 논문, 241~270쪽에서, 이 『의병가사집』은 가사집(歌詞集)이라고 명명되었다 하더라도 장르는 가사가 아니라고 하였고. 가사, 창가, 민요 등 어디에도 속할 수 없는 과도기적 형태라고 하여 '의병가사'가 아닌 '의병가'로 명칭을 삼아야 한다고 했다.

5 첫 번째 〈방어장 노래〉에 을미년(1895) 12월 19일 의당 선생(시아버지 유홍석)이 지은 노래를 본인이 다시 지어 썼다고 하였다.

되었으며 현재 강원대학교 중앙박물관에 소장되어 있다.[6] 가사집 전체는 18쪽이며 13곡이 수록되어 있는데, 수록곡은 다음과 같다.[7]

원제목	〈바어ᄌᆞᆼ〉·〈병정노ᄅᆡ〉·〈으병군ᄀᆞ〉·〈으병군ᄀᆞ〉·〈병정ᄀᆞ〉·〈안ᄉᆞᄅᆞᆷ으병ᄀᆞ노ᄅᆡ〉·〈경고ᄒᆞᆫᄃᆞ오ᄅᆞᆼ키드릐기〉·〈외놈ᄋᆞᆸᄌᆞ비들ᄋᆞ〉·〈안ᄉᆞᄅᆞᆷ으병노ᄅᆡ〉·〈애ᄃᆞᆯ푼노ᄅᆡ〉·〈금수들ᄋᆞ ᄇᆞᆮ더보거ᄅᆞ〉·〈느히놈들〉·〈외놈들ᄒᆞᆫᄃᆡ보ᄂᆡᆫ글〉
현대어	〈바어장〉·〈병정노래〉·〈의병군가〉·〈의병군가〉·〈병정가〉·〈안사람 의병가 노래〉·〈경고한다 오랑캐들에게〉·〈왜놈압잡이들아〉·〈안사람 의병노래〉·〈애달픈 노래〉·〈금수들아 받아보거라〉·〈너희놈들〉·〈외놈들한테 보낸 글〉

이 가사집의 저자이자 필사자인 윤희순은 일제강점기 의병들에게 사기 진작을 도모하고 음식과 의복을 조달하는 등 의병활동을 적극적으로 후원한 독립운동가이다. 본관은 해주(海州), 서울 출신이고 아버지는 윤익상(尹翼商)이다. 16세 때 춘천 의병장 외당(畏堂) 유홍석(柳弘錫, 1841~1913)[8]의 장남 유제원(柳濟遠)과 결혼하였다.[9] 1895년 명성황

6 강원대학교 박물관 유물소개에는 크기를 가로 398cm, 세로 28cm로 적어 놓았는데 아마도 가로의 크기는 39.8cm의 오자일 것으로 보인다. 윤희순의 의병가사집은 강원대학교 중앙박물관의 유물 검색을 통해 확인할 수 있다.

7 이 가사집은 동국대학교 국어국문학과 가사문헌실 임기중편, 『역대가사문학전집』 44권(1998) 156~175쪽에 작품번호 2067-2078번으로 영인되어 있는데, 〈바어ᄌᆞᆼ〉, 〈병정노ᄅᆡ〉등 12곡이 수록되어 있다.

8 유홍석 역시 의병가사 〈고병정가사 (告兵丁歌辭)〉를 지은 작자이기도 하다. 이 노래는 한말에 의병을 공격하는 관병들에게 그들의 잘못을 일깨워주는 동시에, 의병의 사기를 진작시키고자 지은 가사이다. 형식은 4·4조로 이루어져 있으며, 4음보 1구로 계산하여 전체 210구이다. 1980년 간행된 『외당집(畏堂集)』에 수록되어 있다.

9 이 결혼으로 이항로(李恒老)의 문인으로 1881년 위정척사파 유학자의 한 사람

후시해사건과 단발령이 강행되자 시아버지인 유홍석은 춘천 유림과 더불어 이소응(李昭應)을 의병대장으로 추대하고 춘천과 가평 일대에서 의병운동을 전개하였다. 유홍석은 족숙인 유중악(柳重岳) 등과 모의하고 유영석(柳寧錫), 유봉석(柳鳳錫), 박화지(朴華芝) 등과 더불어 의병 600명으로 가평 주길리(珠吉里) 등지에서 치열한 혈전을 벌였다.[10] 이때 의병자금과 탄약과 군량이 부족하게 되자 윤희순은 향민으로부터 군자금을 모금해 놋쇠와 구리를 구입하여 무기와 탄환을 제조, 공급하였으며 한편으로는 의병가를 지어 부르게 하여 의병 훈련을 진작시켰다.[11]

1910년 나라가 망하자 유홍석은 자결을 시도하기도 했는데, 아들이자 윤희순의 남편인 유제원은 아버지를 설득하여 1911년 가족 모두를 데리고 중국으로 망명하였다. 1912년 윤희순은 운영자금을 모금하여 동창학교(東昌學校) 분교 노학당(老學堂)을 설립하여 항일 교육을 하였고 50여명의 졸업생을 배출하기도 하였다. 윤희순은 1912년 시아버지 유홍석이, 1915년에는 남편 유제원마저 타계하자 대한독립단에 가입해 투쟁하는 두 아들 유돈상(柳敦相), 유민상(柳敏相)과 자손들에게 희망을 걸었다. 그러나 맏아들인 유돈상이 장인 음성국(陰聖國)과 함께 일본경찰에게 잡혀 고문 끝에 1935년 7월 19일 순국하였다.[12] 이렇게

인 유중교(柳重教, 1832~1893)의 증손부가 되었다.

10 박용옥, 「윤희순 의사의 의병운동과 항일독립운동」, 『음악학연구』5, 음악학회, 2008, 32~33쪽.

11 박용옥, 앞의 논문, 41쪽.

12 윤희순 선양사업으로 1982년 강원대학교에서 「해주윤씨의적비(海州尹氏義蹟碑)」가 항골마을에 건립된 바 있고 1983년에는 대통령 표창, 1990년 애족장이 추

절망적 상황이 되자, 3대에 걸쳐 의병활동의 뒷바라지를 하던 윤희순는 10여 일 뒤인 8월 1일 자손에게 훈계하는 글과 일생 기록을 남기고 향년 76세로 만주에서 일생을 마쳤다.[13]

『의병가사집』 수록곡의 가사 내용을 보면 〈방어장〉은 "우리나라 청년들아 의병하여 나라 찾자"로 시작하는데, 청년들이 나서서 의병을 일으켜 왜놈들을 몰아내야 하며, 안사람을 농락하고 명성황후를 시해한 왜놈들과 싸우다 죽더라라도 떳떳하게 죽자고 청년들을 독려하며 아내들도 나와 의병을 돕자고 선동하는 내용을 담고 있다. 또 곡명에 가와 노래를 이중으로 쓰는 특징을 보이기도 하는 〈안사람 의병가 노래〉는 여성들을 계몽하면서 의병운동에 적극 참가할 것을 권유하고 있다. 〈왜놈 앞잡이들아〉, 〈왜놈들한테 보내는 글〉 등은 침략자 일제에 대한 포고문이자, 밀고꾼과 협력자들에 대한 경고문의 성격을 띠고 있다.

의병가사집의 가사는 안사람(여성) 대표로서 우리 임금과 안사람을 괴롭히는 일본의 침략성을 경고하면서 여성들에게 의병을 일으키는 일에 나서도록 권하고 있는 내용이 주를 이룬다. 또한 이 수록곡 가사의 앞 뒤에 붙여 놓은 문구들을 통해 언제 가사를 적었는지를 알 수도 있는데, 〈방어장〉의 말미에는 '을미년(1895) 12월 19일'로 적고 다음곡인 〈병정노래〉 곡명 아래는 '병신(1896) 춘작'이라고 적혀 있으며 〈왜놈 앞잡이들〉에는 '병신년 7월 20일 선비의 아내 윤희순'이라고까지 적어 놓아서 창작년도와 필사 시기를 알 수 있는 곡들이 많다.

서되었다.

13 박용옥, 앞의 논문, 52쪽.

2) 『구한말애국창가집』(舊韓末愛國唱歌集)

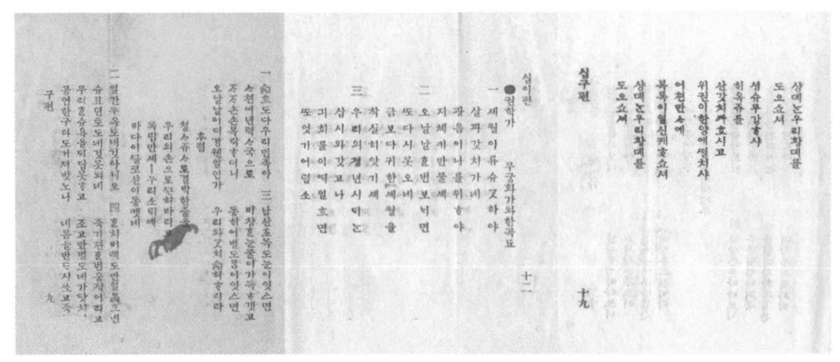

『구한말애국창가집』(1908~1910) 독립기념관 소장

『구한말애국창가집』은 1908년에서 1910년 사이에 편찬되었을 것으로 보이는 활자 인쇄본 형태의 창가집으로서 안창호의 딸 안수산 여사가 독립기념관에 기증한 아버지의 유품 중 하나로 현재 독립기념관에 소장되어 있다.[14]

'구한말애국창가집'이라는 명칭은 이 창가집을 해제한 신용하가 편의상 붙인 것이다.[15] 신용하는 이 창가집이 1905~1910년에 간행된 것으로 추정된다고 하였다. 이는 아마도 1905년에 작곡된 것으로 알려진 김인식 작곡의 〈학도가〉(학도야. 저기청산)가 수록된 것이 적어

14 독립기념관에서 부여하는 명칭은 『애국창가 가사집』이다. 자료번호는 1-A00015-031, 가로 12.5cm, 세로 16cm, 21쪽. 여기 제시하는 원본 이미지 사진은 독립기념관 자료실에서 제공받았음을 밝힌다.

15 신용하, 「새자료 도산 유품 『舊韓末 愛國唱歌集』 해제」, 『한국학보』 13-14, 일지사, 212쪽. 신용하는 이 창가집의 형태가 활자 인쇄된 것이지만 국권회복, 독립전쟁을 고취하고 있는 것으로 보아 통감부의 검열을 받지 않고 비밀리에 간행한 것으로 보고 있다.

도 그 이후일 것으로 보는 것이고 이런 성격의 노래가 활자본의 인쇄가 가능했던 마지막 시기인 1910년을 그 근거로 삼은 것 같다. 그러나 이 창가집 뒤편에, 『대한매일신보』의 시사평론을 번등했다고 하는 「심쟝을 변ᄒᆞ기 어려움」의 게재 시기를 보면 발간년대를 좀 더 좁힐 수 있다. 이 애국계몽가사는 필명 지아생(智啞生)의 이름으로 게재된 「심장난변(心腸難變)」을 번역한 계몽가사인데, 게재 일자가 1908년 3월 19일이므로 아무리 빨라도 1908년을 넘지 않는다고 볼 수 있다.[16]

구한말애국창가집은 앞뒤가 뜯겨 있는 상태로 발견되었고 노래마다 적혀 있는 편수로 보면 24편 수록된 것으로 생각된다. 그러나 자세히 살펴보면, 실제로 한 곡당 한 편으로 배당되어 있지 않고 매 쪽에 차례로 편이 쓰여있어 쪽수로 파악하는 것이 옳다.[17] 따라서 24편이라고 말하긴 어렵다. 다만 전체 몇 편인지 모르지만 지금 남겨진 자료대로 보면 13곡만 가사를 알 수 있다. 남은 13곡은 제목이 있는 것도 있고 없는 것도 많아서 여기 수록된 곡은 뒤에 나온 다른 창가집을 토대로 추정할 수밖에 없다. 『구한말 애국창가집』에 남겨진 수록곡 13편은 다음과 같이 파악된다.

16 智啞生, 「心腸難變」, 『大韓每日申報』, 1908년 3월 19일, 2면.

17 앞 부분을 제외하고 9편에서 24편까지, 16편이 실려 있어야 하는데, 13편만 수록되어 있다.

원문 곡명 상태	곡명 모름·〈권학가〉·〈무궁화가〉·〈국가-나라를 위ᄒᆞᆫ 노ᄅᆡ〉·〈학도가〉·곡명 없음(137찬송가곡조)·곡명 없음(206찬송가곡조)·곡명 없음·〈국민가〉·곡명 없음(45찬송가곡조)·곡명 없음(252찬송가곡조)·곡명 없음(239찬송가곡조)
추정 곡명 붙임	〈정신가〉·〈권학가〉·〈무궁화가〉·〈국가〉·〈학도가〉·〈대한국 용병〉·〈애국가〉(우리황상폐하)·〈대한제국애국가〉·〈국민가〉·〈남산화초〉·〈우리대한국〉·〈아세아주〉

이 창가집 첫 곡으로 제목 없이 실린 곡은 당시 〈정신가〉 〈애국가〉 〈감동가〉 등으로 불리는 유행하던 곡이다. 〈정신가〉는 후렴에 "철사주사로 결박한 줄을 우리의 손으로 끊어버리고"라는 부분에 강조점이 있는 노래로서 매우 유행했던 노래이다. 『대한매일신보』 1909년 6월 5일자에는 평양과 함경도에 각 사립학교에서 부르는 노래 중에 〈동포경성가〉와 〈정신가〉를 학부에서 금지했다는 기사를 낸 바 있다. 「무엇이 불온당?」이라는 제목의 이 기사는 〈정신가〉를 금지한 것에 대해서 불만을 토로하고 있다.[18] 또 『신한민보』 1910년 10월 12일자에는 〈애국가〉라고 하는 노래가사를 적어 놓았는데, 이 가사 역시 "슬프도다"로 시작하는 〈정신가〉와 같은 노래이다.

또 상해에서 발행한 『독립신문』 1920년 3월 1일에는 "철사주사로"로 시작하는 후렴 부분만 적어 놓기도 하였다. 『매일신보』 1921년 7월 29일자 신문에는 학생에게 〈감동가〉를 교수하였다가 수감된 사건을 다루기도 하였다. 그런데 여기 실린 노래는 가사 끝에는 다른 창가집에서는 볼 수 없는 "만-셰 만-셰 대한뎨국 만-셰"가 있으며 바로 다

18 有何不穩當 平安及咸鏡兩道各私立학校에서 製定使用ᄒᆞᄂᆞᆫ 唱歌中에 同胞警醒歌와 精신歌ᄂᆞᆫ 教育上에 不穩當ᄒᆞ다 ᄒᆞ야 학部에서 將次各히道에 發訓ᄒᆞ고 禁止ᄒᆞᆫ다더라

음 행에는 "정부에서 압슈한 노릭"라는 문구가 있다.

이어 수록된 〈권학가〉(세월이 유수~)도 꽤 유행했던 계몽적인 노래이다. 그런데 특이하게도 곡명 아래에 "무궁화가와 같은 곡조"라고 쓰여 있다. 이와 같은 가사로 된 〈권학가〉가 김인식 『보통창가집』(1912), 『광성 최신창가집』(1914) 등에도 실려 있는데, 악보를 보면 곡조가 롤 메이슨(Lowell Mason)이 작곡한 찬송가 〈보혈의 샘〉이다.[19] 당시 일반적으로 부른 곡조와 달리 이 노래를 '올드랭 사인'으로 부른 〈무궁화가〉(성자신손~)와 같다고 한 것은 편찬자가 잘 몰랐던 것인지 이 시대에는 권학가를 '올드랭 사인'으로 부르기도 했던 것인지 알 수 없다.

또 제목은 없지만 "상뎨ᄂᆞᆫ 우리 황뎨를 도으쇼서"로 시작하는 〈대한제국애국가〉, 즉 1902년 에케르트에게 명하여 작곡된 대한제국의 공식 국가도 실려 있다.[20] 뿐만 아니라 곡명 없이 찬송가 곡조 지시만 있는 곡도 5편이 된다. 이 찬송가 곡조에 얹어 부른 노래를 1938년 『신편찬송가』 수록 찬송가 가사와 비교하면 음수율이 같음을 알 수 있는데 이를 앞 가사만 비교하면 다음과 같다.

---

19 노동은, 『항일음악 330곡집』, 민족문제연구소, 2017, 135쪽. 롤메이슨(Lowell Mason) 작곡의 이 곡조는 〈애국가〉(단군성조 유풍여속) 등 여러 곡에 쓰였다.

20 이렇게 추정하는 이유는 국권을 박탈당한 1910년 경술국치 이후부터 이 곡은 더이상 국가로 인정받지 못하게 되었는데, 출판 인쇄물로 이 곡을 실어 제작 발행했을 가능성이 적기 때문이다.

순	찬송가 곡조지시	구한말애국창가집	1938 신편찬송가
6	137장 찬송가곡조	대한국의용병	구쥬의십자가
7	206장 찬송가곡조	우리황상폐하	피란처잇스니
11	45장 찬송가곡조	우리대한국에	깃븐찬미하라
12	252장 찬송가곡조	아세아쥬대한국은	날빗보다더밝은
13	239장 찬송가곡조	이세상복디난	한복디잇스니

당시 애국계몽 가요들이 주로 찬송가 곡조에 맞춰 부르기는 하였으나 여기 5곡이나 되는 곡에 대해 구체적으로 찬송가 곡조 지시를 했다는 점에서 이 창가집을 기독교 계열에 있었던 사람들이 작사하고 편찬하였음을 짐작할 수 있다. 이 창가집에 찬송가 곡조로 지시된 장은 현대 찬송가 장과는 다른데, 1938년 『신편창송가』와는 장이 같고 『신편창송가』를 토대로 그 가사와 같은 현대의 악보를 찾아 비교해 보면, 이 노래들을 어떻게 불렀을지를 충분히 알 수 있다.[21]

3) 박창식 『잡집』(雜集 全)

『잡집』은 1909년으로 추정되는 시기에 박창식(朴昌植, 1892-1910)이 필사하여 묶은 창가집으로 현재 독립기념관에 소장되어 있다.[22] 『잡집』의 겉표지는 '雜集 全'이라고 되어 있지만 내지 첫 페이지에는 큰

21 『구한말 애국창가집』에서 곡조 지시한 찬송가 45장, 137장, 206장, 252장은 각각 159장 〈기뻐 찬송하세〉, 25장 〈구주의 십자가 보혈로〉, 70장 〈피난처 있으니〉, 291장 〈날빛보다 더 밝은 천국〉이다.

22 독립기념관 소장 『잡집』(자료번호 3-016200-000)은 전체 72쪽이고 크기는 가로 22.3cm 세로 15.6cm이다. 원본 이미지 사진은 독립기념관 자료실에서 제공받았음을 밝힌다.

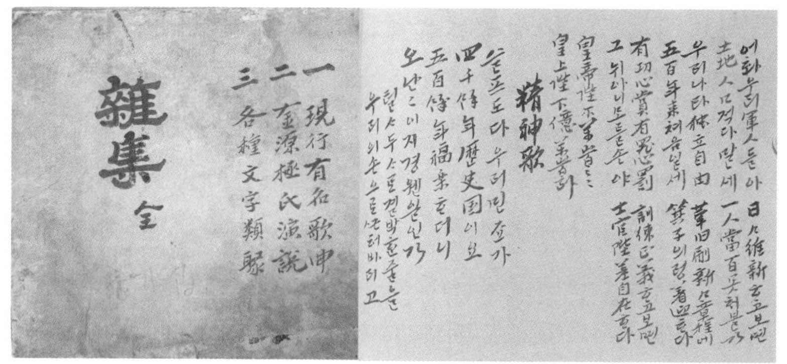

박창식 『잡집』(1909) 독립기념관 소장

글씨로 '묘가휘집 전(妙歌彙集 全)'으로 쓰여 있기 때문에 『묘가휘집』이라고 지칭되기도 한다.[23] 옆에는 작은 글씨로 단주 박창식(丹主 朴昌植)이라고 쓰여 있고 군데군데 '朴昌植信'이라는 도장이 찍혀 있다.

필사자 박창식은 19세라는 이른 나이에 사망했기 때문에 정보가 거의 없고 다만 일제강점기 대표적 기업인이자 친일파인 박흥식[24]의 형으로만 알려져 있다.[25] 그러나 독립기념관에 기증된 박창식의 또 다른 유품으로서 일기장(日記帳)과 『창가휘집』 등 여러 유품 등이 남아 있어 어느 정도 추정은 가능하다.[26]

특히 이 일기장을 통해 박창식은 안창호가 설립한 대성학교와 긴

23 『조선일보』 2013년 8월 13일 기사에는 이 잡집을 묘가휘집이라고 소개했다.

24 박흥식(朴興植, 1903~1994): 일제강점기 대표적인 기업인이자 친일파, 화신백화점 사장. 국민총동원조선연맹의 이사. 학도병 독려를 위한 종로익찬위원회 회원. 반민족행위특별조사위원회 조직 때 첫 번째로 체포된 인물.

25 이민규, 「박창식 필사 해제 및 분석」, 『한국고전연구』 38, 한국고전연구학회, 2017, 190쪽.

26 박창식의 일기장는 '庚戌 八月一日 爲始'라는 글자로 시작하여 10월까지 쓰여 있다.

밀한 관련이 있었다는 것을 짐작할 수 있다. 그는 이미 대성학교를 설립하기 전부터 인근 야학에서 한문과 산술을 가르쳤다고도 한다. 그의 일기 중에 가장 주목되는 대목은 자신이 곧 설립할 야학교에서 '창가'를 가장 먼저 교육시켜야 한다고 말한 점이다. 이런 점에서 볼 때, 그가 『잡집』과 『창가휘집』을 필사 편집한 이유를 잘 알 수 있다.[27]

『잡집』에 수록된 곡은 20곡인데, 곡명은 모두 한자로 되어있고 가사는 국한문혼용체다. 그 수록곡의 곡명은 다음과 같다.

〈天軍天使讚頌〉·〈牧者歌〉·〈勸學歌〉·〈愛國歌〉·〈感動歌〉·〈秋收歌〉·〈愛國歌〉·〈愛國歌〉·〈大韓魂〉·〈運動歌〉·〈愛國歌〉·〈愛國歌〉·〈建元節慶祝歌〉·〈自由歌〉·〈前進歌)〉·〈行步歌〉·〈孝德歌〉·〈作別歌〉·〈軍人歌〉·〈精神歌〉

『박창식 잡집』에 수록곡 중에는 〈애국가〉 라는 제목의 곡만도 5편이 수록되어 있는데, 이를 차례대로 번호를 붙여 보면 〈애국가〉1 (아주동방 적은 반도~), 〈애국가〉2 (아세아 동편에 돌출 한반도~)[28], 〈애국가〉3 (학도야~벽상의 괘종을~), 〈애국가〉4 (성자신손 오백년은~), 〈애국가〉5 (왓도다 왓도다 봄이 왓도다~)이다.

〈애국가〉3의 경우는 다른 창가집에서 〈학도가〉 또는 〈석음〉 곡명의 "학도야 〃 벽상의 괘종을"의 가사를 가진 학도가류 노래인데도

---

27 이민규, 앞의 논문, 193. '妙歌彙集'이라는 제목에서 묘가라는 단어가 창가를 의미하는 박창식만의 명명법이 독특하고 창가에 대한 관심을 보여준다고 하겠다.

28 이 곡은 『손봉호 창가』에도 〈애국가〉로 실려 있는데, 노래 첫 구절 "아세아 동편에 돌출 한반도"는 『광성 최신창가집』과 『호놀룰루 애국창가』에 수록된 〈죽어도 못놓아〉의 첫 구절과도 같다. 그러나 뒷 구절은 완전히 다른 가사이다.

불구하고 〈애국가〉라는 곡명을 쓴 점이 독특하다.

한편, 〈前進歌〉(참 기쁜 음성으로~)는 〈漸進歌〉라고도 하는데, 안창호가 1899년 평남 강서군에 세운 점진학교의 교가였다고 하고[29] 〈행보가〉(장하도다 우리학도~)도 1908년에 세운 안창호가 평양에 세운 대성학교에서 교가로 썼던 것이라고 한다. 『동아일보』 1925년 9월 8일자에는 대성학교의 유래를 설명 글에 대성학교 교가 1절도 소개하였는데, "장하도다 우리 학도 병식체조는 나폴레온 군인보다 질 것 없겠네"라는 가사가 『박창식 잡집』의 〈행보가〉와 같은 가사임을 알 수 있다.[30]

〈勸學歌〉(歲月이)와 〈愛國歌〉4(聖子神孫), 그리고 〈精神歌〉(슬프도다)는 앞에 소개한 『구한말 애국창가집』에 실렸던 두 번째 곡 〈권학가〉(세월이), 세 번째 곡 〈무궁화가〉(셩즈신숀), 곡명을 모르는 첫 번째 곡(슯흐도다)과 같은 가사이다.

4) 박창식 『창가휘집』(唱歌彙集)

『창가휘집(唱歌彙集)』은 1910년으로 추정되는 시기에 박창식(朴昌植)이 쓰고 묶은 필사본 창가 가사집으로 현재 독립기념관에 소장되어 있다.[31]

『창가휘집』의 필사자는 앞서 살펴본 『잡집』의 필사자 박창식과 같은

---

29 노동은, 『항일음악 330곡집』, 민족문제연구소, 2017, 161쪽.

30 이민규의 논문 (「박창식 필사 『잡집』 해제 및 분석」, 『한국고전연구』 38, 한국고전연구학회, 2017.)의 각주 49에도 이를 밝혀 놓은 바 있다.

31 독립기념관 소장 자료번호는 3-016093-000, 크기는 가로 12.5cm 세로 18.4cm, 전체 104쪽이다.

인물인데, 『잡집』에서와 같이 내지에 군데군데 찍힌 '朴昌植信'이라는 도장이 찍혀 있다. 책의 맨 앞 장에는 「許砂叢籠 全」이라는 한문시가 있고 다음 쪽부터 창가 21곡이 25쪽에 걸쳐 실려 있다.

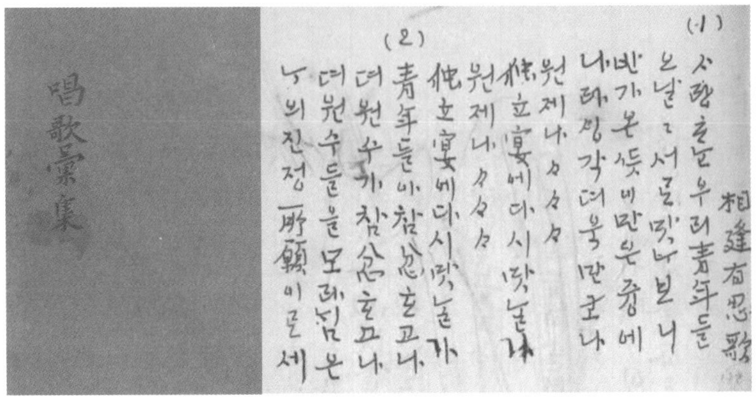

박창식 『창가휘집』(1910) 독립기념관 소장

창가 뒤에는 「필체론(筆体論)」이 국조단군 4243년(1910) 8월 9일 자로 필사되어 있다. 이로써 『창가휘집』의 생산년도를 1910년으로 잡고 있다.[32] 원저자는 소강절 선생(邵康節 先生)이고 역술자는 농옥실 주인(弄玉實 主人)이라고 써 놓았다. 이어서는 공란 30여 쪽이 있는 것으로 보아 편찬 완성된 책이 아니라 쓰다만 노트라고 할 수 있다.[33] 그

32 조선일보 2013년 8월 13일 기사에는 "책의 표지에는 융희 3년(1909년) 9월이라고 쓰여 있다"고 되어있는데, 이는 『묘가휘집』, 즉 『잡집』을 가리키는 것으로 보인다. 독립기념관 사이트에는 생산연도가 1910년으로 소개되어 있다.

33 1910년 필사된 『창가휘집』이 30쪽이나 되는 공란은 박창식의 사망과 관련이 있는 것으로 보인다. 독립기념관에 소장된 박창식의 일기장 2권이 있는데, 첫 권은 1910년 8월 1일부터 10월 12일까지 노트를 꽉 채워 쓴 것이고 2권은

리고 맨 뒤 편에는 "박성규(朴成圭) 할아버지의 손자요"라는 글씨가 쓰여 있고 수학 풀이가 19쪽에 걸쳐 있다. 『창가휘집』의 수록곡 역시 항일 애국적 창가 가사로서 〈상봉유사가〉를 비롯한 21곡이 실려 있다.[34]

〈相逢有思歌〉·〈運動歌〉·〈血性臺〉·〈父母恩德歌〉·〈愛國歌〉1·〈愛國歌〉2·〈感動歌〉·〈學徒歌〉1·〈歡迎歌〉·〈勸學歌〉·〈恩德歌〉·〈平壤歌〉·〈親旧歌〉·〈大運動歌〉·〈韓半島歌〉·〈運動歌〉·〈愛國歌〉3·〈學徒歌〉2·〈釼舞歌〉·〈修學施行歌〉·〈國文歌〉

위와 같이 『창가휘집』에도 당시 유행했던 노래들이 많이 실려 있는데, 〈운동가〉(학도야) 〈권학가〉(세월이) 등과 안창호가 작사한 〈상봉유사가〉(사랑하는), 〈혈성대〉(신대한의), 〈부모은덕가〉(산아 산아), 〈학도가〉2(대한청년), 〈한반도가〉(동해에) 〈검무가〉(쾌하다) 등의 노래들이 실려 있다. 또 〈수학여행가〉는 1910년 통감부에서 애국가류의 노래를 통제하기 위하여 하나의 교과서로 통일시키고자 만든 『보통교육창가집 제1집』에 실려 있는 계몽적인 노래이다.[35]

또한 『잡집』에 애국가를 곡명으로 하는 곡이 5편이 있었던 것처럼 『창가휘집』에도 3편이 애국가라는 곡명을 가지고 있다. 애국가의 가사는 모두 애국심과 민족의식을 고취하는 내용으로, 일본이 강탈한

1910년 102월 13일부터 11월 2일까지만 쓰여 있고 이후는 공란이다. 따라서 『창가휘집』은 완성본이 아닌 형태로 남겨진 것으로 보인다.

34 『박창식 창가휘집』의 원본 이미지 사진은 독립기념관 자료실에서 제공 받았음을 밝힌다.

35 『보통교육창가집』의 〈제24수학여행〉과 같은 가사이지만 원래 가사는 1절이 6행의 2절이지만 『창가휘집』의 〈수학여행가〉는 1절 6행의 가사를 2행씩 한 절을 삼아 3절로 구분하여 실려 있다.

국권을 되찾을 것을 다짐하고 있다. 〈애국가〉1은 '동해물과 애국가'인데, 1908년에 제작된 『찬미가』에 기록된 제14장의 4절이 끝부분 '님군을 섬기며'였던 것을 그대로 '님군을 섬기며'라고 그대로 쓴 것을 보았을 때, 1910년까지는 이 가사를 그대로 썼던 것을 알 수 있다.

〈애국가〉2(성자신손 오백년은)도 1908년 재판본 『찬미가』 10장으로 소개되었던 곡인데, 이미 1899년 6월 29일자 『독립신문』에 배재학당 방학예식에서 불렀다고 소개되었던 〈무궁화 노래〉로서 '동해물과 애국가'보다 먼저 잘 알려졌던 노래이다.[36] 이 두 애국가는 올드랭 사인의 곡조로 부르며 '무궁화 삼천리'로 시작되는 같은 후렴구를 가지고 있어 소위 '무궁화가'라고도 지칭된다. 이 두 가지 곡이 같이 실려 있다는 점에서 대성학교에서 이 두 애국가를 자주 불렀던 것을 알 수 있다.

또 『창가휘집』의 수록곡 중에서는 『잡집』에 실렸던 〈부모은덕가〉, 〈애국가2〉, 〈감동가〉, 〈권학가〉, 〈애국가3〉 등 5곡이 가사가 같은 곡이다. 다만 곡명이 조금 다른 것이 있고 절 수의 차이와 가사 일부의 차이가 있다. 또 『잡집』에는 절 구분이 안 된 것이 많이 있으나 『창가휘집』은 모든 곡에 절 구분을 확실히 하였다. 이를 비교해 보면 다음과 같다.

---

36 이 노래는 앞서 살펴본 『구한말 애국창가집』과 박창식, 『잡집』에도 각각 〈무궁화가〉, 〈애국가〉4로 실린 노래이다.

박창식 『창가휘집』(1910)				박창식 『잡집』(1909)		
4	부모은덕가	5절	산아산아 높은산아	17	효덕가	3절만 있음
6	애국가2	4절	성자신손 오백년은	11	애국가4	무절 (4절)
7	감동가	10절	슬프도다 우리민족	20	정신가	무절 (9절까지)
10	권학가	4절	세월이 유수 같아	3	권학가	5절
17	애국가3	7절(14행)	아주동방 적은반도	4	애국가1	무절(24행)

위와 같이 〈효덕가〉와 〈부모은덕가〉, 〈정신가〉와 〈감동가〉는 비록 곡명만 다를 뿐 같은 가사의 곡으로 곡조도 같았을 것으로 추정된다. 이 5곡을 공집합으로 하면, 박창식이 기록한 창가는 31곡이 된다. 그리고 이 곡의 대부분은 1914년의 악보집 『최신창가집』에 실리는 곡으로서 어떻게 불렀는지 알 수 있다.

5) 『손봉호 창가』(唱歌)

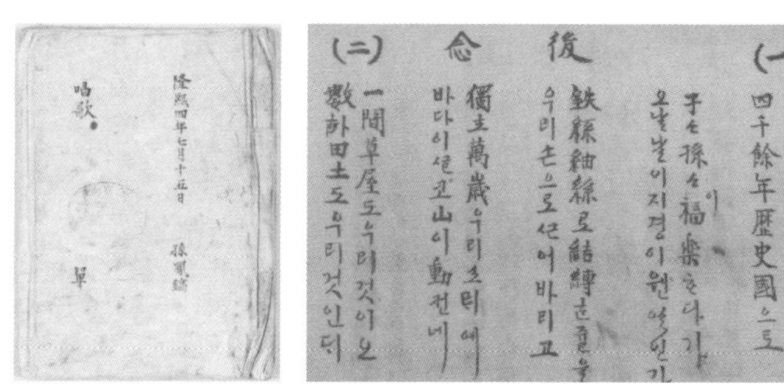

손봉호 『창가』(1910) 한국근대문학관 소장

『손봉호 창가』는 1910년 손봉호(孫鳳鎬) 필사본의 항일·애국창가집으로 원제목은 『창가 단』(唱歌 單)이다. 연도와 필사자가 분명하다는 점에서 그 사료적 가치가 더 크다. 손봉호 『창가』의 표지에는 '唱

歌'라고 분명히 쓰여있으며 편찬연도 역시 융희 4년(1910년) 7월 15일로 분명하고 편찬자의 이름도 '孫鳳鎬'라고 쓰여 있다.[37] 필사본 중에서 드물게 제목과 편찬자 및 편찬연도가 분명한 창가집이다. 현재 이 창가집은 인천에 소재하고 있는 '한국근대문학관'에 소장되어 있다.[38]

이 표지에는 도장이 하나 찍혀 있는데, 윤백령(尹白嶺) 장서라고 되어있어 소장자가 윤백령이었음을 알 수 있다.[39] 이 창가집의 목차를 보면, 실제 수록곡은 27곡이었을 것으로 보이나 현재 자료는 앞부분 〈제1장 정신가〉부터 〈제14장 건원절경축가〉까지 14곡만 남아 있는 상태이고 뒷부분 13곡이 낙장 되어있다.[40] 남아 있는 전체 쪽수는 32쪽이며 크기는 가로 17cm, 세로 22cm이며 차례에 적힌 27개의 곡명은 다음과 같다.[41]

---

37 이 창가집의 뒷면에는 19 23 54라는 숫자가 쓰여있고 藏胸集, DA WAN이라는 글자와 함께 손봉호의 영문명으로 보이는 son bang ho가 필기체로 적혀있다.

38 표지 사진 이미지는 대한민국 e-뮤지엄의 이미지임을 밝힌다.

39 장유정, 「현전 최고의 애국계몽 가요집 손봉호의 『창가』 연구」, 『한국민요학』 56, 한국민요학회. 이 논문에서 장유정은 2013년 당시 이 창가집은 윤백령(본명 윤성도)의 딸인 한국명 윤조향이 보관하고 있었다고 밝혔는데, 현재 소장처는 한국근대문학관이다. 따라서 그 입수 경위를 문의해 보았으나 이 창가집이 한국근현대문학관에서 소장하게 된 경위는 소장자 윤백령의 후손을 통한 것이 아니라 업자에게서 산 것이라고 하였다.

40 김수현, 「사료로 보는 애국가 짓기와 부르기의 역사」, 『동양학』 82, 단국대 동양학연구원, 1921, 17쪽.

41 표에 적은 27곡 중에서 밑줄 친 부분은 곡명만 목차에 남아 있고 가사를 확인할 수 없는 곡이다.

확인된 수록곡 (14곡)	〈第一章 精神歌〉·〈第二章 愛國歌〉·〈第三章 兵式行步歌〉·〈第四章 愛國歌〉·〈第五章 學徒惜時歌〉·〈第六章 勸學歌〉·〈第七章 學徒愛國歌〉·〈第八章 學徒預備歌〉·〈第九章 大韓國魂歌〉·〈第十章 學徒進步歌〉·〈第十一章 乾元節慶祝歌〉·〈第十二章 愛國歌〉·〈第十三章 運動歌〉·〈第十四章 乾元節慶祝歌〉
목차만 남은곡 (13곡)	〈第十五章 勸學歌〉·〈第十六章 國權回復歌〉·〈第十七章 女學徒勇進歌〉·〈第十八章 責任歌〉·〈第十九章 國旗歌〉·〈第二十章 擊壤歌〉·〈第二十一章 乾元節慶祝歌〉·〈第二十二章 國字歌〉·〈第二十三章 卽位紀念慶祝歌〉·〈第二十四章 競進歌〉·〈第二十五章 少年猛進歌〉·〈第二十六章 運動歌〉·〈第二十七章 時有變天歌〉

가사는 국한문혼용으로 쓰여 있으며 내용은 애국, 운동, 권학 등 애국 계몽적인 노래이다. 곡명이 같은 것이 많은 것도 특징인데, 〈애국가〉와 〈건원절경축가〉 제목의 곡이 3곡이고 〈권학가〉 〈운동가〉도 각각 2곡씩이다. 또 특히 학도가류의 노래가 많다는 것도 특징이다. 〈학도석시가〉는 "학도야~ 벽상의 괘종~"의 가사를 지닌 것으로 〈철도창가 곡조〉 또는 김인식의 『보통창가집』에 수록된 〈석음〉의 곡조로 불렀을 것이다. "만유의 주 우리 하나님께 옵서 세계 만국을 창립하실 때~"의 가사를 가진 〈학도애국가〉도 있고 김인식이 1905년 창작했다고 하는 "학도야 ~ 저기청산~"의 가사를 가진 〈학도가〉를 〈학도예비가〉라고 곡명을 붙여 놓았으며 〈학도진보가〉는 "학도들아 우리 열심히 힘써 성공하기까지~"의 가사로 시작한다. 게다가 낙장에는 〈여학도용진가〉도 있다.

또한 『손봉호 창가』에 수록된 〈애국가〉 중에는 다른 창가집에서 보이지 않는 김인식이 작사하여 1910년 『보중친목학회월보』에 실었던 〈애국가〉가 있다.[42] 곡조는 올드랭사인으로 부르는 〈동해물과 애국가〉와 같으나 가사는 "화려강산 동반도는 ~"로 시작한다.'동해물과 애국가'나 '성자신손 애국가'처럼 후렴구가 '무궁화 삼천리'로 된 '무궁화가'중 하나라고 할 수 있다.

6) 『손승용 창가집』(손승용 필사 수첩)

1910년 이전으로 추정되는 시기에 손승용(孫承鏞, 1855~1928)이 수첩에 애국 항일적 가사를 필사하여 놓은 창가집으로 형태는 창가를 적어 놓은 아주 작은 수첩이다. 크기는 가로 13cm, 세로 10.5cm로 매우 작지만 분량은 100쪽 가까이 된다. 현재 보존상태로 보면 그나마 앞표지와 첫 곡, 둘째 곡이 찢겨 있는 상태이며 뒤표지는 남아 있다. 수록곡은 57곡으로 이때까지 나온 항일애국 창가집 중에는 가장 많은 곡이 실려 있다.

이 창가집의 원소장자는 필사자 손승용의 손자 손동욱이었는데, 현재는 독립기념관에 위탁 상태로 보관되고 있다.[43]

손승용은 전남 나주 출신으로 『독립신문』의 기자 겸 부주필로서 『독립신문』의 발간 초기인 1896년부터 1899년까지 취재와 기사를 작성한 유일한 인물이었고 1900년 4월 정동 제일교회에서 세례를 받고 기독교인이 되었으며 이후 제물포 교회, 황해도 연안교회, 강화교회,

---

42 김수현, 「사료로 보는 애국가 짓기와 부르기의 역사」, 앞의 논문, 18쪽.

43 이 자료가 사본으로 학자들에게 알려진 것은 손자인 손동욱이 인천영화학교 이성진에게 제공하였던 데로 출발한다. (2006년 11월 9일) 그러나 2022년에 원 소장자 손승용의 손자 손동호에 의해 독립기념관에 위탁되었다. 이 창가집 원문 이미지는 연구자 반혜성이 독립기념관 위탁 전에 손동호의 허락으로 직접 찍은 사진으로 필자에게 제공하여 연구에 쓰도록 허락해주신 데 대해 감사드린다.

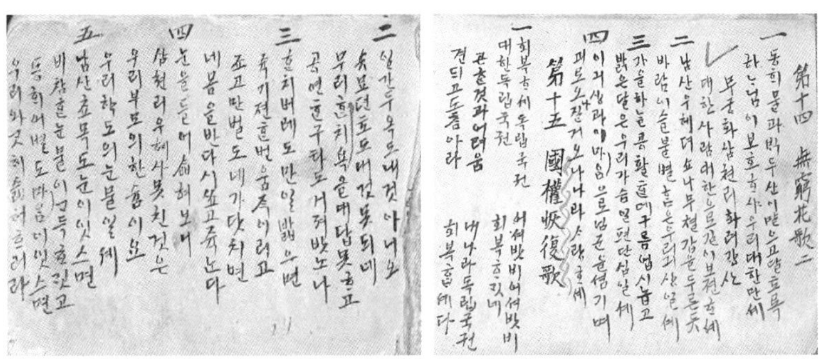

손승용 필사 『창가수첩』(1910 전후) 독립기념관 소장

수원 교회, 서울 서강교회에서 전도사, 목사로 활동하였다. 목회 활동과 더불어 교회와 인천 영화학교 등 기독교 관련된 학교에서 교육활동까지 겸하였다고 한다.[44]

이 수첩의 수록곡은 총 57곡인데, 낙장된 두 곡은 정확히 알 수 없다. 노래 가사는 한국어로, 곡 제목은 한문, 또는 한국어로 표기되었다. 노래의 제목에 제1 제2 등의 순서를 붙여 놓았고 곡명이 같을 경우에는 곡명 뒤에 차례대로 숫자를 붙였는데, 낙장되지 않는 첫 쪽에 〈제3 애국가2〉이라고 되어 있는 것으로 보아 앞의 찢겨진 부분의 두 곡은 〈애국가1〉과 다른 곡이 하나 더 있었을 것으로 짐작할 수 있다

이 수첩에 필사된 이 창가집을 필사한 시기는 손승용이 1903년에서 1913년 교사로 재직할 당시로 추측되나 구체적으로는 정확한 연도는 알 수 없다. 다만 곡마다의 순서를 정하여 번호를 붙였고 같은 곡명에도 순서를 붙였으며 당시 유행했던 곡들을 모두 실었던 것으로

44 반혜성, 「손승용 수진본 창가집의 특징과 가치」, 『동양학』 85, 단국대학교 동양학연구원, 2022, 191~197쪽.

보아 수년에 걸쳐 쓴 것이 아니라 어느 한 시점에 쓴 것으로 보인다. 이 수첩의 뒤 표지 바로 앞 페이지에 '쥬一千九百'이라는 문구가 있어 필사 시기를 1910년으로 간주한다.

낙장. 낙장. 〈第三 愛國歌二〉·〈第四 精神歌一〉·〈第五 精神歌二〉·〈第六 愛國歌三〉·〈第七 少年歌〉·〈第八 少年冒險猛進歌〉·〈第九 大韓魂歌〉·〈第十 國旗歌〉·〈第十一 兵式行步歌〉·〈第十二 父母恩德歌〉·〈第十三 無窮花歌一〉·〈第十四 無窮花歌二〉·〈第十五 國權回復歌〉·〈第十六 守節歌〉·〈第十七 勸學歌〉·〈第十八 前進歌一〉·〈第十九 前進歌二〉·〈第二十 前進歌三〉·〈第二十一 勇進歌〉·〈第二十二 行步歌〉·〈第二十三 學徒歌一〉·〈第二十四 學徒歌二〉·〈第二十五 學徒歌三〉·〈第二十六 結義歌〉·〈第二十七 獨立歌〉·〈第二十八 學生歌〉·〈第二十九 希望歌〉·〈第三十 世界地理歌〉·〈第三十一 望鄕歌〉·〈第三十二 自由歌〉·〈第三十三 學校歌〉·〈第三十四 作別歌〉·〈第三十五 大韓軍歌〉·〈第三十六 救世軍歌〉·〈第三十七 耶蘇誕辰慶祝歌一〉·〈第三十八 耶蘇誕辰慶祝歌二〉·〈第三十九 耶蘇誕辰慶祝歌三〉·〈第四十 耶蘇誕辰慶祝歌四〉·〈第四十一 耶蘇教傳道歌〉·〈第四十二 皇上誕辰慶祝歌〉·〈第四十三 恩德布世歌〉·〈第四十四 教育歌〉·〈第四十五 忠節歌〉·〈第四十六 運動歌〉·〈第四十七 勸勉歌〉·〈第四十八 百萬名救援歌〉·〈第四十九 居鄕歌〉·〈탄신가〉·〈학도가〉·〈漂衣〉·〈주왕을~〉·〈聖經記憶〉·〈聖經歌〉·〈구주탄신가〉·〈탄신가〉

손승용 『창가집』에도 앞의 창가집과 같이 여러 종류의 애국가가 수록되었는데, 첫 번째 〈애국가1〉은 낙장 상태라 확인할 수 없고 〈애국가2〉는 "우리황상폐하~"로 시작하는 곡이고 〈애국가3〉은 "아셰아 동편에 돌출 한반도~"로 시작한다. 또 〈무궁화가1〉과 〈무궁화가2〉이다. 〈무궁화가1〉은 '성자신손 오백년은~'으로 시작하는 1898년 『독립신문』에 기록된 애국가이고 〈무궁화가2〉는 현행 애국가 가사와 같은 '동해물과 백두산이~'로 시작하는 애국가이다. 이렇게 보면, 〈애국가2〉(우리황상폐하), 〈무궁화가1〉(성자신손), 〈무궁화가2〉(동해물과)가

모두 당시 가장 유행했던 애국가이자 1908년 『찬미가』 수록곡 중의 〈뎨一〉, 〈뎨十〉, 〈뎨十四〉와 일치한다.[45]

또 3종류의 학도가가 수록되어 있는데, 〈학도〉1(학도야~ 저기 청산 바라보게)은 김인식곡, 〈학도〉2(대한청년 학생들아)는 이성식곡이고 〈학도〉3(학도야 ~ 벽상이 궤종을)은 〈철도창가〉나 〈석음〉 곡조로 불렸을 노래이다. 김인식 작곡의 〈학도〉1은 이미 『구한말 애국창가집』에도, 손봉호 『창가』에도 〈석시예비가〉로 실려 있었던 곡이다. 안창호 작사 이성식 작곡의 〈학도가〉2의 경우도 박창식의 『창가휘집』에 〈학도가〉1로 실렸던 곡이다. 철도창가 곡조로 부르는 〈학도가〉3은 박창식 『창가휘집』에는 〈애국가〉로, 손봉호 『창가』에는 〈학도석시가〉로 실렸던 곡이다. 손승용 『창가집』엔 당시 항일·애국창가로 불린 가장 전형적인 학도가류가 모두 갖춰져 있음을 알 수 있다. 이는 1914년 광성학교 『최신창가집』에도 같은 양상을 보이는데, 이 학도가류 뿐만 아니라 이 창가집 수록곡 56곡 중에 28곡이 『최신창가집』의 수록곡과 같은 곡이다.

이 창가집의 또 다른 특징은 〈구세군가〉, 〈야소탄신경축가〉, 〈백만명구원가〉, 〈성경기억〉, 〈성경가〉, 〈구주탄신가〉, 〈탄신가〉 등 기독교적 가사를 가지고 있는 노래가 상당수 수록되어 있는데, 〈야소탄신경축가〉는 무려 4까지 번호가 있는 4개의 곡이 실려 있다.

7) 『포조 한민학교 창가』(浦潮 韓民學校 兒童教育用唱歌)

『포조한민학교창가』는 포조(浦潮), 즉 러시아 블라디보스토크에 있

45 김수현, 앞의 논문, 30쪽.

었던 민족학교 한민학교(韓民學校)에서 불렀던 노래를 일제가 압수하고 상부에 보고한 문서 형식으로 남은 자료이다.[46]

이 압수 문서에 창가 시작 앞에 적혀 있는 "포조 한민학교 아동교육용 창가"의 글자를 따서 이름을 지었다. 앞서 밝힌 바와 같이 원 창가집의 형태가 어떤지는 알 수 없고 보고 문서 중에 13쪽에 걸쳐 9곡이 수록되어 있는데, 일본어로 적혀 있다.

이 창가들을 수록하여 만들었을 창가집의 발행처 한민학교는 연해주에 계동학교를 중심으로 세동학교, 신동학교를 1909년 10월 통합한 것이다. 러시아가 한인을 블라디보스토크 외곽으로 이주시킨 후 신한촌에서 권업회(勸業會) 주도로 건물을 신축하고 교과목을 확충하여 1912년 다시 개교하였다.

이 학교에서는 민족의식 고취에 중점을 두어 교육을 하였는데, 교과과정은 4년제의 고등소학(高等小學)과 중학 과정이었고, 기초 교양과정과 실업과목을 이수하였다. 무엇보다도 민족의식과 애국정신을 고취하는 데 중점을 두었던 학교로, 국외 한인사회에서 북간도의 명동학교(明東學校), 서간도의 신흥학교(新興學校)와 더불어 민족주의 교육을 실시하던 대표적인 학교 가운데 하나이다.

46 국사편찬위원회 한국사데이터베이스에서 서비스하고 있는 국외항일운동자료 일본외무성 기록인 不逞團關係雜件-朝鮮人의 部-在西比利亞 3에 수록되어 있다. 문서번호는 機密鮮 제52호이고 문서제목 「韓民學校 兒童用 唱歌 등 譯報의 건」,발신자는 大鳥富士太郎 (블라디보스토크 총영사) 수신자는 小村壽太郎 (外務大臣)이다. 발신일은 1911년 08월 29일 수신일은 1911년 09월 10일이다.

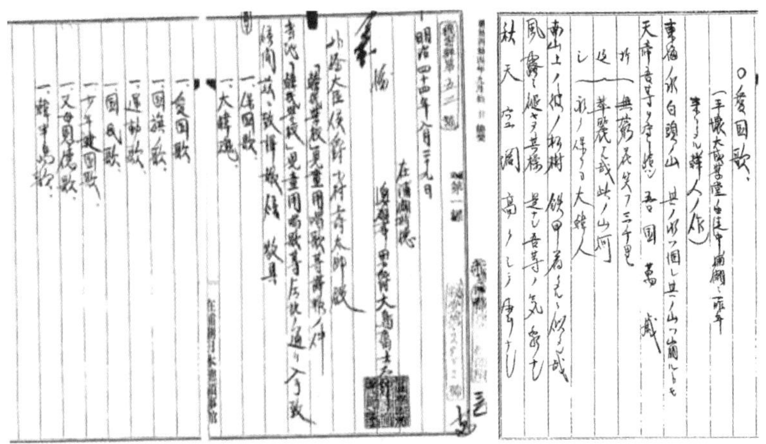

明治四十四年八月二十九日

一、保國歌

一、大韓魂

一、愛國歌

一、國旗歌

一、運動歌

一、國民歌

一、少年建國歌

一、父母恩德歌

一、韓半島歌

○愛國歌

1911년 압수창가 『포조한민학교창가』 국사편찬위원회 이미지

〈保國歌〉·〈大韓魂〉·〈愛國歌〉·〈國旗歌〉·〈運動歌〉·〈國民歌〉·〈少年建國歌〉·〈父母恩德歌〉·〈韓半島歌〉

수록곡 대부분은 당대 어떤 곡조로 불렀는지 잘 알 수 있는 곡이며 안창호가 작사한 곡을 다수 포함하고 있다.[47] 실례로 첫 곡 〈보국가〉라는 제목과 "조국의 산하"로 시작하는 첫 구절만 보면, 다른 창가집에서 볼 수 없는 창가가 수록된 것으로 보이지만 첫 구절만 빼고 나면 전부 안창호 작사, 이성식 작곡의 〈학도〉(대한청년 학생들아~)와 일치한다.[48] 이처럼 이 창가들을 이 시대보다 몇 년 뒤에 광성학교에서 발

47 김수현, 「항일·독립운동가로 부른 학도가류 연구」, 『국악원논문집』 44, 국립국악원, 147쪽.

48 이민규, 「한민학교의 창가 가창양상」, 『국제어문』75, 국제어문학회, 2017, 134쪽. 이민규는 이 논문에서 각 수록곡을 다른 창가집과 비교해 놓았는데, 〈보국

행한 『최신창가집』에 모두 수록되었는데, 제목이 약간 다른 것을 제외하고 가사가 같아 같은 곡으로 간주할 수 있는데, 이를 비교하면 다음과 같다.[49]

포조 한민학교 창가			광성학교 최신창가집	
순	제목	공유하는 가사의 앞 부분	순	제목
1	保國歌	조국의 산하 사랑하고 동포	38	學徒2
2	大韓魂	화려한 산하 우리 대한 삼천리	9	大韓魂
3	愛國歌	동해물과 백두산이 마르고 달토록	1	國歌 1
4	國旗歌	아세아 동 대한국은 하늘이 살피신	2	國旗歌
5	運動歌	우리 대한청년 학생 열심으로	46	學生前進
6	國民歌	대한민국 동포들아 정신들 차려라	72	愛國 5
7	少年建國歌	단군자손 우리 소년들아 국치민욕	125	復讐懷抱
8	父母恩德歌	산아산아 높은 산아 네아무리	43	父母恩德
9	韓半島歌	동해에 돌출한 나의 한반도야	14	韓半島

『포조한민학교창가』 수록곡에는 애국가 작사자 논쟁'의 실마리를 풀 수 있는 중요한 문구가 적혀 있는 것도 특징이다. 이는 〈애국가〉, 〈국기가〉, 〈국민가〉의 제목 아래 "평양 대성학당 생도 가운데 포조에 작년에 온 조선인의 작품"(平壤大成學堂ノ生徒中浦潮ニ來テイル朝鮮人ノ作)라는 문구를 말하는 것인데, 특히 〈애국가〉는 '동해물과 애국가'라

가〉가 『잡집』, 『창가휘집』, 『최신창가집』에 모두 없는 것으로 표시했으나 『박창식 창가휘집』에 〈학도가〉로, 『광성 최신창가집』에 〈학도〉2로 실려 있다.

49 대부분의 곡이 가사가 거의 일치하는데, 다만 9개 중에서 다섯 번째 곡 〈운동가〉는 후렴이 〈학생전진〉과 일치하긴 하지만 다른 부분을 일치하지 않는 부분이 많아서 꼭 같은 곡이라고 할 수는 없다.

는 점에서 시사하는 바가 크다.[50]

8) 『국자가 배일선인 창가』(局子街 排日鮮人 唱歌)

『국자가 배일선인 창가』는 1912년 북간도 국자(局子街)가에 있는 한인 가택을 수색하여 독립운동가들 사이에 주고받은 편지를 비롯한 보고문서 중에 포함된 49쪽에 달하는 분량에 항일 애국적 가사의 창가 22곡을 가리킨다.

일본 외무성에 소장되어 있는 자료로서 해당 문서 전부는 일본어로 번역되어 있고 창가의 노랫말도 모두 일본어로 되어 있으며 현재 국사편찬위원회에 소장되어 있다. '국자가 배일선인 창가'라고 이름 붙인 것은 이 창가집이 포함된 문서의 제목 「局子街において 排日鮮人 家宅搜索 結果 具申」에서 따왔다.[51] 당시 유행했던 항일 애국적 창가로서 필자는 이것이 창가집이라고 판단하는데, 그 이유는 이렇게 많은 양이 한꺼번에 들어 있는 것이고 각각의 노래마다 절이 모두 갖춰 있는 것이라면 낱장의 형태이거나 불러 받아 적은 것이 아닌 창가집

50 애국가 작사자 논쟁에서 안창호 윤치호 설이 있는데, 이 문구에서 보이듯이 1911년 문서에 작년이라고 했으면 1910년이고 이 시기에 블라디보스토크에 온 대성학교에서 온 사람은 안창호를 가리킬 가능성이 높으나 生徒라는 표현에 애매함이 있다. 그러나 적어도 윤치호와는 관계가 없는 것은 분명하다.

51 이 창가 묶음은 국사편찬위원회 한국사데이터베이스에서 서비스하고 있는 '국외항일운동 자료 일본 외무성 기록'에 포함된 것이다. 이 자료의 문서철명은 「不逞團關係雜件-朝鮮人의 部-在滿洲의 部 2」 문서번호는 「機密 第42號; 祕受 2215號」 문서제목은 「局子街에 있어서 排日 鮮人 家宅搜索 結果 具申」이다. 이 문서의 발신자는 간도 총영사 대리 속수일영(速水一孔)이고 수신자는 외무대신 계태랑(桂太郎)이다. 발신일이 1912년 11월 26일이고 수신일이 1912년 12월 09일이다.

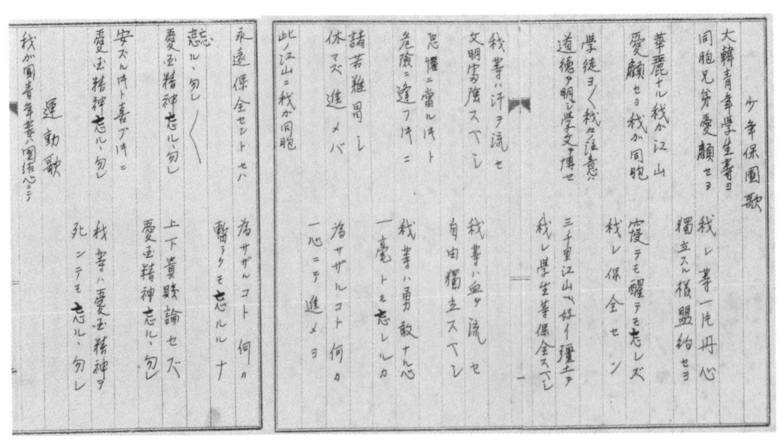
少年保國歌
大韓青年學生等ヨ
同胞兄弟愛顧セヨ　我レ等一片丹心
獨立スル模盟約セヨ
華麗ナル我カ江山
愛顧セヨ我カ同胞　寢テモ醒テモ忘レズ
我レ保全セン
學徒ヨ我々注意ハ
道德ヲ明シ學文ヲ博セ　三千里江山ヘ好イ種ヲ
我レ學生等保全スベシ
我等ハ汗ヲ流セ
文明富強スベシ　我等ハ血ヲ流セ
自由獨立スベシ
患難ニ當ル時ト
危險ニ逢フ時ニ　我等ハ勇敢ナル心
一毫トモ忘レルカ
諸君雖困シ
休マズ進メバ　為サザルコト何カ
此ノ江山ニ我カ同胞　一心ニテ進メヨ
永遠保全セントセハ　為サザルコト何カ
誓ラクモ忘ルルナ
忘ル、勿レ
愛國精神忘ル、勿レ　上下貴賤論セズ
愛國精神忘ル、勿レ
安ズル時ト喜ブ時ニ
愛國精神忘ル、勿レ　我等ハ愛國精神ヲ
死ンデモ忘ル、勿レ
運動歌
我カ國青年輩ハ團結心ニテ

1912년 압수창가 『국자가배일선인창가』 국사편찬위원회 이미지

의 형태로 압수된 것을 짐작할 수 있다. 그러나 앞에서 다룬 『포조한민학교 창가』와 마찬가지로 원 형태의 창가집이 어떠했는지는 알 수 없다.

또 1912년이라는 시기상으로 보았을 때, 1914년에 악보집으로 편찬된 광성학교 『최신창가집』 보다 이전에 존재했던 또 다른 창가집으로 볼 수 있다. 또 국자가 소영자(小營子)라는 수색 된 위치나 길동기독학당(吉東基督學堂), 계봉우(桂奉瑀)의 서신 등이 포함되어 있는 것을 볼 때, 길동기독학당을 전신으로 하고 있는 광성학교와 관련성이 깊다. 더불어 이 학교에서 펴낸 『최신창가집(부악전)』의 토대가 된 창가집이라고 볼 수 있다. 일본어로 된 이 문서에 있는 창가 가사는 표지나 설명이 없이 〈少年保國歌〉(대한청년 학생들아) 곡부터 22곡이 기록되어 있다.[52]

52 국사편찬위원회 한국사데이터베이스에는 이 문서 자료에 수록된 곡명 중에

〈少年保國歌〉·〈運動歌〉·〈愛國歌〉·〈韓半島歌〉·〈傳道歌〉·〈勸學歌〉·〈大韓魂歌〉·〈父母恩德歌〉·〈相逢有思歌〉·〈學徒歌〉·〈血誠隊歌〉·〈運動歌〉·〈感動歌〉·〈英雄模範歌〉·〈冒險猛進歌〉·〈愛國歌〉·〈兵式行步歌〉·〈愛國歌〉·〈閔忠正公追悼歌〉·〈農夫歌〉·〈祖國生覺〉·〈青年立志歌〉

일본어 가사로 쓰여있고 곡명이 달라 언뜻 생소한 곡으로 보이지만 이 수록곡 중에서 3곡을 제외하고 1914년 『광성최신창가집』에 모두 수록되는 곡이다. 이를 비교해 보면 다음과 같다.

『국자가 배일선인 창가』			『최신창가집』	
1	少年保國歌	대한청년 학생들아 동포형제	38	학도2
2	運動歌	우리나라 청년들아 단결심으로	46	학생전진
3	愛國歌1	동해물과 백두산이 마르고	1	국가1
4	韓半島歌	동해에 돌출한 나의 한반도야	14	한반도
5	傳道歌	위대한 우리 기독군병아	119	야소군병
6	勸學歌	세월이 유수같아 살 같이	5	권학
7	大韓魂歌	화려한 강산 우리 대한은	9	대한혼
8	父母恩德歌	산아산아 높은산아 네아무리	43	부모은덕
9	相逢有思歌	사랑하는 우리 청년들 오늘날	10	만나생각
10	學徒歌	학도야 〃 청년학도야 이때가	35	운동2
11	血誠隊歌	신대한의 애국청년 끓는 피가	40	혈성대1
12	運動歌	대한국민 우리 청년학도야	61	운동5
13	感動歌	슬프도다 우리민족 사천여년	70	정신
14	英雄模範歌	계림나라 짐승들 중 개와 돼지	85	영웅모범
15	冒險猛進歌	눈을 들어 삼천리 구울려 보니	71	모험맹진
16	愛國歌2	묘하고 묘한 우리 대한은		

〈의병〉을 넣었으나 잘못된 것이다.

『국자가 배일선인 창가』			『최신창가집』	
1	少年保國歌	대한청년 학생들아 동포형제	38	학도2
2	運動歌	우리나라 청년들아 단결심으로	46	학생전진
3	愛國歌1	동해물과 백두산이 마르고	1	국가1
4	韓半島歌	동해에 돌출한 나의 한반도야	14	한반도
5	傳道歌	위대한 우리 기독군병아	119	야소군병
6	勸學歌	세월이 유수같아 살 같이	5	권학
7	大韓魂歌	화려한 강산 우리 대한은	9	대한혼
8	父母恩德歌	산아산아 높은산아 네아무리	43	부모은덕
9	相逢有思歌	사랑하는 우리 청년들 오늘날	10	만나생각
10	學徒歌	학도야 〃 청년학도야 이때가	35	운동2
11	血誠隊歌	신대한의 애국청년 끓는 피가	40	혈성대1
12	運動歌	대한국민 우리 청년학도야	61	운동5
13	感動歌	슬프도다 우리민족 사천여년	70	정신
14	英雄模範歌	계림나라 짐승들 중 개와 돼지	85	영웅모범
15	冒險猛進歌	눈을 들어 삼천리 구울려 보니	71	모험맹진
17	兵式行步歌	장하도다 우리학도 병식행보가	27	병식행보
18	愛國歌3	아세아 동편에 돌출 한반도	11	죽어도 못놓아
19	閔忠正公追悼歌	천지지강 지정기가 민충정의	64	민충정공추도
20	農夫歌	하늘이 내린 우리나라 대한		
21	祖國生覺	이곳은 우리나라 아니언만은	149	조국생각
22	青年立志歌	층암과 절벽을 구비 돌아서		

위와 같이 〈전도가〉(위대한 우리 기독군병을)는 곡명이 다를 뿐 가사를 보면 〈야소군병〉과 같다. 〈감동가〉는 앞에서 여러 차례 언급한 바 있는데, "슬프도다 우리 민족아~ "로 시작하는 〈정신가〉이다. 〈애국가〉1은 '동해물과 애국가'이다. 앞서 살펴본 박창식 『창가휘집』에

수록된 〈애국가〉1이고 『손승용 창가집』의 〈무궁화가〉1이며 『최신창가집』은 〈국가〉1에 해당한다. 그런데, 이 '동해물과 애국가'의 가사는 앞서와 달리 4절 끝부분이 1908년 『찬미가』, 박창식 『창가휘집』, 『손승용 창가집』에는 '님군을 섬기며'라고 되어 있으나 1912년 이 창가집에서 '민족을 위하여'라고 고쳐져 있음을 알 수 있다. 1914년 광성학교 『최신창가집』에서 '민족을 모으며'로 바뀌었다. 그리고 1919년 잡지 『신한청년』에서는 '충성을 다하여'로 고쳐져 오늘까지 이 가사로 부르고 있다.[53]

한편, 수록곡 중에 『최신창가집』에 실리지 않은 3 곡이 있는데 〈애국가〉2(묘하고 묘한 우리대한은~)은 1910년 손봉호 『창가』에 실린 곡이지만 〈청년의 입지가〉(층암과 절벽을~)는 이때까지 나온 어느 창가집에도 실리지 않았던 곡인데, 1924년 『이선일 창가집』에 수록되는 것을 보면 1910년대 북간도에서 불렀던 노래가 1920년대 미국에서도 유행하는 것을 알 수 있다.

9) 『이선일창가집』(이선일 컬렉션의 노래집)

『이선일 창가집』은 1916년부터 1924년 사이에 미국으로 망명이나 이주했던 사람이 필사했을 것으로 추정되는 창가를 필사해 놓은 노트로 전체 54쪽으로 46곡의 가사가 실려 있다.[54] 이 창가집은 미국 하와

53 김수현, 「사료로 보는 애국가 짓기와 부르기의 역사」, 앞의 논문, 30쪽.

54 이덕희, 「하와이 한인의 나라사랑 노래」, 『애국과 독립을 노래하라』, 단국대학교 출판부, 2022, 31~34쪽. 이 자료의 원본 이미지는 하와이대 한국학연구소 이덕희 소장이 직접 제공해 주신 것으로 이 자료를 연구에 쓰게 하신 데 대해 이 자리를 빌어 감사드린다. 이덕희 소장은 이 창가집의 필사는 1916년 이후

이대학교 한국학연구소 내에 '이선일 컬렉션(Sun Il Lee Collection)'[55] 중 하나로서 필사자가 누구인지 알 수 없으나 원소장자가 이선일(李善一, 1864~1928)이었다는 것은 분명하기에 『이선일 창가집』으로 부르고자 한다.[56]

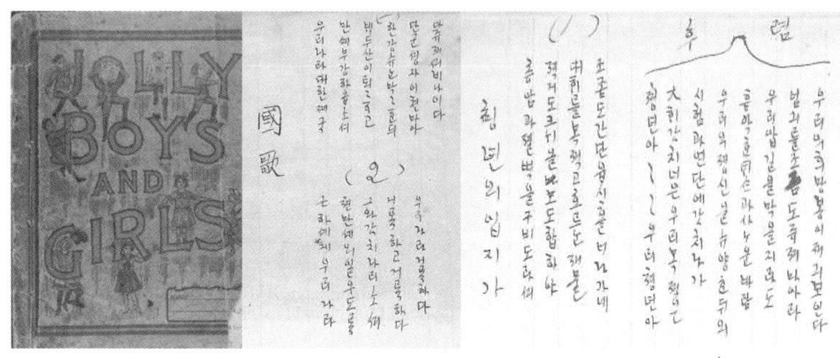

『이선일창가집』(1924) 하와이대학교 한국학연구소이선일컬렉션 이미지

이선일은 평안도 출신으로 1905년 4월 하와이에 이민, 목사로 활동하였던 사람이다. 이선일과 함께 이민 왔던 자녀들 중 아들 승무의 자녀가 삼촌인 이승신이 소장했던 할아버지 이선일 목사의 유품을 하와이 한국학연구소의 이덕희 소장에게 맡겨 이덕희 소장이 한국학센터(Center for Korean Studies, University of Hawai'iat Mānoa) 내에 '이선일 컬렉션'이 만들어졌다. 이 컬렉션에 문서, 사진, 고서, 지도 등과

에서 1924년 이전일 것으로 추정하고 있다. 이 논문의 끝에 55쪽에서 85쪽까지 이 창가집에 필사된 가사를 활자로 모두 입력한 것을 부록으로 실었는데, 가사입력은 필자가 하였다.

55 Center for Korean Studies, University of Hawai'.i at Mā.noa / Sun-Il Lee Collection(식별번호: CL-202500)

56 이선일 컬렉션 한국어 설명에는 '노래가사 모음 공책'이라고 되어 있다.

더불어 이 창가집이 들어 있다.

편찬자는 미국 하와이에 이민 온 경남 출신의 한국인 여학생이었을 것으로 추정한다. 수록곡에 있는 몇 곡의 가사나 곡명 옆에 쓰여 있는 문구를 보면, 창원 마산지역에 고향을 두었을 것으로 보는 문구가 있다. 예를 들어 〈창신기념가〉의 경우는 곡명 옆에 "여학생 김화진이 지은 창가올세다. 경상남도 창원 마산 포교회 안에 저 학교를 설립하고 기념"라는 문구를 달아 놓았으며 〈마산경치가〉 옆에는 "이 창가는 본인이 고국을 작별할 때 머물던 동리 중 경치를 보고 지은 창가올세다"라고 하는 문구가 적혀 있다.[57] 이를 통해 이 필사자가 경남에 있는 창신학교와 깊은 관계가 있는 여학생일 것으로 짐작할 수 있다.

〈警醒歌〉·〈自由歌〉·〈한반도가〉·〈大東歌〉·〈셩경긔억가〉·〈국혼가〉·〈민츙졍공츄도회〉·〈去國歌〉·〈學問歌〉·〈工夫歌〉·〈四節歌〉·〈運動歌〉·〈卒業式歌〉·〈청천자유가〉·〈望鄕歌〉·〈相逢歌〉·〈國歌〉·〈청년의입지가〉·〈感歎歌〉·〈作別歌〉·〈黑奴望鄕歌〉·〈地理歌〉·〈太平洋歌〉·〈勇進歌〉·〈感時歌〉·〈二千萬人軍歌〉·〈學生歌〉·〈大韓魂歌〉·〈白頭山歌〉·〈血竹歌〉·〈智異山歌〉·〈愛國歌〉·〈大韓學校歌〉·〈冒險猛進歌〉·〈前程萬里歌〉·〈行船歌〉·〈自由歌〉·〈昌信紀念歌〉·〈海歌〉·〈家庭歌〉·〈牡丹峯歌〉·〈馬山景致歌〉·〈開極節歌〉·〈靑年男子歌〉·〈太平洋歌〉·〈惜別歌〉

『이선일창가집』 수록곡의 특징은 곡명이 다른 창가집과 다른 것이 많다는 것이다. "우리나라 대한제국 만세무강 하옵소서 백두산이 외외하고 한강수는 양양한데"로 시작하는 〈國歌〉는 『광성 최신창가집』

57 이화진이 〈마산경치가〉만 지은 것인지, 이 창가 노트의 필사자인지는 알 수 없다.

에는 〈애국〉(7)로, 『이국영 망향성』에는 〈근화세계〉로 곡명을 달리하여 실려 있는 곡이다. 이 곡은 지금 잘 알려지지 않은 애국가 중의 하나였지만 당시로서는 존재감이 얼마나 컸는지를 보여주는 노래로서 크게 주목된다.

〈感歎歌〉(슬프도다 우리민족아~)는 앞서 여러 차례 언급된 바 있는 〈정신가〉와 같은 곡이다. 이 노래는 『구한말애국창가』, 『박창식잡집』, 『손봉호창가』, 『손승용창가집』에도 〈정신가〉로 실려 있고 『박창식창가휘집』에는 〈감동가〉로 실려 있다. 그리고 뒤에 살펴볼 악보가 있는 창가집 『광성최신창가집』에 〈정신〉, 『호놀룰루애국창가』에 〈정신가〉 등으로 실려 있는 곡이다.

또 〈地理歌〉는 『광성최신창가집』의 〈죽어도 못 놓아〉와 "아세아 동편에~"로 시작하는 부분이 같은 가사인데, 그 뒷 가사로만 보면 다른 곡이다. 〈學生歌〉(대한청년 학생들아~)는 『박창식잡가』에는 〈애국가〉로 『광성최신창가집』에는 〈학도〉3으로 실린 곡으로 안창호 작사 이성식 작곡의 곡이다.

〈行船歌〉나 〈海歌〉, 〈太平洋歌〉는 『광성최신창가집』의 〈행선〉, 〈해〉, 〈태평양〉와 같은 가사를 가진 노래이다. 〈開國節歌〉(굳은 마음 한결같이~)는 다른 창가집에 〈단군〉, 〈단군가〉 등으로 실려 있는 곡이다. 〈靑年男子歌〉(무쇠팔뚝 돌주먹~)는 『대한매일신보』에 실렸던 〈야구가〉로서 다른 창가집에 〈야구〉, 〈운동〉, 〈소년남자가〉 등으로 실려 있는 노래 가사와 같다.

5. 악보가 있는 항일 애국 창가집

1) 광성중학교, 『최신창가집 부악전』(最新唱歌集 附樂典)

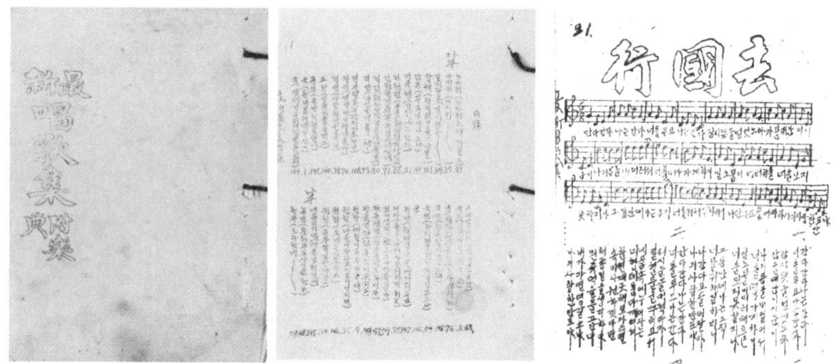

광성중학교 『최신창가집 부악전』 전(1914) 국사편찬위원회 이미지

『최신창가집 부악전』(이하 최신창가집)은 1914년 7월 15일 북간도 소영자(小營子) 지역에 있었던 민족학교 광성중학교(光成中學校)에서 152곡의 항일·애국적 창가가 악보로 실어 놓은 창가집이다. 이 창가집은 등사본으로 발행된 것인데, 그 이듬해인 1915년 압수되어 일본 외무성에 보관되고 있다가 1996년 보훈처에서 발견하여 영인한 바 있다.[58]

이 창가집 압수와 관련한 일본어로 된 문서를 보면, "국자가(局子街) 한인서점에서 판매하고 있었던 최신창가집 발매 반포 엄금"이라

58 현재 원본은 국사편찬위원회에 소장되어 있으며 사이트로 원문 검색이 가능하다. 不逞團關係雜件-朝鮮人의 部-在滿洲의 部 4 문서번호: 公信 第107號; 受 17463號. 문서제목: 最新唱歌集 發賣禁止에 관한 건. 발신자: 鈴木要太郎(간도총영사대리). 수신자:加藤高明(외무대신). 발신일:1915년 08월 09일. 수신일: 1915년 08월 19일.

고 되어있다.[59] 광성중학교는 독립운동가 이동휘(李東輝), 계봉우(桂奉瑀) 등이 북간도 소영자에 세운 학교로서 1912년 길동기독학당이었던 학교를 1913년에 명칭을 바꾼 학교이다.

앞서 가사만 있는 창가집 중에 1912년『국자가 배일선인 창가』가 계봉우의 서신 등이 함께 국자가의 가택수사 문서 중 하나였다고 언급한바,『최신창가집』은 1912년에도 존재했던 창가집이 압수되었어도 더 많은 창가를 모아 만들었다는 것을 알 수 있다. 게다가 중학교 수준의 음악교육을 목적으로 76쪽에 걸쳐 서양음악의 기초이론을 서술한「음악문답」부분을 넣어 만든 것이어서 노래집이라기보다는 음악교재에 가깝다.

이 책에 수록된 창가 152곡의 곡명은 독특하게도 몇 곡을 제외하고 가(歌)를 붙이지 않았다. 권학가를 권학, 학도가를 학도, 국민가를 국민, 운동가를 운동으로 가를 생략한 것이다.각 곡마다 악보로 1절이 달려 있고 나머지 가사를 따로 옆에 적어 놓았으나 몇 곡은 악보 없이 곡조지시와 전체 가사만 적혀 있다. 수록곡의 곡명은 다음과 같다.

---

59 김수현·김연수,「북간도 광성중학교『최신창가집 부악전』(1914) 수록 창가 연구-같은 곡조 같은 가사의 상관성을 중심으로」,『이화음악논집』26-4 이화음악학회, 2022, 131쪽.

〈國歌〉1·〈國旗歌〉·〈大韓少年氣慨〉·〈守節〉·〈勸學〉1·〈同志〉·〈愛國〉1·〈愛國〉2·〈大韓魂〉·〈만나생각〉·〈죽어도 못노아〉·〈自由〉1·〈去國行〉·〈韓半島〉·〈牡丹峰〉·〈愛國〉3·〈乾元節〉·〈帝國歷史〉·〈野球〉·〈前進〉1·〈擊劍〉·〈優勝旗〉·〈漂衣〉·〈希望〉·〈帝國地理〉·〈勸學〉2·〈兵式行步〉·〈運動〉1·〈警醒〉1·〈作隊〉·〈保國〉·〈感恩〉·〈學徒〉1·〈觀物生心〉·〈運動〉2·〈獨立〉·〈望鄕〉·〈學徒〉2·〈國民〉1·〈血誠隊〉1·〈血誠隊〉2·〈運動〉3·〈父母恩德〉·〈運動〉4·〈國民〉2·〈學生前進〉·〈입은하나〉·〈學校紀念〉·〈作別〉·〈깊이생각〉·〈行船〉·〈義務〉·〈檀君〉·〈告別歌〉·〈愛國歌〉·〈星〉·〈農夫〉·〈相思〉·〈警醒〉2·〈乾元節慶祝〉·〈運動〉5·〈擊壤〉·〈卒業〉1·〈閔忠正公追悼〉·〈國文刱立紀念〉·〈登山〉1·〈愛國〉4·〈不如歸〉·〈時有变遷〉·〈精神〉·〈冒險猛進〉·〈愛國〉5·〈汽車〉·〈愛國〉6·〈가마귀〉1·〈가마귀〉2·〈責地勢〉·〈猛進〉·〈効孝〉·〈關東八景〉·〈祖上을爲해〉·〈讚揚恩德〉·〈學生追悼〉·〈卒業〉2·〈英雄模範〉·〈愛國〉7·〈小川〉·〈青山〉·〈勸學〉3·〈修學旅行〉·〈갈지라도〉·〈我의學校〉·〈檀君紀念〉·〈運動〉6·〈卒業〉3·〈前進〉·〈朝鮮魂〉·〈四時景〉·〈歡迎〉1·〈四節〉·〈運動〉7·〈너름의自然〉·〈勸學〉4·〈英雄追悼〉·〈運動〉8·〈世界地理〉·〈陽春佳節〉·〈江海〉·〈團心〉·〈同舟相濟〉·〈秋景〉·〈登山〉2·〈心舟〉·〈學徒〉3·〈農夫〉·〈自由〉2·〈青年得心〉·〈行步〉·〈耶蘇軍兵〉·〈컬넘버쓰〉·〈海〉·〈青年學友〉·〈歡迎〉2·〈學友〉·〈復讐懷抱〉·〈苦學〉·〈惜陰〉·〈太平洋行〉·〈春遊〉·〈體育〉·〈工夫〉·〈學生愛國〉·〈歸雁〉·〈善友〉·〈師의恩〉1·〈師의恩〉2·〈掃除〉·〈時計〉·〈仁宅〉·〈朝起〉·〈職業〉·〈月〉·〈新年〉·〈我의 家庭〉·〈朝春〉·〈자장〉·〈軍〉·〈遊戲進行〉·〈祖國생각〉·〈國歌〉2·〈蝶〉·〈京釜鐵道〉

위와 같이 곡명이 같은 경우도 많은데, 〈애국〉의 경우는 곡명이 〈애국〉인 곡만도 7곡이 고 현행 애국가 가사와 같은 노래 〈국가〉1과 〈대한제국애국가〉를 〈국가〉2도 있다. 또 안창호가 지은 〈애국가〉 (긴 날이) 1곡 〈학생애국〉 1곡 합쳐서 모두 11곡의 애국가가 있어 당시까지 유행했던 애국가가 총 망라되어 있다고 할 수 있다.

또한 〈운동〉의 경우는 무려 8곡이 같은 곡 제목으로 되어 있으며 〈권학〉 은 4곡, 〈졸업〉 〈학도〉 등은 3곡이, 〈자유〉, 〈전진〉, 〈경성〉, 〈혈성대〉, 〈등산〉, 〈가마귀〉, 〈환영〉, 〈사의은〉 등은 2곡이 동명곡이다.

악보의 형태를 보면, 일일이 손사보로 오선과 마디를 그리고 가사를 필사한 등사본이지만 일관된 기준을 가지고 기보하였고 전문성을 띤 것으로 보인다. 악보의 단 길이가 일정하지 않고 도돌이표나 달세뇨 피네 등의 활용을 통해 사보의 분량을 절약했음도 알 수 있다.

앞서 살펴본 바와 같이, 『최신창가집』 수록곡 중에서 박창식 『잡집』에는 20곡 중 11곡, 박창식 『창가휘집』에는 21곡 중 14곡, 손봉호 『창가』에는 14곡 중 8곡, 손승용 『창가수첩』에는 56곡 중 27곡, 『포조 한민학교 창가』에는 9곡 중 8곡, 『국자가 배일선인 창가』에는 22곡 중 16곡이 일치한다.[60]

2) 호놀룰루 『애국창가』(하와이 호놀룰루 편, 애국창가)

호놀룰루 『애국창가』 독립기념관 소장

60 김수현·김연수, 앞의 논문, 149쪽. 물론 곡명이 다른 경우가 많지만 가사가 거의 일치하는 것을 기준으로 하였다. 김수현 엮음, 『1914 북간도의 노래-광성학교 최신창가집 152곡』, 민족문화유산연구소, 2023.

『애국창가』는 1916년 하와이 호놀룰루에서 항일·애국적 가사의 창가 77곡을 실어 편찬한 창가집으로 현재 독립기념관에 소장되어 있다.[61] 원제목은『애국창가』이지만 일반명사 애국창가와 혼동될 수 있어서 발행처 호놀룰루를 붙여 써야 할 필요가 있다. 이 창가집의 맨 뒷장에는 1916년 5월 13일 하와이 호놀룰루에서 편찬했다는 서지정보가 적혀 있으나 어떤 단체에서 누가 만들었는지 알 수는 없다.

서문과 가사만은 국한문혼용체로 기재되어 있으며 차례는 총 75곡을 기재하였으나, 하나의 곡에 두 개의 곡명이 쓰여 있거나 7장과 같이 곡이 없거나 같은 장에 두 곡이 수록된 경우가 있어 수록곡을 일일이 세면, 곡의 전체 수는 77곡으로 파악 된다.

호놀룰루『애국창가』의 수록곡은 광성중학교『최신창가집』의 수록곡과 일치하는 곡이 57곡이나 된다. 다만 〈깊이생각〉을『광성 최신창가집』에는 〈거국행〉에 맞춰 부르게 되어 있으나『호놀룰루 애국창가』에는 〈한영서원가〉 즉, 조이아행진곡 곡조에 맞춰 부르게 되어 있어 가사는 같지만 곡조는 다르다. 이 창가집에 대한 가사분석, 악보형태의 분석, 다른 창가집 수록곡과의 관계, 음악적 장류 유형 분류 등은 이미 이유기, 반혜성, 김보희 등의 선행연구가 있으므로 생략한다.[62]

---

61 (자료번호3-008961-000)되어 있으며 등록문화재 제475호. 전체 쪽수는 67쪽이고 크기는 가로 15.cm, 세로 22.8cm이다. 호놀룰루『애국창가』의 원본 이미지 사진은 독립기념관 자료실에서 제공받았음을 밝힌다.

62 이 창가집에 대한 선행연구로는 이유기,「1910년대 하와판『애국가』에 대한 연구」,『동악어문학』 51, 동악어문학회, 2008; 반혜성,「1916년 하와이 호놀룰루 발행『애국창가』 연구」,『이화음악논집』 23, 이화여대 음악연구소, 2019' 김보희,「1910년대 국외 '애국창가'에 대한 음악학적 연구-하와이판『애국창가』(1916)을 중심으로」,『동양학』 78, 단국대학교 동양학 연구원, 2019.

〈뎨二쟝 애국가〉·〈뎨三쟝 졍신가〉·〈뎨四쟝 국민가〉·〈뎨五쟝 보국가〉·〈뎨六쟝 국문가〉·〈뎨八쟝 국긔가〉·〈뎨九쟝 학교긔념식가〉·〈뎨十쟝 작ᄃᆡ가〉·〈뎨十一쟝 소년남자가〉·〈뎨十二쟝 영웅추모가〉·〈뎨十三쟝 세계디리가〉·〈뎨十四쟝 모험맹진가〉·〈뎨十五쟝 애국가〉·〈뎨十六쟝 슈졀가〉·〈흙로망향가〉·〈뎨十七쟝 부모은덕가〉·〈뎨十八쟝 한영셔원가〉·〈뎨十九쟝 애국가〉·〈뎨二十쟝 쟉별가〉·〈뎨二十一쟝 자유가〉·〈뎨二十二쟝 유시변천가〉 〈뎨二十二쟝 춘유가〉·〈뎨二十三쟝 감은가〉·〈뎨二十四쟝 희망가〉·〈뎨二十五쟝 권학가〉·〈뎨二十六쟝 단군가〉·〈뎨二十七쟝 한반도가〉·〈뎨二十八쟝 경축가〉·〈뎨二十九쟝 독립가〉·〈황실가〉·〈뎨三十쟝 가졍가〉·〈뎨三十一쟝 하경가〉·〈뎨三十二쟝 사의은가〉·〈뎨三十三쟝 슈신가〉·〈뎨三十四쟝 동포가〉·〈뎨三十五쟝 여자단심가〉·〈뎨三十六쟝 샹사가〉·〈뎨三十七쟝 애국가〉·〈뎨三十八쟝 대한혼〉·〈뎨三十九쟝 혼인챵가〉·〈뎨四十쟝 청년득심가〉·〈뎨四十一쟝 불여귀가〉·〈뎨四十二쟝 관동팔경가〉·〈뎨四十三쟝 자유가〉·〈뎨四十四쟝 전진가〉·〈동지가〉·〈뎨四十五쟝 거국가〉·〈뎨四十六쟝 백절불굴가〉·〈뎨四十六쟝 깊이생각〉·〈뎨四十七쟝 망향가〉·〈뎨四十七쟝 만세가〉·〈뎨四十八쟝 혈셩가〉·〈뎨四十九쟝 츈류가〉·〈뎨四十九쟝 혈셩가〉·〈뎨五十쟝 죽어도 못노하〉·〈뎨五十쟝 운동가〉·〈뎨五十一쟝 영웅모범가〉·〈뎨五十二쟝 귀안가〉·〈뎨五十二쟝 운동가〉·〈뎨五十三쟝 산보가〉·〈뎨五十四쟝 군병가〉·〈뎨五十五쟝 사시가〉·〈뎨五十五쟝 죠션혼〉·〈뎨五十六쟝 원족회가〉·〈뎨五十七쟝 솔을심음〉·〈뎨五十八쟝 복슈가〉·〈뎨五十九쟝 츈가〉·〈뎨六十쟝 졸업식가〉·〈뎨六十一쟝 권학가〉·〈뎨六十一쟝 운동가〉·〈뎨六十二쟝 컬넘버쓰가〉·〈뎨六十二쟝 찬미가〉·〈뎨六十三쟝 구쥬셩탄가 救主聖誕歌〉·〈뎨六十四쟝 구쥬셩탄가〉·〈뎨六十五쟝 셩경책긔억가 聖經册記憶歌〉·〈뎨六十六쟝 구쥬권ᄌᆡᆼ가 救主戰亂歌〉·〈뎨六十七쟝 십자형가 十字形加〉

3) 『근화창가』(盧永鎬 편, 槿花唱歌 第一集)

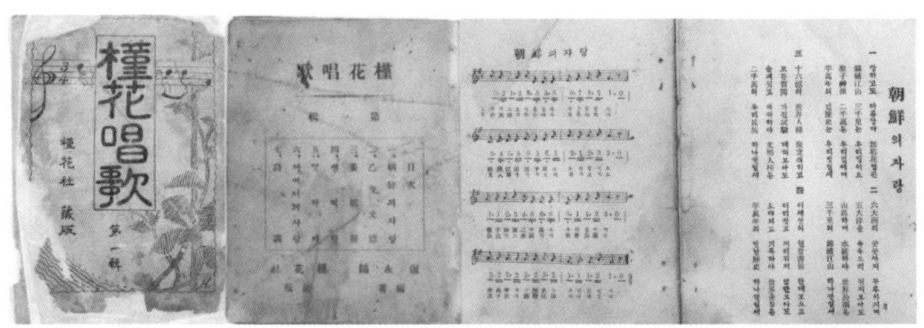

노영호 『근화창가 제1집』 한국근현대음악관 소장

1921년 노영호(盧永鎬)가 편찬하고 근화사에서 발행한 창가집이다. 모두 7곡이 실려 있는데 한 노래마다 한쪽에는 가사를 한국어로 싣고, 다른 쪽에 오선보에 숫자보를 병기한 악보에 가사 2절을 달아 실어 놓았다. 전체 14쪽이며 크기는 가로 12.6cm, 세로 20cm이며 정가는 20전으로 적혀 있다.

『동아일보』 1921년 5월 11일 신간 소개 기사에 의하면, "조선의 역사적 창가로 불렸던 창가집"이라고 소개하였고 이 기사를 통해 1923년 재판되었음을 알 수 있다. 1939년 12월 1일 조선총독부에 의해 금지단행본 처분을 받았다. 고 노동은 교수가 소장하던 이 창가집은 현재 평택시 한국근현대음악관에 소장되어 있으며 경기도등록문화재 14호로 등록되어 있는 유물이다.[63]

항일 애국 창가집 중에서는 매우 드물게 국내에서 나온 합법적인 인쇄 출판물로 나온 것이다. 1919년 삼일운동의 영향으로 일제가 문화통치로 전략을 바꾼 직후였기 때문에 가능했다고 본다. 『근화창가』의 수록곡 7곡 전체가 항일 애국적인 노래는 아니지만 〈조선의 자랑〉과 같이 나라 사랑을 담은 가사의 노래, 〈감강찬〉, 〈을지문덕〉과 같이 우리 나라를 지켰던 역사 영웅들을 주인공으로 하는 노래를 실었다는 점에서 항일 애국창가집으로 분류할 수 있다. 고 노동은 교수는 『근화창가』에 실린 〈조선의 자랑〉과 〈을지문덕〉을 『항일음악 330곡집』에 수록해 놓았다는 점에서도 확인된다.[64] 『근화창가』의 7곡의 곡명

63 노동은, 「근대음악문헌총목록(1860년대~1945년간)」, 『음악과 민족』 50, 민족음악학회, 2015, 102쪽에 소개한 바 있다. 이 창가집은 고 노동은 교수가 소장했었던 자료이며 최세은의 논문에서 『근화창가』에 대해서는 집중적인 분석이 있으므로 여기서는 간단하게만 다루겠다.

은 다음과 같다.

〈朝鮮의 자랑〉·〈乙支文德〉·〈姜邯贊〉·〈새벽빗〉·〈숫바이〉·〈어머니의 사랑〉·〈時調〉

수록곡의 첫 곡 〈조선의 자랑〉은 1924년 『최신동서유행명곡선 제1집』에 다시 실리기도 하였다. 이 노래의 가사는 소위 '애국가류'의 가사에 많이 쓰는 삼천리, 무궁화 등으로 되어 있다. 곡조는 당시 방정환의 〈어린이날 노래〉 등을 비롯하여 사람들에게 아주 잘 알려진 곡조로 조오지아행진곡을 원곡으로 한 이상준의 『최신창가집』(1918)에 실려 있는 〈야구가〉와 동일한 곡조이다.[65] 마지막에 실린 〈時調〉는 평시조로서 많은 시조의 가사 중에서도 첫 절은 정몽주의 시 〈이몸이〉를 택하여 항일성을 은유적으로 표현하기 위해 실어 놓은 것처럼 보인다. 또 이 〈시조〉가 창가집에 실린 것 자체도 특이하지만 악보화한 것도 특색이 있다.

4) 『흥사단 노래집』(Young Korean Academy Song Book)

1923년 미국 로스엔젤레스(LA)에 소재했던 흥사단 총본부에서 김여제, 이광수, 안창호가 작사한 9곡의 악보가 실려 있는 창가집이다.

---

64 노동은 『항일음악 330곡집』, 민족문제연구소, 2017, 〈조선의 자랑〉은 212번, 〈을지문덕〉은 198번이다.

65 김수현, 「일제강점기 음악통제와 애국창가 탄압사례 -신문기사를 통해-」, 『한국음악사학보』 66, 한국음악사학회, 2021, 23~24쪽.

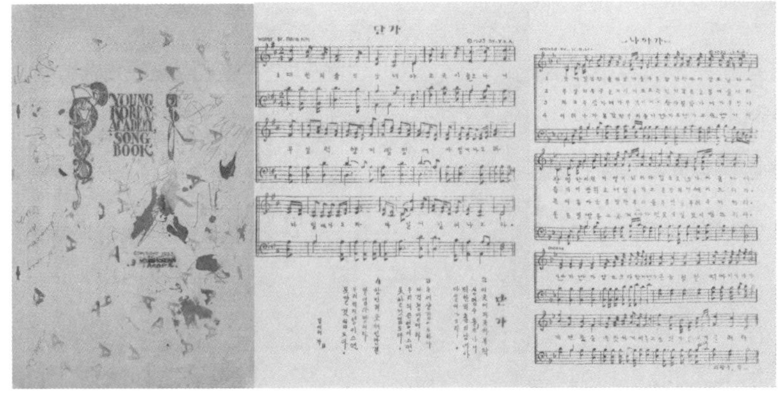

『흥사단노래집』(1923) 독립기념관 소장

현재 독립기념관에 소장되어 있다.[66]

수록곡 가운데 〈단가〉, 〈너도나도〉, 〈상별가〉를 작사한 김여제(金輿濟, 1893~?)는 1896년 평안북도 정주군 출생이며, 오산학교를 졸업하고 일본 유학을 거쳐 1919년 중국 상해로 망명하였다. 독립신문사 객원 국무원비서 외무부 선전부 위원으로 활동한 바 있다. 1920년 안창호의 주선으로 흥사단에 입단해 활동하다 1930년 미국 캘리포니아, 독일 베를린에서 유학하였다.

또 〈입단가〉, 〈대회가〉, 〈흥사단창립기념가〉 등의 작사자 안창호(安昌浩, 1878-1938)[67]는 이미 1907년에서 1910년 사이에 수많은 항일

66 자료번호는 1-A00026-007, 전체 쪽수는 10쪽이고 크기는 가로 19.6cm 세로 8.0cm이다. 이 자료의 원본 이미지 사진은 독립기념관 자료실에서 제공받았음을 밝힌다.

67 안창호는 한국의 대표적인 독립운동가로서 1898년 독립협회 평안지부를 결성하였고 점진학교를 세우기도 했다. 1899년 도미하여 공립협회와 흥사단을 조

애국창가를 작사한 바 있는데, 앞에서 살펴본 창가집에 실렸던 곡만 하더라도 〈애국가〉(긴날이), 〈학도가〉(대한청년), 〈거국행〉(간다간다), 〈한반도〉(동해에), 〈혈성대〉(신대한), 〈부모은덕〉(산아산아), 〈상봉유사가〉(사랑하는) 등 20여 곡이 넘는다. 안창호가 1920년대에도 홍사단 활동을 하면서 작사를 꾸준히 하였다는 것을 이 『홍사단 노래집』을 통해 알 수 있다.

〈대회가〉, 〈나아가〉, 〈잊지말자〉를 작사한 이광수(李光秀, 1892~1950)는 2.8독립선언서를 작성하고 상해로 건너가 신한청년당에 가담하였고, 안창호를 만나 홍사단에 입단하였다. 귀국 후 1926년 수양동우회 발족에 참여하였고, 동아일보와 조선일보사에서 활동하다 1937년 수양동우회 사건으로 체포되기도 했다. 이때를 기점으로 1938년 전향을 선언한 후 조선문인협회 회장에 선출되어 일제의 황민화정책, 임시특별지원병제도 등을 지지하였다. 해방 후 1949년 반민족행위특별조사위원회에 체포된 바 있으며, 일제강점하 반민족행위 진상규명에 관한 특별법에 의거 친일반민족행위로 규정하였다. 『홍사단 노래집』에 수록된 곡은 모두 9곡이고 곡명은 다음과 같다.

직해 활동하였다가 1907년 귀국하여 대성학교를 세웠고 1910년 국권이 위태로운 상황이 되자 중국으로 떠났다가 러시아를 거쳐 미국으로 옮기면서 활동하였다. 1919년 3·1운동으로 수립된 상해 대한민국 임시정부 내무총장겸 노동국총판에 취임하여 임시정부를 이끌었다. 1932년 4월 29일 윤봉길의사의 의거시 미처 피하지 못해 체포되어 서대문형무소에서 3년 복역 후 가출옥하였으나, 1937년 6월 동우회사건(同友會事件)으로 다시 투옥되어 서거하였다.

〈단가〉·〈입단가〉·〈대회가〉·〈대회가〉·〈너도나도〉·〈나아가〉·〈상별가〉·〈닛지말자〉·〈창립기념가(데일)〉

대부분 찬송가 곡조에 붙인 곡들인데, 예를 들어 〈단가〉는 ‘기쁘다 구주 오셨네’로 시작하는 찬송가와 같은 곡조를 사용하였다.

5) 태인수, 『혁명창가집』

태인수 『혁명창가집』 김보희 제공 이미지

태인수 편찬의 『혁명창가집』은 1932년에 원동국립출판부에서 태인수가 편찬한 창가집이다.[68] 원동(遠東)은 러시아 하바롭스크를 말한다. 원본의 기증자는 김보희이며 현재 국사편찬위원회에 소장되어 있다.[69] 표지의 디자인에는 오선보나 피아노가 그려져 있고 세일러복을

68 김보희는 「러시아 연해주 『혁명창가집』(1932) 연구」(『항일음악국제학술회의 자료집-애국과 저항, 독립을 노래하다』, 저자는 복사본에 책명의 일부가 지워져 “창가집”으로 되어 있으므로 책명을 『태인수창가집』으로 지칭하였는데, 2023년 11월 23일 평택에서 열린 “『근화창가』 경기도 등록문화재 지정 학술대회”에서 원본의 책명이 『혁명창가집』이었음을 확인해주고 더불어 원본 표지 이미지를 제공해 주신 김보희 선생님께 감사드린다.

입은 아이들이 노래하는 모습이 있어 음악책의 이미지를 넣었는데, 제목 위에는 "온 세계 무산자는 단합하라!"라고 쓰여 있어 이것이 사회주의권의 악보임을 표지만으로도 알 수 있다. 태인수는 이 창가집의 편찬자이자 이 창가집에 수록된 곡의 대부분을 작곡한 것으로 보인다.[70] 이 창가집은 62쪽에 걸쳐 57곡이 담겨져 있고 오선보로 된 악보가 실려 있다.

〈인떼르나치오날〉·〈공산청년〉·〈청년선봉대〉·〈투쟁으루〉·〈동무들용감히〉·〈나아가자〉·〈결사전〉·〈오월일일〉·〈나의아부지〉·〈한양감옥〉·〈레닌추도〉·〈전사의초도〉·〈붉은군대〉·〈전쟁과우리〉·〈붉은함대〉·〈군인행보〉·〈붉은군인〉·〈붉은투사〉·〈전선으루〉·〈건설〉·〈건설의신호〉·〈사회주의빅이〉·〈우리의건설〉·〈농촌의봄아츰〉·〈봄〉·〈파종의놀애〉·〈뜨락똘〉·〈꼴호즈의가을〉·〈풍작〉·〈풍작〉·〈농지행진〉·〈꼴호즈〉·〈단합살림〉·〈무산아동〉·〈십월아동〉·〈레닌군〉·〈탐험군〉·〈곡식찧는 긔계〉·〈우리일〉·〈십월아동들〉·〈들루!〉·〈긔차〉·〈긔관차〉·〈귀뜨람이〉·〈소년공격대〉·〈유희〉·〈학교에서〉·〈소년군〉·〈소탐대야, 준비하라〉·〈가을〉·〈소년대〉·〈이상한바람잡이〉·〈로력학교루!〉·〈새풍습〉·〈반종교〉·〈전날의머슴군〉·〈녯일생각〉

〈인터네셔널가〉 〈레닌추도〉 〈붉은군인〉 〈뜨락똘〉 〈콜호즈의 가을〉 등 곡명에서도 알 수 있듯이 1930년대 만주나 연해주에서 보여주는 항일운동의 사회주의적 성격을 보여주는 노래가 자리를 잡고 있음을 보여주는 창가집이다. 또 한글의 표기법이 약간씩 특이성을 보이

69 이 창가집 사본의 뒷장에는 고 노동은 교수가 만들어 놓은 것으로 보이는 서지정보가 있고 여기에 쪽수와 크기는 62쪽, 26.0×19.5cm, 고장처는 국사편찬위원회, 기증자는 김보희(2015.12.4.)로 적혀 있다.

70 노동은, 『항일음악 330곡집』, 민족문제연구소, 2017, 583쪽. 이 책에 〈한양감옥〉이 태인수 편, 『창가집』 16쪽에 실린 노래로 소개하고 있다.

기도 하는데, 예를 들어 〈십월아동〉처럼 시월을 십월로 표기하는 것을 비롯해, '투쟁으로' '들루!' '놀애' '귀뜨람이' 등을 들 수 있다. 그런데 오히려 김보희는 이 책에 실린 창가의 가사는 독립운동가이자 국어학자인 계봉우(桂奉瑀)의 영향을 받았기 때문에 『광성 최신창가집』이나 『호놀룰루 애국창가』의 보다 한글 정리가 잘 된 것이라고 판단하고 있다.[71]

6) 이국영, 『망향성』(望鄕聲)

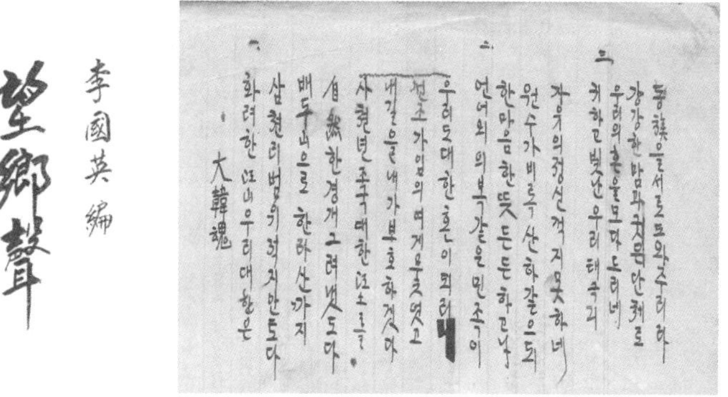

이국영 『망향성』 소장자 민중식 제공 이미지

1938년에서 1945년 사이에 여성독립운동가 이국영(李國英, 1921~1956)이 필사한 노트 두 권이다. 가사만 적혀 있는 곡도 있지만 숫자보로 기보된 악보로 된 곡들도 있다. 따라서 악보가 있는 항일애국창가집으로 분류할 수 있다.

---

71 김보희, 앞의 논문, 42쪽.

필사자 이국영이 1956년에 세상을 뜬 후 아들 민중식이 어머니의 유품 속에서 이 노트 두 권을 발견하여 인멸을 염려하여 이를 복사하고 한 권은 「망향편」 한 권은 「애국편」으로 하여 합본하여 스스로 '망향성'이라는 제목 짓고 글씨를 쓰고 서문을 달고 해 놓은 제본을 친척들에게 나누어 준 것이 지금까지 알려진 『망향성』의 사본이다. 그동안 『망향성』은 소장자가 한 번도 연구자에게 원본을 공개한 적이 없었기 때문에 사본을 가지고 이루어졌다고 볼 수 있다.[72] 고 노동은 교수가 「한국근대문헌목록」에 최초로 소개하였고[73] 『항일음악 330곡집』에 몇 곡을 포함시킨 바 있다.[74] 그리고 황선열이 수록곡 중 91곡의 가사를 현대어로 번역하여 『님 찾아가는 길-독립군 시가 자료집』[75]에 실어 놓은 것이 모두 사본을 가지고 했던 작업이었고 원본을 토대

72 이러한 사실은 필자가 최근 이 논문을 준비하면서 유족을 찾게 되었고 그 결과 『망향성』의 필사자 이국영의 딸 민유식님을 만나 동생인 민중식님이 원본을 소장하고 있음을 알게 되면서 2023년 10월 17일부터 10월 24일 사이 민중식님과 영상통화와 메일을 주고받으면서 알게 된 사실이다. 이 과정에서 원본은 노트 두 권으로 된 것이라는 사실을 비롯한 원본에 대해서 평택에서 열린 학술대회를 통해 최초로 밝혀지게 되었다. 이 원본 자료의 사진을 제공해 주시고 논문에 게재할 수 있도록 허락해 주신 민유식님과 민중식님께 자리를 빌어 감사드린다.

73 노동은, 「근대음악문헌총목록」, 앞의 책, 쪽. 한국임시정부의 대장정에 따라 1937.12 호남성 장사(長沙, 창사) 부터 광저우, 류저우를 거쳐 1940년 사천성중경(重慶, 충칭)에 도착, 9월에광복군을 창설할때까지 필자가 적은 항일노래집. 1910년대 「맛나생각」·「혈성대」·「너도애국나도애국」·「단군긔념」 등에서 독립군가곡 「나라보전」 등 숫자악보와 가사. 109쪽, 17.3×25.0cm

74 노동은의 『항일음악 330곡집』(민족문제연구소, 2017)의 490쪽은 〈근화낙원〉, 496쪽 〈나의 사랑 한반도〉, 510쪽 〈못 잊을 한반도〉, 520쪽 〈사랑하는 자유〉 곡에는 『망향성』을 유일한 출처로 밝혀 놓았다.

75 황선열 편, 『님 찾아 가는 길-독립군 시가 자료집』, 한국문화사, 2001, 463~553쪽.

로 한 본격적인 연구는 없었다.

필사자 이국영은 대한민국 임시정부의 여당이었던 한국독립당의 당원이자 1941년에 결성된 한국혁명여성동맹의 대의원으로 활동한 여성 독립운동가로서 임시정부요인을 비롯한 한인(韓人) 자제들을 교육할 목적으로 1941년 충칭에서 결성된 3·1유치원에서는 정정화·연미당 등과 함께 교사로 활동하면서 임시정부의 독립운동을 뒷받침했다. 이국영은 해방과 함께 곧바로 귀국하지 못했다. 남편 민영구가 해방 직후 주화대표단 총무처장을 맡아 임시정부가 환국한 뒤에도 중국정부와의 연락업무와 교포 송환문제 등을 처리하는 활동을 해야 했기 때문이다. 그 때문에 뒤늦게 1947년 11월 독립운동가이자 해군중장 민영구(1909~1976)와 함께 귀국하였다. 이국영은 대한민국임시정부의 한국독립당 당원이자 한국혁명여성동맹의 대의원으로 활동한 여성독립운동가로 1990년에 독립유공자로 인정받았다.

『이국영 망향성』은 항일 애국창가의 연구에 매우 큰 시사점을 주는 중요한 창가집이다. 우선 1938년 이후에 필사되었는데도 불구하고 1910년 이전부터 불렀던 노래가 다수 실려 있어 항일 애국적 노래가 지속되고 있으면서도 노래가사의 변화 양상을 알 수 있고 악보까지도 확인할 수 있다는 점이다. 또한 1930년대 후반부터 1945년까지 사이에 불렀던 노래들이 어떤 것이 있는지 확인할 수 있다. 또 이 필사본에는 곡조나 작사자 등 여러 가지 정보를 제공하고 있다. 예를 들어 '동해물과 曲' '獨立軍歌 曲' '獨孤旋 詞' '金泰午 謠曲' '安昌浩 詞', '安昌浩 作' '채동선 詞' '洪永厚 歌' 등이 그 예이다.

『망향성』의 수록곡은 첫 권인 「망향편」에는 71곡이 실려 있고 「애국편」에는 91곡이 실려 있어 전체 162곡으로 파악된다.[76] 수록곡 중 제목만 쓰고 앞 가사만 적어 놓았거나 반대로 곡명을 달아 놓지 않은 경우가 더러 있다. 두 번째 노트에 해당하는 [애국편]의 첫 곡은 곡명도 없이 뒷부분의 가사만 보인다. 아마도 낙장된 것이 아닌가 싶다. 『망향성』에 수록된 162곡 중에 같은 곡을 두 번 실은 경우도 9곡이 있다. 또 곡명이 없거나 낙장 된 경우는 앞 가사를 곡명으로 삼고 현대어로 곡명을 바꾸어 모두 열거해 보면 다음과 같다.

[望鄕編] 〈豊年歌〉·〈靑春의 希望〉·〈종로네거리〉·〈他鄕살이〉·〈가츄샤 리별가〉·〈그리운 강남〉·〈希望歌〉·〈荒城의 跡〉·〈세동무〉·〈봄의 혼〉(獨孤旋 詞)·〈月夜의 故鄕〉·〈다시 산 태극기〉·〈光復軍 아리랑〉·〈靑春行進曲〉·〈?〉·〈봄날〉·〈落花巖〉·〈洛花三千 간 곳 어데냐〉·〈한국의 누님〉·〈꽃이 핍니다〉·〈第二支隊隊歌〉·〈女軍人〉·〈江湖의 幸洙〉·〈니나〉·〈北嶽山〉·〈할일〉·〈애기 革命軍〉·〈土橋의 밤〉·〈木浦의 서름〉·〈船夫曲〉·〈꾀꼬리〉·〈달밤〉·〈韓國〉·〈韓國男兒〉·〈異域情調曲〉·〈異域의 하날〉·〈暗路의 노래〉·〈船歌〉·〈故鄕離別曲〉·〈歎息하는 밤〉·〈사랑의 설음〉·〈숨쉬는 부두〉·〈月仙의 曲〉·〈順風에 돗을 달고〉·〈손수건〉·〈눈물저진 술잔〉·〈살어지는 情炎〉·〈死의 讚美〉·〈別後〉·〈너의 힘〉·〈그리운 님이시여〉·〈不如歸〉·〈籠 속에 든 새〉·〈세 동무〉·〈流浪의 旅行〉·〈사랑하는 옛집〉·〈장미화〉·〈農村의 봄〉(金泰午 謠曲)·〈버들피리〉·〈눈사람〉·〈三一節歌〉·〈獨立軍歌〉·〈大韓魂〉·〈제목없음〉[愛國編] 〈故향生각〉(洪永厚 歌)·〈離別歌〉·〈歎息하는 밤〉·〈孤島의 情炎〉·〈追憶의 꿈〉·〈친구〉·〈國境의 밤〉·〈順風에 돗달고〉·〈나물캐는 處女〉·〈떠나는 님〉·〈流浪의 노래〉·〈늙은밤〉·〈장미꽃〉·〈어린날의 追憶〉·〈無窮花〉·〈꽃을 잡고〉·〈韓國봄〉·〈나가 나가〉·〈인형가〉·〈韓國〉·〈그리운 고향〉·〈自然?美〉·〈錦秀江山〉·〈봄노래〉·〈늙은밤〉·〈放學〉·〈비들기〉·〈모란봉가〉·〈양귀비〉·〈라라라〉·〈푸른하날〉·〈종로네거리〉·〈곻은 江山〉·〈나의 故鄕〉·〈새나라〉·〈봄이 와〉·〈산고개〉·〈산들바람〉·〈따룽강〉·〈曠

---

76 원본을 확인해 본 결과, 수록곡의 수는 약간 애매함이 있다. 예를 들어 「애국편」의 첫 쪽에는 제목이 없이 곡의 끝 부분으로 보이는 2행이 적혀 있고 〈고향생각〉이 적혀 있다. 유품을 발견하기 전이나 이국영 생전에 앞 장이 떨어져 나갔을 가능성이 있다.

野〉·〈流浪客의 우름〉·〈센타루치아〉·〈感秋歌〉·〈本鄕歌〉·〈살어지는 情炎〉·〈留學歌〉·〈눈물진 두만강〉·〈朝鮮海峽〉·〈담배대털더니〉·〈우리애기각씨〉·〈追憶의 꿈〉·〈港口의 한밤〉·〈무궁화내倍達〉(동해물과曲)·〈압뫼의 츩갓치〉(동해물과曲)·〈槿花世界〉·〈나라보전〉(獨立軍歌曲)·〈내나라사랑〉·〈옥야삼천리〉·〈긴날이 맛도록〉·〈맛나생각〉(安昌浩 作)·〈내나라 보전〉·〈너도애국 나도애국〉·〈못노하〉·〈단군기념〉·〈대황조의 공덕〉·〈開天節歌〉·〈御天節歌〉·〈국긔〉·〈다시 산 태극긔〉·〈大韓魂〉·〈나라의 한아바지들〉·〈우리의 녯력사〉·〈우리말과 글〉·〈우리나라 자랑〉·〈나의 한반도〉·〈꽃동산반도〉·〈朝鮮半島〉·〈나의 사랑 한반도〉·〈못잇즐 한반도〉·〈槿花樂園〉·〈自由國〉·〈우리의 自由〉·〈自由聲〉·〈사랑하는 自由〉·〈靑年의 義務〉·〈靑年의 뜻〉·〈님생각〉

'동해물과 曲' '獨立軍歌 曲'이라고 하여 곡조가 무엇이었는지도 알 수 있게 하였으며 작사자를 밝힌 경우도 더러 있다. 예를 들어 안창호 작사로 간주하고 있으나 확인되지 않은 소위 〈상봉유사〉 또는 〈맛나생각〉으로 실렸던 〈만나생가〉이나 〈내나라 보전〉에는 '安昌浩 詞', '安昌浩 作'라는 문구를 적어 놓았다. 20번째 제목 없는 것 〈조선의 노래〉(백두산 뻗어내려) 이은상 작사 채동선과 현제명이 각각 곡을 붙였던 노래[77]도 실려 있다.

1930년대 말에 필사된 『망향성』의 노트 2권인 [애국편]에는 이전의 다른 항일 애국창가집에 실렸던 노래들이 수록되어 있는데, 특히 광성학교 『최신창가집』 수록곡 152곡 중 21곡이 수록되어 있다. 이를 비교하여 보면 다음과 같다.

77 노동은, 『항일음악 330곡집』, 민족문제연구소, 2017, 562~565쪽.

이국영 『망향성』(1938~)[애국편]			『최신창가집』(1914)	
순	곡명	앞가사	순	곡명
31	모란봉가	금수산에 몽킨연기 모란봉이	15	모란봉
57	槿花世界	우리나라 신대한국 만세무강	86	애국7
59	내나라사랑	대한국민 동포들아 정신들	72	애국5
61	긴날이맛도록	긴 날이 맛도록 생각하고	55	애국가
62	맛나생각	사랑하는 우리 청년들 오늘날	10	만나생각
63	혈셩대	신대한의 애국청년 끓는 피가	40	혈성대1
66	못노하	아세아 동편에 돌출 한반도	11	죽어도 못놓아
67	단군긔렴	굿은마음 한근갓한 각방사람이	93	단군기념
68	대황조의공덕	우리 시조 단군께서 태백산에	53	단군
71	국긔	아세아 동 대한국은 하늘이	2	국기가
73	大韓魂	한반도강산 우리대한은 삼천리	9	대한혼
75	우리력사	백두산이 붓이되어 한강수로	18	제국역사
77	우리말과글	놉히소슨 장백산하 고흔텬연계	65	국문창립기념
79	나의한반도	동해에 돌출한 나의 한반도야	14	한반도
85	自由國	대한의 국민들아 너희 조상	116	자유2
86	우리의 自由	한반도 강산 우리나라는 단군	12	자유1
87	自由聲	천동갓치 나는소리 금석종을	39	국민1
89	青年의 義務	青年들아 青年들아 新世界	52	의무
90	青年의뜻	青天의 白日이 밝음과 갓치	117	청년득심

이 중에서도 [애국편] 54번째 수록된 〈槿花世界〉는 곡명만 달리할 뿐 광성학교 『최신창가집』의 〈애국〉7과 같은 곡조의 같은 가사이며 이 노래가 1924년 『이선일 창가집』에서도 〈國歌〉라는 곡명으로 실렸던 곡이다. 다만 가사 중에 1절 첫 부분인 "우리나라 대한제국" 대신 "우리나라 신대한국"이라고 고쳐져 있다. 이는 1919년 3·1운동 이후

대한민국임시정부가 세워지고 나서 우리나라를 지칭하는 용어로서 대한제국 보다는 신대한국을 선호하는 경향과 상통하는 것이다.[78]

『최신창가집』 수록곡 이외에도 〈무궁화내배달〉(화려강산 동반도는)은 사실상 김인식 작사 애국가로서 앞서 말한 손봉호 『창가』에 수록된 〈애국가〉3이며, 〈우리나라 자랑〉(장하고도 아름답다)은 『근화창가』[79]의 첫 수록곡인 〈조선의 자랑〉과 가사가 같고 지시된 곡도 조지아행진곡으로 같다. 또한 〈第二支隊隊歌〉(총 어깨 메고)는 한유한 편찬의 『광복군가집』(1943)에 수록된 곡이 실려 있음을 볼 때, 『망향성』은 1938년 전후로 시작하여 광복 직전까지 여러 해 걸쳐서 필사되었음을 보여준다.

7) 『곡조 한얼노래』

『곡조 한얼노래』는 1942년 6월 10일 이극로(李克魯, 1893~1978)가 편찬하고 당시 만주에 있었던 대종교총본사(大倧敎總本司)에서 발행한 창가집으로서 오선보에 한국어 가사가 달린 37곡이 실려 있다. 판권에는 표지와 달리 책이름을 '한얼노래'(神歌)라고 적혀 있다. 전체 36쪽이며 크기는 가로 15cm, 세로 20cm이다. 이 자료는 여러 곳에 소장되어 있지만 한국근현대음악관에도 소장되어 있다.[80]

---

78 이 노래는 어떤 곡조를 따다 쓰지 않은 곡으로서 누군가의 창작에 의한 곡이라는 면에서나, 우리나라의 역사와 민족을 잘 그려낸 좋은 가사를 가지고 있 지금까지 동해물과 애국가 작사설에 대한 논쟁이 끝나지 않고 안익태의 친일 경력과 표절시비 등의 대안으로서 이 애국가로 제시할만한 노래이다.

79 평택시 근현대음악관 소장자료이며 경기도등록문화재이다.

80 노동은, 「근대음악문헌총목록(1860년대~1945년간)」, 『음악과 민족』 50, 민족

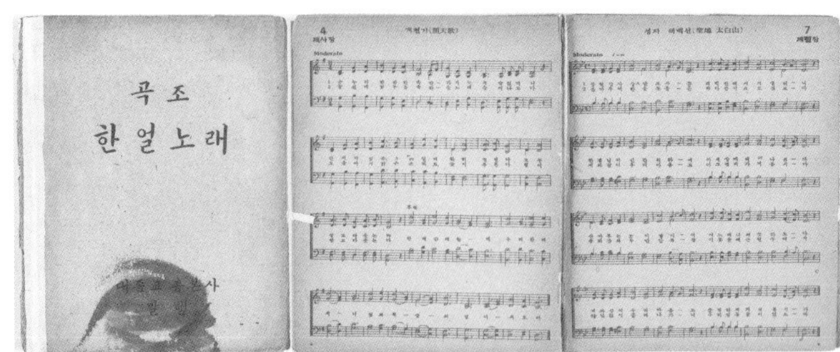

『곡조한얼노래』(1942) 한국근현대음악관 소장

편찬자 이극로는 경상남도 의령 출신으로 1920년 중국 상해 동제대학, 1927년 독일 베를린대학 철학부를 졸업하였다. 1929년 조선어학회의 『조선어사전』의 편찬을 주도하였는데, 이 때문에 1942년 '조선어학회사건'으로 검거되어 징역 6년 선고를 받고 함흥형무소에서 수감되었다가 1945년 광복되자 풀려났다. 1948년 4월 '남북 제정당·사회단체 연석회의'에 참석했다가 분단을 맞게 되자 북한에 잔류하여 월북했다.

이극로의 한글 연구와 조선어학회 활동 그리고 그것을 통한 항일 독립투쟁의 배경에는 대종교 신앙이라는 정신적 가치가 굳게 자리 잡고 있었다. 이극로의 나라사랑 정신과 우리말과 글에 대한 애착 그리고 우리 민족의 이상 실현을 위한 포부는 대종교와의 인연에서 비롯

음악학회, 2015, 163쪽. 이 기록에는 「한얼노래」, 「한풍류」, 「세얼」, 「개천가」, 「삼신의 거룩함」, 「어천가」, 「성지태백산」 등 37곡의 4성부 악보. 36쪽, 15.0×20.8cm로 적혀 있다. 노동은 소장자료였던 이 창가집은 평택시 소재 한국근현대음악관의 자료 중 하나가 되었으며 현재 2023년 11월 20일부터 시작되는 '특별전시-창가, 근대를 만나다'의 전시품으로 전시되어 있다.

됐던 것이다. 결국 이극로의 대종교 관련 행적은 일제강점기와 광복기에 걸친 근대 지식인의 전형으로 설정될 수 있다는 점에서 각별한 의미를 부여할 수 있다.

이 창가집은 이극로가 조선어학회 사건으로 수감될 때 분실됐다가, 광복 이후 어느 민가에서 여러 권이 발견됐다. 이 창가집의 발행처인 대종교 총부는 당시 만주에 있었다. 대종교(大倧敎)는 나철이 1909년에 창설한 신흥종교이다. 대종교는 항일 운동에 큰 역할을 하였기 때문에 대종교의 사상과 항일 의식이 결합된 가사의 항일 노래도 상당수 창작되었다. 이 창가집에 실린 37곡의 대부분은 대종교적 신앙심을 북돋우는 노래이지만 더러 몇 곡은 항일노래로 불렸던 노래들이 포함되어 있다. 37곡의 곡명은 다음과 같다.

〈얼노래(神歌)〉·〈한풍류(天樂)〉·〈세얼(三神歌)〉·〈세마루(三宗歌)〉·〈개천가(開天歌)〉·〈삼신의 거룩함〉·〈어천가(御天歌)〉·〈성지태백산(聖地太白山)〉·〈중광가(重光歌)〉·〈한울집(天宮歌)〉·〈한얼님의 도움〉·〈믿음의 즐거움(樂天歌)〉·〈죄를 벗음〉·〈가경가(嘉慶歌)〉·〈삼신만 믿음〉·〈희생은 발전과 광명〉·〈한길이 열림〉·〈사람 구실〉·〈한결같은 마음〉·〈힘을 부림〉·〈사는 준비〉·〈미리 막음〉·〈대종은 세사으이 소금〉·〈사랑과 용서〉·〈교만과 겸손〉·〈봄이 왔네〉·〈가을이 왔네〉·〈아침 노래〉·〈저녁 노래〉·〈끼니 때 노래〉·〈승임식 노래〉·〈상호식 노래〉·〈영계식 노래〉·〈조배식 노래〉·〈혼례식 노래〉·〈영결식 노래〉·〈추도식 노래〉

이 가운데 '얼노래'는 고구려에서 군가로 쓰였던 신가(神歌) 4장의 고본을 홍암대종사 나철이 창가로 번역했고, 〈한풍류〉 〈삼신가〉 〈세마루〉 〈어천가〉 〈중광가〉는 대종사 나철이 작사했으며, 〈가경가〉는 백포 서일종사, 〈개천가〉는 육당 최남선, 〈성지 태백산〉은 정열모, 나

머지 28곡은 이극로가 작사했다. 이극로가 '머리말'에서 '노래 곡조는 조선의 작곡가로 이름이 높은 여덟 분의 노력으로써 이루어진 것'이라고 언급했듯이, 이들 노래는 채동선(蔡東鮮, 1901-1953)을 비롯한 7명의 국내 저명 작곡가에게 위탁했던 것이다. 아마도 이 8인의 작곡가들은 평균 4장의 노래에 곡을 붙였을 것으로 보인다.

8) 한유한, 『광복군가집』(光復軍歌集 第一集)

한유한의 『광복군가집』은 『광복군가집 제1집』이 정확한 이름이고 1943년 광복군 제2지대 선전위원회에서 만든 노래집이다. 제1집인 것으로 보아 제2집을 염두에 두고 제작했을 것으로 보이나 2집이 실제로 발행되었다는 것을 알 수 없고 또 발견된 바 없다. 2011년 8월 24일 등록문화재 474호로 지정되었고 현재 소장자는 아들 한종수이다.[81] 전체 17쪽으로 16곡이 악보로 실려 있다.[82] 악보의 기보는 모두 오선보가 아닌 숫자보로 기보되어 있다.

이 악보집은 한유한(韓悠韓, 1910~1996)이 광복군 제2지대 선전위원으로 활동하던 시기에 만든 것이다. 한유한의 본명은 한형석(韓亨錫)으로 의사이자 독립운동가였던 면양생(挽洋生) 한흥교(韓興教, 1885~1967)의 아들이다.[83] 여섯 살 때인 1915년 아버지를 찾아 중국으로

---

81 아들 한종수님은 현재 부산에서 거주하고 있으며 아버지의 유품을 잘 정리해 보관하고 있다.

82 이 창가집의 크기에 대한 정보는 고 노동은 교수의 「한국근대문헌목록」 앞의 논문, 165쪽에 의한 것이며 이 창가집의 이미지는 한종수님에게서 2020년 11월 23일 파일로 받아 스캔한 것이다. 이 자료를 제공해 주신 한종수님에게 감사드린다.

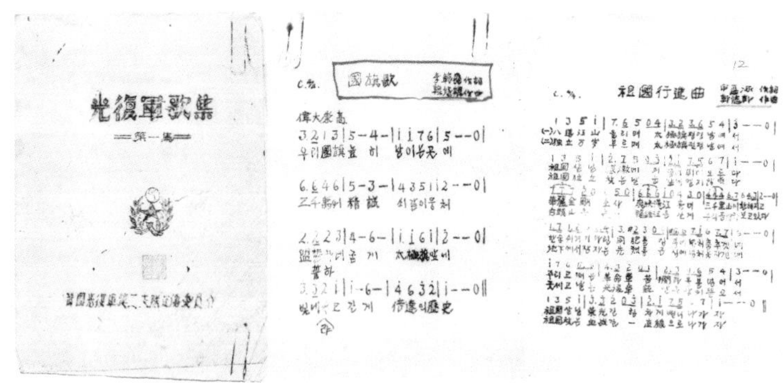

『광복군가집 제1집』 소장자 한종수 제공 이미지

건너가 중국 노하중학과 상해 신화예술대학을 졸업하였다. 1937년 중일전쟁이 발발하자 중국희극학회 항일연극대 활동하기도 하였고 1939년에는 중국 제34집단군 제10사 정치부 공작대장으로 산서성 중조산전투 참전하였다.

같은 해 중국 국민당 중앙집행위원회 훈련위원회 '전시공작간부훈련단 제4단' 특과 총대 제2대대 예술반 음악조 교관 복무하였다. 또 한국청년전지공작대에 입대하여 예술조장과 1940년 중국 중앙육군군관학교 제7분교 군수실습반 보통학 교관을 역임하였다. 1943년에는 중국국민당 전시아동보육회 섬서분회 제2보육원 부속 아동예술반 주임 겸 희극 주임으로 활동하였다. 1943년 광복군 제2지대 선전대장, 중국희극학회 부회장 활동과 1945년 광복군 제2지대 정훈조원으로

83 부산근대역사관, 『먼구름 한형석의 생애와 독립운동』, 2006, 17쪽. 아버지 한흥교(韓興教) 역시 일본유학생 단체 대한학회가 발행한 월간지 『대한학회월보』2호(1908년 3월 25일 발행)에 국한문 혼용으로 〈愛國歌〉를 발표한 바 있다. "呀! 우리 二千萬 兄弟姉妹들아, 愛로만 愛로 ᄒᆞ세 大韓帝國을 回顧ᄒᆞ라"로 시작한다.

근무하였다.

『한유한 광복군가집』의 특징은 수록곡 16곡 대부분에 작곡자나 작사자를 다 밝혀 놓았고 어떤 곡조라는 것까지 놓았다는 점이다. 수록곡의 곡명과 더불어 작사 작곡자까지 함께 보면 다음과 같다.

〈國旗歌〉(이범석 詞 한유한 곡)·〈愛國歌〉(안익태 곡)·〈光復軍歌〉(이두산 詞 曲)·〈二支隊歌〉(이해평 作詞 한유한 作曲)·〈先鋒隊〉(이두산 作詞)·〈最後의決戰〉·〈勇進歌〉(동부 독립군이 부르는 노래)·〈新出發〉(신덕영 作詞 한유한 作曲)·〈光復軍아리랑〉(한국민요 김학규 詞)·〈光復軍석탄歌〉(한국민요 김학규 詞)·〈鴨綠江行進曲〉(박동 作詞 한유한 作曲)·〈祖國行進曲〉(신덕영 作詞 한유한 作曲)·〈앞으로 行進曲〉(김의한 作詞 한유한 作曲)·〈黎明의노래〉(이해평 作詞 한유한 作曲)·〈우리나라어머니〉(신덕영 作詞 한유한 作曲)·〈흘너가는저구름〉(신덕영 作詞 한유한 作曲)

수록곡의 상당수는 잘 알려진 노래인데, 특히 〈압록강행진곡〉은 2000년대에 교과서에도 실릴 만큼 유명한 노래이다. 이 노래를 포함하여 『광복군가집』에는 8곡이나 되는 곡이 한유한 작곡의 곡이다. 항일애국창가집 중에서 매우 드물게 작사 작곡자를 밝힌 창가집이라는 면에서 매우 가치가 높다. 그동안 작사 작곡자를 알 수 없는 경우가 대부분인데, 버젓이 작자를 밝힌 창가집을 만들었다는 점은 시사하는 바가 크다. 다만 〈최후의 결전〉만 유일하게 작곡 작사자를 밝혀 놓지 않았지만 작사자는 독립운동가 윤세주인 것이 밝혀져 있다.

이 창가집은 항일애국창가집으로는 가장 늦은 시기에 만들어졌다. 시대는 더욱 엄혹해진 1943년이지만 한편으로는 일제의 패망을 어느 정도 감지하고 있었던 시기에 만들어진 창가집이고, 작곡자이자 편찬자인 한유한이 소장하고 있었기 때문에 지금까지 남아 있게 되었다고 생각한다.

이 창가집을 통해 한유한과 같이 항일노래를 전문적으로 작곡하는 작곡자가 생겨난 시기라는 점도 분명하게 알 수 있다. 게다가 〈광복군 아리랑〉 〈광복군석탄가〉 등 한국의 민요 곡조에 가사를 넣어 만든 노래도 악보로 수록하였던 점도 매우 고무적인 일이다. 이는 이 때부터 민요곡조에 얹어 부른 항일노래가 생겨난 것을 말하는 것이 아니다. 그동안 불러왔던 민요곡조의 노래를 채보할 수 있는 작곡가가 생겼기 때문에 가능해진 것으로 볼 수 있다.

부록 - 항일애국창가집 17종 목록

1) 가사만 있는 항일 애국 창가집

윤희순 의병가사집 (1895~1923)			
	원명	현대어명	앞가사
1	바어ᄌᆞᆼ	방어장	우리조선청연들ᄋᆞ 으병ᄒᆞ여 나라ᄎᆞᆽᄌᆞ
2	병정노ᄅᆡ	병정노래	우리ᄂᆞᄅᆞ 으병들은 ᄋᆡ국우로 뭉쳤으니
3	으병군ᄀᆞ	의병군가	ᄂᆞᄅᆞ읍시 ᄉᆞᆯ수읍ᄂᆡ ᄂᆞᄅᆞᄉᆞᆯ여 ᄉᆞ러보ᄉᆡ
4	으병군ᄀᆞ	의병군가	ᄀᆞᆨ도에는 병정들ᄅᆞ ᄂᆡ집읍시 서러워ᄅᆞ
5	병정ᄀᆞ	병정가	우리조선 사ᄅᆞᆷ드른 느이드를
6	안ᄉᆞᄅᆞᆷ으병ᄀᆞ노ᄅᆡ	안사람의병가노래	우리ᄂᆞᄅᆞ 으병들은 ᄂᆞ라축기 심쓰는ᄃᆡ
7	경고ᄒᆞᆫᄃᆞ오ᄅᆞᆼᄏᆡ드ᄅᆡᄀᆡ	경고한다오랑캐들에게	.오ᄅᆞᆼᄏᆡ 원수놈들ᄅᆞ ᄂᆞᄆᆡᄂᆞᄅᆞ 친범ᄒᆞ여
8	외놈읍ᄌᆞ비들ᄋᆞ	왜놈 앞잡이들아	너는 어너ᄂᆞᄅᆞ ᄉᆞᄅᆞᆷ인고 느이드른
9	안ᄉᆞᄅᆞᆷ으병노ᄅᆡ	안사람 의병노래	ᄋᆞ무리 외놈들리 ᄌᆞᆼ승ᄒᆞᆫ들 우리들도
10	애ᄃᆞᆯ푼노ᄅᆡ	애달픈 노래	ᄋᆡᄃᆞᆯ도ᄃᆞ ᄋᆡᄃᆞᆯ도ᄃᆞ 형ᄌᆡ근ᄋᆡ
11	금수들ᄋᆞᄇᆞ더보거ᄅᆞ	금수들아 받아보거라	금수와도 못ᄒᆞᆫ 인ᄀᆞᆫ들ᄅᆞ 느에부모
12	느히놈들	너희놈들	느히놈들 우리ᄂᆞᄅᆞ 욕심ᄂᆞ면 근양와서
13	외놈들ᄒᆞᆫᄃᆡ보ᄂᆡᆫ글	왜놈들한테 보낸 글	부ᄒᆞᄋᆞ음 금치 못ᄒᆞ와 ᄋᆡ러ᄒᆞᆫ

구한말 애국창가집 (1908~1910)			
	원명	현대어명	앞가사
1	곡명 모름	정신가	슯흐도다 우리민족아 ᄉᆞ쳔여년
2	권학가	권학가	셰월이 류슈ᄀᆞᆺ하야 살과 갓치 가네
3	무궁화가	무궁화가	셩ᄌᆞ신손 五百년은 우리황실이오
4	국가(나라를 위한 노래)	국가	내나라 위ᄒᆞ야 샹쥬ᄭᅴ 빕니다

5	학도가	학도가	학도야 〃 뎌긔 쳥산 바라보게
6	곡명 不(137찬송가곡조)	대한국의 용병	대한국의 용병 나가자 뎌원슈
7	곡명 不(206찬송가곡조)	우리황상폐하	우리 황샹 폐하 텬디 일월갓치
8	곡명 不	대한제국애국가	상뎨ᄂᆞᆫ 우리 황뎨를 도으쇼셔
9	국민가	국민가	삼각산을 바라보니 만학천봉 울차아
10	곡명 不	대장부	남산화초 바라보니 형형ᄉᆡᆨᄉᆡᆨ 각ᄌᆞ신
11	곡명 不(45찬송가곡조)	우리대한국	우리 대한국에 독립전장 낫네
12	곡명 不(252찬송가곡조)	아세아주	아셰아쥬 대한뎨국은 二千만민
13	곡명 不(239찬송가곡조)	이세상 복지	이셰샹 복디난 대한뎨국 거긔셔

박창식 잡집 (1909)

	원명	현대어명	앞가사
1	天軍天使讚頌	천군천사찬송	하나님 아달 한 번 ᄂᆞ심으로
2	牧者歌	목자가	벳네헬에 ᄉᆞ는 목자들에게
3	勸學歌	권학가	歲月이 流水 갓ᄒᆞ야 살갓치
4	愛國歌	애국가1	亞洲東方 적은 半島는 개국
5	感動歌	감동가	貴한 보ᄇᆡ 天下 人君에
6	秋收歌	추수가	今年에 受苦로이 거ᄉᆞᆯ어엇네
7	愛國歌	애국가2	亞細亞 東便에 突出 ᄒᆞᆫ半島
8	愛國歌	애국가3	學徒야 々 靑年學徒야 壁上에
9	大韓魂	대한혼	華麗한 江山 우리 大韓은
10	運動歌	운동가	大韓國 萬歲의 富强基業은
11	愛國歌	애국가4	聖子神孫 五百年은 우리皇室
12	愛國歌	애국가5	와도다 々 봄이 와도다 三千里
13	建元節慶祝歌	건원절경축가	萬有에 主宰 上帝ᄭᅴ옵서
14	自由歌	자유가	同胞야 々우리 同胞 自由를
15	前進歌	전진가	참 깃븐 음셩으로 노ᄅᆡᄒᆞ며
16	行步歌	행보가	壯하도다 우리 學徒 兵式行步
17	孝德歌	효덕가	산아산아 놉은산아 네아모리

18	作別歌	작별가	山은 놉고 물깁ᄒᆞ니 우리江山
19	軍人歌	군인가	어화 우리 軍人들아 忠君愛國
20	精神歌	정신가	슬프도다 우리민죡가 四千餘年

박창식 창가휘집 (~1910)

	원명	현대어명	앞가사
1	相逢有思歌	상봉유사가	ᄉᆞ랑ᄒᆞᄂᆞᆫ 우리青年들 오날々
2	運動歌	운동가1	學徒야 々 青年學徒야 이ᄯᅢ가
3	血性臺	혈성대	新大韓의 愛國青年 끌ᄂᆞᆫ피가
4	父母恩德歌	부모은덕가	山아 々 놉흔山아 네 아모리
5	愛國歌	애국가1	東海물과 白頭山이 마르고
6	愛國歌	애국가2	聖子神孫 五百年은 우리國民
7	感動歌	감동가	슬푸도다 우리民族아 사천여년
8	學徒歌	학도가1	大韓青年 學生들아 同胞兄弟
9	歡迎歌	환영가	嚴冬에 威力 눈이 스러져
10	勸學歌	권학가	歲月이 流水 갓아야 살갓치
11	恩德歌	은덕가	우리에 압길 가라치ᄂᆞᆫ 先生님
12	平壤歌	평양가	大同江上 牡丹峯은 半空中에
13	親旧歌	친구가	親旧을 맛ᄂᆞ 보오니 즐겁고
14	大運動歌	대운동가	牡丹峯下 大同江過 너른뜰우에
15	韓半島歌	한반도가	東海에 突出한 나에 한반도야
16	運動歌	운동가2	大韓國民 우리 青年學徒야
17	愛國歌	애국가3	아쥬東方 저근半島ᄂᆞᆫ 開國한지
18	學徒歌	학도가2	우리 大韓青年들은 奮發心으로
19	釖舞歌	검무가	快하다 長劍을 빗쎄 들엇네
20	修學旅行歌	수학여행가	朝日이 鮮明ᄒᆞᆫᄃᆡ 行裝을 整頓
21	國文歌	국문가	가쟝 貴한 大韓青年 걸음걸음

손봉호 창가 (1910)

	원명	현대어명	앞가사
1	精神歌	정신가	슯후도다 우리民族아 四千餘年
2	愛國歌	애국가1	亞洲東方 적은半島는 開國된지
3	兵式行步歌	병식행보가	妙하도다 우리學徒 兵式行步歌
4	愛國歌	애국가2	妙하고 妙하다 우리 大韓은
5	學徒惜時歌	학도석시가	學徒야 〃 青年學徒야 壁上에
6	勸學歌	권학가1	잇씨를 아난냐 少年들아
7	學徒愛國歌	학도애국가	萬王의 王 우리 ᄒᆞᄂᆞᆫ님게옵셔
8	學徒預備歌	학도예비가	學徒야 〃 져긔 青山 바라보게
9	大韓國魂歌	대한국혼가	화麗한 江山 우리 大韓은
10	學徒進步歌	학도진보가	學徒들아 우리 熱心히 힘셔
11	乾元節慶祝歌	건원절경축가1	萬有의 主宰 上帝게옵셔
12	愛國歌	애국가3	華麗江山 東半島는 우리帝國
13	運動歌	운동가1	大韓國 萬歲에 富强기업은
14	乾元節慶祝歌	건원절경축가2	春三月 二十五日 乾元節

손승용 창가 (1910 전후)

	원명	현대어명	앞가사
1	낙장	애국가1	알 수 없음
2	낙장	?	(뒷가사)대한융희 일월 명랑
3	愛國歌二	애국가2	우리황상 폐하 텬디일월 ᄀᆞᆺ치
4	精神歌一	정신가1	슬푸도다 우리민족아 사천여년
5	精神歌二	정신가2	단군긔ᄌᆞ 건국ᄒᆞ옵신 자쥬동방
6	愛國歌三	애국가3	아세아 동편에 돌츌 ᄒᆞᆫ반도
7	少年歌	소년가	무쇠골격 돌근육 쇼년남자야
8	少年冒險猛進歌	소년모험맹진가	눈을 드러 삼천리 구을녀 보니
9	大韓魂歌	대한혼가	화려ᄒᆞᆫ 강산 우리대한은
10	國旗歌	국기가	아세아 동 대한국은 하늘이

11	兵式行步歌	병식행보가	쟝하도다 우리학도 병식ᄒᆡᆼ보가
12	父母恩德歌	부모은덕가	산아산아 놉흔산아 네아모리
13	無窮花歌一	무궁화가1	승쟈신숀 쳔만여년 우리황실
14	無窮花歌二	무궁화가2	동해물과 백두산이 마르고
15	國權回復歌	국권회복가	회복ᄒᆞ세 독립국권 대한독립
16	守節歌	수절가	뒤동산 져숑죽 그절ᄀᆡ 직히랴
17	勸學歌	권학가	세월이 류슈ᄀᆞᆺᄒᆞ여 살ᄀᆞᆺ치
18	前進歌一	전진가1	참 깃븐 음셩으로 노ᄅᆡᄒᆞ며
19	前進歌二	전진가2	이쳔만 우리 형뎨 동포들아
20	前進歌三	전진가3	대한뎨국 국민 쳥년학ᄉᆡᆼ들아
21	勇進歌	용진가	묘ᄒᆞ고 묘ᄒᆞ다 우리 대한은
22	行步歌	행보가	산놉고 물ᄇᆞᆰ은 우리동반도ᄂᆞᆫ
23	學徒歌一	학도가1	학도야 〃 청년학도야 벽상에
24	學徒歌二	학도가2	학도야 〃 져긔 청산 바라보게
25	學徒歌三	학도가3	대한청년 학ᄉᆡᆼ들아 동포형졔
26	結義歌	결의가	귀ᄒᆞ다 우리마ᄋᆞᆷ 셔로밋ᄂᆞᆫᄉᆞ랑
27	獨立歌	독립가	아쥬동방 화려반도ᄂᆞᆫ 개국된지
28	學生歌	학생가	나ᄅᆞᆯ ᄉᆞ랑ᄒᆞ고 길으시ᄂᆞᆫ 이ᄂᆞᆫ
29	希望歌	희망가	독립ᄒᆞ올 됴흔 희망 깃버ᄒᆞ게
30	世界地理歌	세계지리가	챵망ᄒᆞᆫ 우쥬간에 디구셩이
31	望鄕歌	망향가	부모형졔 리별ᄒᆞ고 타관으로
32	自由歌	자유가	한반도 강산 우리나라ᄂᆞᆫ 단군
33	學校歌	학교가	마ᄋᆞᆷ들 다합ᄒᆞ고 이 노ᄅᆡ 크게
34	作別歌	작별가	광음이여 쥬마로다 다정한
35	大韓軍歌	대한군가	태극됴판 ᄒᆞ온 후에 ᄒᆡ수동방
36	救世軍歌	구세군가	우리대장 예수님 젼능ᄒᆞ시니
37	耶蘇誕辰慶祝歌一	야소탄신경축가1	깃븐쇼ᄅᆡᄅᆞᆯ 듯세 산너머오게
38	耶蘇誕辰慶祝歌二	야소탄신경축가2	싸윗셩에 잠든이ᄅᆞᆯ ᄭᆡ여
39	耶蘇誕辰慶祝歌三	야소탄신경축가3	우리들 찬숑ᄒᆞᆷ은 크신 왕위ᄒᆞᆷ

40	耶蘇誕辰慶祝歌四	야소탄신경축가4	구유에 누인 아기와 둘너 선
41	耶蘇敎傳道歌	야소교전도가	젹은손 예수 일ᄒᆞ며 젹은발
42	皇上誕辰慶祝歌	황상탄신경축가	동방ᄀᆡ국 사년 이ᄇᆡᆨ칠년 즁에
43	恩德布世歌	은덕포세가	쓸릴ᄂᆞᆫ 어름산과 인도 산호셤
44	敎育歌	교육가	어화우리 학도들아 이ᄂᆡ 말씀
45	忠節歌	충절가	어화우리 학도들아 이ᄂᆡ 말씀
46	運動歌	운동가	대한국 만셰에 부강ᄀᆡ업은
47	勸勉歌	권면가	류슈ᄀᆞᆺ치 ᄉᆡᆨ른 세월 ᄒᆞᆫ번 가면
48	百萬名救援歌	백만명구원가	삼쳔여리 강산 우리 대한국에
49	居鄕歌	거향가	오황상뎨 젼능ᄒᆞ샤 독일무이
50	탄신가	탄신가	탄신기를 온세상에 흔들어서
51	학도가	학도가	나를 가라치고 기르시ᄂᆞᆫ 이ᄂᆞᆫ
52	漂衣	표의	山谷間에 흐르ᄂᆞᆫ ᄆᆞᆰ은 물가에
53	주왕을~	주왕을~	주왕을 깁빼ᄒᆡ 네의 왕 경ᄇᆡ해
54	聖經記憶	성경기억	창세긔 출ᄋᆡ급 레위민수신명
55	聖經歌	성경가	창세기 출ᄋᆞ급긔 레미민수
56	구주탄신가	구주탄신가	구유안 귀ᄒᆞᆫ 어린ᄋᆞ기 영화론
57	탄신가	탄신가	하ᄂᆞ님이 쥬실 것 우리 간 곳

포조 한민학교 창가 (1911)

	원명	현대어명	앞가사
1	保國歌	보국가	조국의 산하 사랑하고 동포
2	大韓魂	대한혼	화려한 산하 우리 대한 삼천리
3	愛國歌	애국가	동해물과 백두산이 마르고
4	國旗歌	국기가	아세아 동 대한국은 하늘이
5	運動歌	운동가	우리 대한 청년 학생 열심으로
6	國民歌	국민가	대한민국 동포들아 정신들
7	少年建國歌(복수가)	소년건국가	단군자손 우리 소년들아 국치

8	父母恩德歌	부모은덕가	산아산아 높은 산아 네아무리
9	韓半島歌	한반도가	동해에 돌출한 나의 한반도야

국자가 배일선인 창가 (1912)

	원명	현대어명	앞가사
1	少年保國歌	소년보국가	대한청년 학생들아 동포형제
2	運動歌	운동가1	우리나라 청년들아 단결심으로
3	愛國歌	애국가1	동해물과 백두산이 마르고
4	韓半島歌	한반도가	동해에 돌출한 나의 한반도야
5	傳道歌	전도가	위대한 우리 기독군병아
6	勸學歌	권학가	세월이 유수같아 살 같이
7	大韓魂歌	대한혼가	화려한 강산 우리 대한은
8	父母恩德歌	부모은덕가	산아산아 높은산아 네아무리
9	相逢有思歌	상봉유사가	사랑하는 우리 청년들 오늘날
10	學徒歌	학도가	학도야 〃 청년학도야 이때가
11	血誠隊歌	혈성대가	신대한의 애국청년 끓는 피가
12	運動歌	운동가2	대한국민 우리 청년학도야
13	感動歌	감동가	슬프도다 우리민족 사천여년
14	英雄模範歌	영웅모범가	계림나라 짐승들 중 개와 돼지
15	冒險猛進歌	모험맹진가	눈을 들어 삼천리 구울려 보니
16	愛國歌	애국가2	묘하고 묘한 우리 대한은
17	兵式行步歌	병식행보가	장하도다 우리학도 병식행보가
18	愛國歌	애국가3	아세아 동편에 돌출 한반도
19	閔忠正公追悼歌	민충정공추도가	천지지강 지정기가 민충정의
20	農夫歌	농부가	하늘이 내린 우리나라 대한
21	祖國生覺	조국생각	이곳은 우리나라 아니언만은
22	青年立志歌	청년입지가	층암과 절벽을 구비 돌아서

이선일 창가집 (1924)

	원명	현대어명	앞가사
1	警醒歌	경성가	나아가세 〃 우리학도들 잠을 자던
2	自由歌	자유가	대한에 국민들아 너의 조상나라를
3	한반도가	한반도가	동해에 돌츌한 나의 반도야
4	大東歌	대동가	ᄃᆡ동반도 청년들아 동방이 밝엇네
5	셩경기억가	성경기억가	창셰긔 츌ᄋᆡ급 기레우기 민슈아
6	국혼가	국혼가	츈산에 화초을 바라보게 영목이
7	민츙정공츄도회	민충정공추도회	천지디간정긔가 민츙공의 일도로다
8	去國歌	거국가	간다 〃나는간다 너를두고 나는간다
9	學問歌	학문가	금강석이라도 갈지안으면 윤택한
10	工夫歌	공부가	공연히 허송말세 오널날을 금일은
11	四節歌	사절가	츈식을 자랑하ᄂᆞᆫ 조은 화원도
12	運動歌	운동가	만위근본 이ᄂᆡ몸은 필요할사 건강
13	卒業式歌	졸업식가	同窓에 工夫하든 우리 학友들
14	청천자유가	청천자유가	뒤동산에 꼿이 펴고 압ᄂᆡ물이 흘을ᄃᆡ
15	望鄕歌	방향가	부모형제을 이별하고 타관으로
16	相逢歌	상봉가	사랑하온 우리 청년들 오널날
17	國歌	국가	우리나라 대한제국 만세무강
18	청년의입지가	청년의 입지가	층암과 절별을 구비도라셔
19	感歎歌	감탄가	슯흐도다 우리민족아 사쳔여연
20	作別歌	작별가	세월리 여류ᄒᆞᆫᄃᆡ ᄌᆞᆨ별이 늘 오네
21	黑奴望鄕歌	흑노망향가	내집을 써ᄂᆞᆫ후 디방에 다다르니
22	地理歌	지리가	아세아 동편에 특츌 ᄒᆞᆫ바도
23	太平洋歌	태평양가	태령양은 쳔하에 홈ᄒᆞ도다
24	勇進歌	용진가	묘ᄒᆞ고 묘ᄒᆞ다 우리 대한은
25	感時歌	감시가	?동제국 삼철리에 사쳔여년
26	二千萬人軍歌	이천만인군가	어화우리 군인들아 츙군애국
27	學生歌	학생가	대한청년 학ᄉᆡᆼ들아 동포형제

28	大韓魂歌	대한혼가	화려한강산 우리대한은 삼철리
29	白頭山歌	백두산가	웅장타 져 놉흔 白두山이여
30	血竹歌	혈죽가	웬일인가 국가 위하야 민츙정
31	智異山歌	지리산가	산셰가 웅장ᄒᆞᆫ 져 지리산 쳔연ᄒᆞᆫ
32	愛國歌	애국가	대한제국 공명이오 열셩조의 은덕
33	大韓學校歌	대한학교가	아람다온 대한나라 화려ᄒᆞᆫ 녯동산
34	冒險猛進歌	모험맹진가	눈을 드러 삼천리 구버보니
35	前程萬里歌	전정만리가	나아가셰 나아가셰 大동 男子야
36	行船歌	행선가	대한제국 통상슈로는 기묘하게
37	自由歌	자유가	졀한하져포의 긔직ᄒᆞᆫ 션조의
38	昌信紀念歌	창신기념가	룡마산하 영슉地ᄂᆞᆫ 경남 제일
39	海歌	해가	승풍파 만리량은 동양에 조긱이오
40	家庭歌	가정가	자옵던지 깨옵던지 이내몸에
41	牡丹峯歌	모란봉가	금슈산에 뭉킨영긔 반공즁에
42	馬山景致歌	마산경치가	天子峰에 ᄯᅥ오르ᄂᆞᆫ 아참해빗은
43	開極節歌	개극절가	굳은마암 한길갓치 各節사ᄅᆞᆷ
44	青年男子歌	청년남자가	무쇠팔둑 돌쥬먹 소년 남ᄌᆞ야
45	太平洋謌	태평양가	五大洋에 大王으로 全世界에 獨步
46	惜別歌	석별가	셰月이 如走馬로다 정다운 친구를

2) 악보가 있는 항일 애국 창가집

광성중학교 최신창가집 (1914)			
	원명	현대어명	앞가사
1	國歌	국가1	동해물과 백두산이 말으고 달토록
2	國旗歌	국기가	아세아동 대한국은 하날이 살피신
3	大韓少年氣慨	대한소년기개	태산이 문허지며 바다가 변해도
4	守節	수절	뒷동산 더송듁 그절개 직히려
5	勸學	권학1	셰월이 여수갓하여 살갓치
6	同志	동지	上帝난 우리를 도으샤 同志케
7	愛國	애국1	대한뎨국 삼천리에 국민동포
8	愛國	애국2	우리 황뎨폐하 텬디일월갖이
9	大韓魂	대한혼	華여한강산 우리대한은 삼쳔리
10	만나생각	만나생각	사랑하는 우리 청년들 오날날
11	죽어도 못노아	죽어도못놓아	아세아 동편에 돌출 한반도
12	自由	자유1	한반도강산 우리나라는 단군의
13	去國行	거국행	간다간다 나는간다 너를 두고
14	韓半島	한반도	동해에 돌츌한 나의 한반도야
15	牡丹峰	모란봉	금수산에 뭉킨 영긔 반공즁에
16	愛國	애국3	텬디를 개벽한 후에 동반반도
17	乾元節	건원절	무궁화 삼천리 강산에 우로의
18	帝國歷史	제국역사	백두산이 붓이되고 한강수가
19	野球	야구	무쇠골격 돌근육 소년남자야
20	前進	전진1	참깃분 音聲으로 노래하며
21	擊劍	격검	快하다 長劍을 빗겨들어네
22	優勝旗	우승기	쾌하다 오날날 모힌 우리들
23	漂衣	표의	산곡간에 히르는 맑은 물가에
24	希望	희망	독립하올 죠흔 희망 깁어하게
25	帝國地理	제국지리	우리대한 동반도난 디구샹에

26	勸學	권학2	나를 사랑하고 긔르시난 이난
27	兵式行步	병식행보	쟝하도다 우리학도 병식행보가
28	運動	운동1	강의 용감 히망 광명 네가지덕
29	警醒	경성1	사랑하는 민족아 때를 생각
30	作隊	작대	동모들아 쎼를지어 노래부르세
31	保國	보국	압세거니 뒤서거니 거름 거름
32	感恩	감은	부모님의 나으사 또한 양휵
33	學徒	학도1	학도야 〃 저긔 청산 바라보게
34	觀物生心	관물생심	뒷동산에 꼿피고 앞내물이
35	運動	운동2	학도야 〃 청년학도야 이때가
36	獨立	독립1	아쥬동방 화려반도난 개국된지
37	望鄕	망향	부모형뎨 리별하고 타관으로
38	學徒	학도2	대한청년 학생들아 동포형뎨
39	國民	국민1	텬동같이 나는 소리 금셕이 죵
40	血誠隊	혈성대1	신대한에 애국 청년 끓난피가
41	血誠隊	혈성대2	쟝하도다 애국 청년 이톄분발
42	運動	운동3	대한국 만세에 부강긔업은
43	父母恩德	부모은덕	산아산아 높은산아 네아모리
44	運動	운동4	白頭山下 넓고넓은 만쥬뜰들은
45	國民	국민2	우리님군 폐하 하나님 도으샤
46	學生前進	학생전진	大한뎨국 국민 쳥년학생들아
47	입은하나	입은 하나	입은 하나요 손은 둘이니
48	學校紀念	학교기념	단군셩죠 건국사햐 吾皇都邑을
49	作別	작별	광음이 여주마로다 다정한친구
50	깊이생각	깊이생각	슯으도다 민족들아 우리 신세
51	行船	행선	大한뎨국 통샹수로난 긔묘하게
52	義務	의무	靑年들아 〃 新大韓國 靑年들
53	檀君	단군	우리 시조 단군긔서 태백산에
54	告別歌	고별가	우리 다시 만나 볼 동안 陸路

55	愛國歌	애국가	긴날이 맛도록 생각하고 깊은
56	星	성	반짝〃 하는별 하날우에 놉이떠
57	農夫	농부	춘하추동 사시순환은 우리농민
58	相思	상사	나의 친구 리별한후 평안하신가
59	警醒	경성2	열셩잇난 쳥년들아 단결심으로
60	乾元節慶祝	건원절경축	만유의 主재 샹뎨끠옵서 텬디
61	運動	운동5	대한국민 우리청년학도야 잇때가
62	擊壤	격양	남산송백 울울울창창 동해유수
63	卒業	졸업1	바위아래 솟난 새음 잔잔벽해
64	閔忠正公追悼	민충정공추도	天地至剛至正氣가 閔忠正의 一刀
65	國文刱立紀念	국문창립기념	높이소슨 長白山下 고은 天然界
66	登山	등산1	무리를 지어 거름거름 록음을
67	愛國	애국4	단군셩조 건국하옵신 아주동방
68	不如歸	불여귀	공산명월 야삼경에 슯이 우난
69	時有变遷	시유변천	슯은일을 본 후 즐거움 오고
70	精神	정신	슯으도다 우리 민족아 사천여년
71	冒險猛進	모험맹진	눈을 들어 삼천리 구울러 보니
72	愛國	애국5	대한국민동포들아 정신들 차려라
73	汽車	기차	들々々 구러가는 긔차박휘는
74	愛國	애국6	단군셩조 유풍여속 사천년 전해셔
75	가마귀	가마귀1	가마귀는 깍々 울고 잇고 참새는
76	가마귀	가마귀2	가마귀 가마귀 저기나는 가마귀
77	責地勢	책지세	이 디세야 무러보자 네 엇지 그리
78	猛進	맹진	담잇고 勇猛잇난 청년 남아야
79	効孝	효효	一平生에 難保키난 우리 父母
80	關東八景	관동팔경	만고동방 조화신공 어대어대
81	祖上을 爲해	조상을 위해	영광에 찬 오랜력사 아래에 나고
82	讚揚恩德	찬양은덕	여보시오 소년들아 이말을 직혀라
83	學生追悼	학생추도	신텬디에 학생계는 문명좇아

84	卒業	졸업2	날은 밝고 바람 맑아 우리마암
85	英雄模範	영웅모범	게림나라 즘생즁에 개와 돗이
86	愛國	애국7	우리나라 대한뎨국 만셰무강
87	小川	소천	집앞에 흘으난 뎌 젹은 물아
88	靑山	청산	초목이 속닙 날때에 구경가자
89	勸學	권학3	소년은 이로하고 학란셩하니
90	修學旅行	수학여행	죠일이 션명한대 행장을 졍돈
91	갈지라도	갈지라도	갈지라도 〃 바다 또한 바다
92	我의 學校	아의 학교	내 일생 깁붐은 나의 학교요
93	檀君紀念	단군기념	굳은 마암 한결같은 각방사람이
94	運動	운동6	활발스런 우리 청년학도야
95	卒業	졸업3	동향에 공부하든 우리 학우들
96	前進	전진2	뒤에 일은 생각말고 앞만 향하야
97	朝鮮魂	조선혼	늘히망 잇참인 나의 님 조선아
98	四時景	사시경	동원에 화발하고 남구에 초록하니
99	歡迎	환영1	즐겁도다 오날에 귀한 친구 만나셔라
100	四節	사절	춘색을 자랑하난 죠흔화원도
101	運動	운동7	만위근본 이내몸은 필요할사
102	녀름의 自然	여름의 자연	天동소리 앞뒤산에 들々 울니고
103	勸學	권학4	공부할날 만타하고 밑지마시오
104	英雄追悼	영웅추도	빗날세라 영웅렬사 만세불망
105	運動	운동8	동반구 亞洲에 우리 대한은
106	世界地理	세계지리	창망한 우주 안에 대구선이 달렷소
107	陽春佳節	양춘가절	도라왓네 々 갇든 봄철이 도라왓네
108	江海	강해	청처없이 흘으난 물 의미없이
109	團心	단심	학도들아 〃 우리女子 학도들아
110	同舟相濟	동주상제	百卄四度 百三十度 中간 대해
111	秋景	추경	녀름 경치 가고 가올 바람 오니
112	登山	등산2	산으로 가서 샘물도 먹고 즐거운

113	心舟	심주	어야지야 어서가자 모든풍파
114	學徒	학도3	학도야 〃 청년 학도야 한소래
115	農夫	농부	왓도다 〃 봄이 왓도다 지나갓든
116	自由	자유2	대한에 국민들아 너의 조상나라를
117	青年得心	청년득심	청텬의 백일이 밝음과 같이 조국의
118	行步	행보	나아가세 호영소래 한 번 날때에
119	耶蘇軍兵	야소군병	거룩하다 우리 그리스도 군병아
120	컬넘버쓰	컬넘버쓰	원양에 대원수요 발견에 시조로다
121	海	해	승풍파 만리낭은 동양의 조각이오
122	青年學友	청년학우	무실력행 등불 밝고 긔발 날니난
123	歡迎	환영2	엄동에 위력 눈이 스러져 山은
124	學友	학우	셰상 친구 만흔 즁 나의 친구 뉘뇨
125	復讐懷抱	복수회포	단군자손 우리소년 국치민욕
126	苦學	고학	산즁에 섬풀 꺽고 산곡에 물을 길어
127	惜陰	석음	학도야 〃 청년학도야 벽상에
128	太平洋行	태평양행	오대양에 대왕으로 젼세계에 독보
129	春遊	춘유	춘풍삼월 호시절에 방화 水유
130	體育	체육	용활하다 우리청년 열심히 공부하여
131	工夫	공부	空연히 허송말세 오날날을
132	學生愛國	학생애국	산높고 물맑은 우리 동반도는
133	歸雁	귀안	월색은 우운에 가리우고 원림은
134	善友	선우	물은 담난 그릇 빛을 따라셔
135	師의 恩	사의 은1	쳘업고 어린 동서불변 우리들
136	師의 恩	사의 은2	옥이라도 간 후에야 보배가 되고
137	掃除	소제	비와 걸네로 몬지를 씻어 세간사리를
138	時計	시계	시계가 뗑々친다 어셔어셔 니러나셰
139	仁宅	인택	인심은 터이 되고 효뎨츙신 기동
140	朝起	조기	이러나오 니러나오 맑은긔운
141	職業	직업	텬생증민 하니 필수직이라

142	月	월	앞 남산 우후로 달구경 가세
143	新年	신년	일년에 쳐음날을 새로 마져서
144	我의 家庭	아의 가정	귀하고 즁한 나의 몸 길너주시고
145	朝春	조춘	지새는 달그림자 놀빗헤 사라지네
146	자쟝	자장	아가야 자장 어서 자거라 아가야
147	軍	군	*가사없음
148	遊戲進行	유희진행	빙빙빙빙 빙빙빙 두둥그럿게
149	祖國생각	조국생각	이곳은 우리나라 아니언만 무엇을
150	國歌	국가2	上帝난 우리大韓을 도으소셔 獨立
151	蝶	접	날아가난 뎌나뷔 어대로 가나
152	京釜鐵道	경부철도	우렁차게 토하난 긔덕 소래에

호놀룰루 애국창가 (1916)

	원명	현대어명	앞가사
1	뎨二쟝 애국가	애국가1	동반구 아주에 우리 대한은 일면은
2	뎨三쟝 정신가	정신가	슯흐도다 우리민족아 四千여년
3	뎨四쟝 국민가	국민가	텬동갈이 나는소릐 금셕이 또
4	뎨五쟝 보국가	보국가	四千여년 우리나라 우리 대한국
5	뎨六쟝 국문가	국문가	가쟝 귀흔 대한청년 거름 거름
6	뎨八쟝 국긔가	국기가	아셰아동 대한국은 하늘이 삶이신
7	뎨九쟝 학교긔념식가	학교기념식가	단군긔즈 건국흐샤 오황도읍흐신
8	뎨十쟝 쟉딕가	작대가	동무들아 떼를지어 노릐부르셰
9	뎨十一쟝 소년남자가	소년남자가	무쇠골격 돌근육 소년남자야
10	뎨十二쟝 영웅추모가	영웅추모가	빗날셰라 영웅열사 만셰불망
11	뎨十三쟝 세계디리가	세계지리가	창망흔 우쥬간에 디구셩이 달녓오
12	뎨十四쟝 모험맹진가	모험맹진가	눈을 들어 三千리 구울여보니
13	뎨十五쟝 애국가	애국가2	산곱고 물맑은 우리 동반도는
14	뎨十六쟝 슌절가	슌절가	뒷동산 저송죽 그 절긔 직히랴고

15	뎨十六장 ᄒᆞᆰ로망향가	흑로망향가	뎌멀이 잇ᄂᆞᆫ 수와니강 우흐로
16	뎨十七장 부모은덕가	부모은덕가	산아산아 높은 산아 네 아모리
17	뎨十八장 한영서원가	한영서원가	하나님을 사랑ᄒᆞ고 동포 사랑은
18	뎨十九장 애국가	애국가3	묘ᄒᆞ고 묘ᄒᆞ다 우리대한은 三千리
19	뎨二十장 쟉별가	작별가	광음이 여쥬마로다 다정ᄒᆞᆫ 친구들
20	뎨二十一장 자유가	자유가	대한의 국민들아 너의 조샹나라를
21	뎨二十二장 유시변천가	시유변천가	슲은 일을 본 후 즑어움 오고
22	뎨二十三장 감은가	감은가	부모님이 나으샤 또한 양육ᄒᆞ셧네
23	뎨二十四장 희망가	희망가	독립ᄒᆞ올 좋은 희망 깃버ᄒᆞ게
24	뎨二十五장 권학가	권학가1	셰월이 유슈 같아여 살같이 지나네
25	뎨二十六장 단군가	단군가	우리시조 단군께셔 태ᄇᆡᆨ산에
26	뎨二十七장 한반도가	한반도가	동히에 돌츌ᄒᆞᆫ 나의 한반도야
27	뎨二十八장 경축가	경축가	텬디를 지으신 하나님이 사람을
28	뎨二十九장 독립가 황실가	독립가	아쥬동방 화려반도는 개국된지
29		황실가	샹뎨는 우리황뎨 황뎨를 도으샤셔
30	뎨三十장 가정가	가정가	자옵던지 ᄭᆡ옵던지 이내몸에
31	뎨三十一장 하경가	하경가	샹쾌ᄒᆞᆫ여름날에 마암조차 새로워라
32	뎨三十二장 사의은가	사의은가	텰업고 어린 동서불변 우리를
33	뎨三十三장 슈신가	슈신가	입은 한아오 손은 둘이니
34	뎨三十四장 동포가	동포가	대한국민 동포들아 정신들 차려라
35	뎨三十五장 녀자단심가	여자단심가	학도들아 〃 우리청년 학도들아
36	뎨三十六장 샹사가	상사가	나의 친구 ○○○는 평안ᄒᆞ신가
37	뎨三十七장 애국가	애국가4	동히물과 백두산이 말으고 달토록
38	뎨三十八장 대한혼	대한혼	화려ᄒᆞᆫ 강산 우리 대한은 三千리
39	뎨三十九장 혼인챵가	혼인창가	三위一톄 보우ᄒᆞ샤 이 두 사람
40	뎨四十장 청년득심가	청년득심가	청텬에 ᄇᆡᆨ일이 밝음과 같이
41	뎨四十一장 불여귀가	불여귀가	공산명월 야三경에 슲이우ᄂᆞᆫ 두견새
42	뎨四十二장 관동팔경가	관동팔경가	萬古東方 造化神功 어듸 어듸
43	뎨四十三장 자유가	자유가	한반도강산 우리나라는 단군의 유업

44	뎨四十四쟝 전진가	전진가	뒤에일은 생각말고 앞만 향ᄒᆞ야
45	동지가	동지가	上帝는 우리도으샤 同志케 ᄒᆞ시네
46	뎨四十五쟝 거국가	거국가	간다 간다 너를 두고 나는 간다
47	뎨四十六쟝 백절불굴가	백절불굴가	泰山이 문허지며 바다가 변ᄒᆞ여도
48	깁이생각	깊이생각	슯흐도다 民族들아 우리 身勢
49	뎨四十七쟝 망향가	망향가	부모형뎨 리별ᄒᆞ고 他關으로
50	만셰가	만세가	精神團体 愛國青年 學徒야 우리
51	뎨四十八쟝 혈셩가	혈성가	신대한의 애국청년 끌ᄂᆞᆫ피가 쓰거워
52	뎨四十九쟝 혈셩가	혈성가	쟝ᄒᆞ도다 애국청년 一톄분발 피가
53	뎨五十쟝 죽어도 못노하	죽어도 못노하	아셰아 동편에 돌출한반도 단군의
54	운동가	운동가1	萬爲根本 이내몸은 必要ᄒᆞᆯ事
55	뎨五十一쟝 영웅모범가	영웅모범가	鷄林나라 즘생 中에 개와 돗이
56	뎨五十二쟝 귀안가	귀안가	月色은 羽雲에 가리우고 園林은
57	운동가	운동가2	大韓國 万歲에 富强基業 國民
58	뎨五十三쟝 산보가	산보가	뒤동山에 ᄭᅩᆺ피고 앞ᄂᆡ물이 흐를제
59	군병가	군병가	우리 大將 원수님은 全能ᄒᆞ시니
60	뎨四十九쟝 츈류가	춘유가 *54장	春風三月 好時節에 訪花隨柳
61	뎨五十五쟝 四시가	사시가	東園에 花發하고 南陌에 草綠ᄒᆞ니
62	됴선혼	조선혼	늘希望 앗참인 나의님 조선아
63	뎨五十六쟝 원족회가	원족회가	국민분자 우리몸통 챵셰군아
64	뎨五十七쟝 솔을심음	솔을 심음	언덕우에 솔을심어 수年培養
65	十字陣歌	십자진가	우리쥬 예수가 불으신다
66	뎨五十八쟝 복슈가	복수가	단군ᄌᆞ손 우리쇼년 국치민욕
67	뎨五十九쟝 츈가	춘가	도라왓네 〃 갓던봄철 도라왓네
68	뎨六十쟝 졸업식가	졸업식가	바위아릐 솟ᄂᆞᆫ새암 잔々벽계
69	뎨六十一쟝 권학가	권학가2	青山 속에 뭇친玉도 갈아야만
70	운동가	운동가3	白頭山下 넓고넓은 滿洲뜰들은
71	뎨六十二쟝 컬넘버쓰가	컬넘버쓰가	遠洋의 大元帥오 發見의 始祖로다
72	讚美歌	찬미가	活潑하고 勇猛스런 十字軍兵아

73	뎨六三쟝 구쥬셩탄가	구주성탄가	새벽별은 텬공에 광치 찬란코
74	뎨六四쟝 구쥬셩탄가	구주성탄가	하늘에셔 나려오신 어린 아기예수
75	뎨六五쟝 셩경책명긔억가	성경책명기억가	창세셰긔 츌애굽 레위기 민수긔
76	뎨六十六쟝 구쥬젼ᄌᆡᆼ가	구주전쟁가	一千九百十四年 七月 一八日에
77	뎨六十七쟝 십쟈형가	십자형가	天地가 진동ᄒᆞ여 ᄌᆡ빗 흐리고

노영호 근화창가 (1921)

	원명	현대어명	앞가사
1	朝鮮의 자랑	조선의 자랑	장하고도 아름답다 無窮花벌판
2	乙支文德	을지문덕	絶人하는 智勇과 縱橫하는 奇策
3	高麗名將 姜邯贊	강감찬	하날이 백성을 사랑하심에
4	새벽빗	새벽빛	웬누리로 자루막은 회호리바람
5	긋바이	굿바이	참맘으로 노래하세 리별하는
6	어머니의 사랑	어머니의 사랑	돈모으고 일음을 빗내이여
7	時調	시조	이몸이 죽어 죽어 무엇이 될꼬하니

흥사단 노래집 (1923)

	원명	현대어명	앞가사
1	단가	단가	대한의 츙의 남네야 조국이 부르니
2	입단가	입단가	조상나라 빗네랴고 츙의남너
3	대회가	대회가	그러운 단우 모히는 대회 즐겁도다
4	대회가	대회가	멀니써나 그러웁던 우리 단우
5	너도나도	너도나도	무실력ᄒᆡᆼ 우리ᄉᆡᆼ명 츙의용감
6	나아가	나아가	굿게 결심한 츙의 남너들아
7	상별가	상별가	잘가오 그대 〃 〃 서운함 없으나
8	닛지말자	잊지말자	단우들아 닛지말자 손을 들어
9	홍사단챵립긔렴가	홍사단창립기념가	어두운 하날 밝히고 거츠른 땅을

태인수 혁명가요집 (1932)			
	원명	현대어명	앞가사
1	인떼르나치오날	인터네셔널	닐어나라 저주로 인맞은 굶주린
2	공산청년	공산청년	새세상 동터온다 모도 맞웅가자
3	청년선봉대	청년선봉대	나가자 마중가자 밝은 동이튼다
4	투쟁으루	투쟁으로	온 세상은 눈물 속에 잠기어
5	동무들용감히	동무들 용감히	동무들 용감히 함끠 싸홈에 나아가자
6	나아가자	나아가자	동무야 나가자 싸호자 용감하게
7	결사전	결사전	우리는 세상에 붙는 불이오
8	오월일일	5월 1일	로동자의 위력을 검열하는
9	나의아부지	나의 아버지	어머니 어머니는 웨우십니까
10	한양감옥	한양감옥	검은쇠로 그 문을 굳게 닫았다
11	레닌추도	레닌추도	너는 죽엇다 정의의 전초선에서
12	전사의초도	전사의 추도	너는 가앗다 그 운명의 전투에서
13	붉은군대(원동의)	붉은 군대	태평양에 걸처 앉은 세한 무장대
14	전쟁과우리	전쟁과 우리	싱검은 독 올은 략탈자의 손
15	붉은함대	붉은 함대	국경을 굳게 직혀라 원수의 함대
16	군인행보	군인 행보	무쇠같은 팔다리에 끓는 피로써
17	군인행보	군인 행보	동무들아 활발하게 앞으루 나가자
18	붉은군인	붉은 군인	우리는 붉은군인 쎄쎄쎄르 붉은군인
19	붉은투사	붉은 투사	지주와 은행가를 없이려 나서자
20	전선으루	전선으로	젼선으루 나가자 투쟁이 부른다
21	건설	건설	도시에 로동자 농촌에 빈농민
22	건설의신호	건설의 신호	날마다 자라나는 검은 굴둑과
23	사회주의빅이	사회주의배기	동무들 사회빅이 에루 전국에서
24	우리의건설	우리의 건설	에이에 도시에는 중공업 발전
25	농촌의봄아츰	농촌의 봄아츰	지새는 달그림자 놀빛에 살아지고
26	봄	봄	따뜻하고 따뜻한 봄이 올때에
27	파종의놀애	파종의 노래	나아가자 나가자 파종의 들로
28	뜨락똘	뜨락똘	무산자의 조국의 모든 농촌의

29	꼴호즈의가을	꼴호즈의 가을	높아가는 한 울에 가을바람 불어
30	풍작	풍작	또약밭 없이 한우리의 농작에
31	농긔행진	농기 행진	뜰뜰 뜨락똘 뜨락똘이 나간다
32	꼴호즈	꼴호즈	또약 밭을 없이 한우리 농작
33	단합살림	단합 살림	단합의 살림을 튼튼히 하려고
34	무산아동	무산 아동	닐어나라 온세게의 로동자 자손
35	십월아동	시월 아동	우리 사는 이 땅에서 놀고 먹는
36	레닌군	레닌군	레닌은 우리 수령 우리는 레닌군
37	탐험군	탐험군	시월은 노예의 담을 마스고
38	곡식찧는 긔계	곡식 찧는 기계	다리 들석 딸꿍 허리 굽실 딸꿍
39	우리일	우리 일	시간 꼭꼭 직히자 명심하여 직히자
40	십월아동들	시월 아동들	아이들아 시월 아동들아 활발하게
41	들루!	들로	깃브고도 활발하게 저 들로 나가자
42	긔차	기차	산을 뚧고 들을 갈라 행진하는 긔차
43	긔관차	기관차	우리는 공장을 두고 백과 싸홈
44	귀뜨람이	귀뚜라미	귀뜨람이 귀뜨르르 가느단 소리
45	소년공격대	소년공격대	소년 탐험군들 로력 전선에서
46	유희	유희	동무들이 한대몰아 손을 서로
47	학교에서	학교에서	동무들아 동무들아 우리 동무들
48	소년군	소년군	로력자의 아이들아 이리오나라
49	소탐대야, 준비하라	소탐대야 준비하라	우리들은 새생활의 교대되려고
50	가을	가을	널따란 들에 곡식이 닉는다
51	소년대	소년대	나가자 동무들 새벽의 맞웅을
52	이상한바람갑이	이상한 바람개비	바람갑이 뺑々々 이상도 하여
53	로력학교루!	노력학교로	우리들을 불러내는 종소리 높이
54	새풍습	새풍습	낡아 썩은 넷날 풍습 해와 없이고
55	반종교	반종교	동무야 활발히 앞으루 마치와 과학
56	전날의머슴군	전날의 머슴꾼	내나이라 갓수물에 고향을 떠나서
57	넷일생각	옛일 생각	나나은지 사흘만에 어머니 앓아죽고

이국영 망향성 (1937~1945)

노트 1권 [望鄕編]

	원명	현대어명	앞가사
1	豊年歌	풍년가	풍년이 왓네 풍년이 왓네
2	靑春의希望	청춘의 희망	우리情 시러가는 揚子江
3	종로네거리	종로 네거리	리화는 둘이둥둥 하날에 날고
4	당옥당옥	따오기	당옥 〃 〃소리 처량한 소리
5	他鄕살이	타향살이	他향살이 몇~해드냐 손꼽아
6	가츄샤리별가	카츄샤 이별가	가추사 애처릅다 리별하기
7	그리운강남	그리운 강남	정이월 다가고 三月이라네
8	希望歌	망향가	東天에 달이 도다 창에 빗이니
9	荒城의跡	황성의 적	황성옛터에 밤이 되니 월색만
10	세동무	세 동무	지나간 그 넷날에 푸른 잔듸에
11	봄의 혼(獨孤旋 詞)	봄의 혼 (악보)	푸른 예산에 나고 종달새 높이
12	月夜의 故鄕	월야의 고향 (악보)	높픈 하늘 가운데 뚜렷하게
13	새벽종	새벽종 (악보)	고요한 새벽 울리는 종소래
14	가을밤	가을밤 (악보)	가을밤 맑은 날 밝은 달 아래
15	숨쉬는부두	숨 쉬는 부두	외로운 부두에 해가 저물면
16	韓國의어머니	한국의 어머니	나라에 바치자고 키운 아들을
17	다시산태극긔	다시 산 태극기	저 삼각산 마루에 새벽 빛
18	光復軍아리랑	광복군아리랑	우리 부모가 날 찾으시거든
19	靑年行進曲	청년행진곡	백두산이 높이 솟아 길이 직힐
20	?	조선의 노래	백두산이 벋어나려 半島三千里
21	봄날	봄날	오너라 동모야 江山에 다시
22	落花岩	낙화암	사자수 나리는물에 夕陽빗길제
23	洛花三千간곳어데냐	낙화삼천 간곳 어디냐	半月城 너머 泗沘水 보니
24	한국의누님	한국의 누님	방가로 열두골목 함박눈
25	꽃이핍니다	꽃이 핍니다	꽃이 핍니다 열하홉살 가슴에

26	第二支隊隊歌	제2지대가	銃 어깨 메고 피 가슴에 뛴다
27	女軍人	여군인	軍隊에 入隊를 하러 가서
28	江湖의幸洙	강호의 행수	春山에 만화가 방창할 때에
29	니나	니나	니나 〃 나의 사랑 하는 니나
30	北嶽山	북악산	북 북 북악산 북악山에 기슭은
31		*제목모름	2절. 붉은피로 물드리자 금수
32	할일	할 일	살과 같이 빠른 光음 기다리지
33	애기革命軍	애기혁명군	우리는 신대한국 애기 혁명군
34	土橋의밤	토교의 밤	안개낀 깊은 밤에 목포는 운다
35	木浦의서름	목포의 설움	사공의 뱃노래 감을거리며
36	船夫曲	선부곡	어기여차 어기여차 배끌기가
37	꾀꼬리	꾀꼬리	꾀꾀꼴 꾀꼬리 노랑 꾀꼬리
38	달밤	달밤	달 맑은 江辺에 人跡은 고요
39	韓國	한국	東天에 일월홍일 蒼空에 明月
40	韓國男兒	한국 남아	굳게 뭉쳐 나가자 倍達民族
41	異域情調曲	이역정조곡	지터간 가을밤도 꿈속에
42	異域의하날	이역의 하늘	사하라사막 넓은 벌판에 해는
43	暗路의노래	암로의 노래	숲 사이 시냇물 흐르는데
44	船歌	뱃노래	흰 돗을 단 배 手巾 두르며
45	故鄕離別曲	고향 이별곡	내 故鄕 떠나는 배 바람에
46	歎息하는밤	탄식하는 밤	어느 누가 우는지 울려주는지
47	사랑의설음	사랑의 설움	장미화가 곱다기에 꺽거서
48	숨쉬는부두	숨쉬는 부두	외로운 부두 우에 해가 점흘면
49	月仙의曲	월선의 곡	오빠의 얼골은 시드러지고
50	順風에돗을달고	순풍에 돛을 달고	順風에 돗을 달고 배머리를
51	손수건	손수건	전일 네가 나의게 보낸 손수건
52	눈물저진술잔	눈물 젖은 술잔	눈물 젖은 술잔 속에 네 얼굴
53	살어지는情炎	사라지는 정담	蟋蟀의 울음이 하도 凄涼해
54	死의讚美	사의 찬미	曠漠한 曠野를 달리는 人生아

55	別後	이별 후	어느날 벗님이 밝고 간 자욱
56	너의힘	너의 힘	萬頃蒼波 푸른물결 險할지라도
57	그리운님이시여	그리운님이시여	그리운님이시여 날버리님이여
58	不如歸	불여귀	綠陰은 靑靑하고 精?한 골에
59	籠속에든새	롱 속에 든 새	그리웁고 보고십허 무서웁도
60	세 동무	세 동무	지나간 그녯날에 푸른 잔디에
61	流浪의 旅行	유랑의 여행	옛날에 금잔듸 동산에 매기
62	사랑하는 옛집	사랑하는 옛집	지난해에 내故鄕을 단여와보니
63	장미화	장미화	깊은데 숨은 장미화야 잘있냐
64	農村의 봄(金泰午 謠曲)	농촌의 봄	아이들은 떼를지어 바구니들고
65	버들피리	버들피리	종달종달 종달이새 노래부르니
66	눈사람	눈사람	내가 맨든 눈사람 웃읍고나야
67	三一節歌	삼일절가	참 깃브고나 三月하루 獨立
68	獨立軍歌	독립군가	신대한국 독립군의 백만용사야
69	大韓魂	대한혼	화려한江山 우리대한은 삼천리
70	제목없음		늘어진 버들가지 실실이
71	제목없음		봄비가 나린다 호박닢 너울
	노트 2권 [愛國編]		
1	제목 모름	(악보)	~ 안저 생각해 보니
2	故향生각(洪永厚 歌)	고향생각 (악보)	사랑하는 나의 고향을 한번
3	離別歌	이별가	쌍고동 우러 우러 連絡船은
4	歎息하는밤	탄식하는 밤	어느 누가 우는지 울려 주는거
5	孤島의情炎	고도의 정염	七夕날 떠나든 배 소식 업더니
6	追憶의꿈	추억의 꿈	애닯은 生각 따라 잠도 가고요
7	친구	친구	오- 내사람 그리운 벗이여
8	國境의밤	국경의 밤	떠나온지 몇 몇 해이더냐
9	順風에돗달고	순풍에 돚 달고	순풍에 돗을 달고 배 머리를
10	나물캐는處女	나물캐는 처녀	풀은잔듸 푸르러 봄바람은
11	떠나는님	떠나는 님	汽車는 떠나간다 보슬비를

12	流浪의노래	유랑의 노래	여름저녁 시원한 바다를 찾어
13	슲은밤	슬픈 밤	梧桐나무 비 바람에 님 뜨는
14	장미꽃	장미꽃	사랑스러운 장미꽃은 절기
15	어린날의追憶	어린날의 추억	무정한 세월 살갗이 흘러지나
16	無窮花	무궁화	무궁화 삼천리는 우리강산
17	꽃을잡고	꽃을 잡고	하늘 〃 봄 바람에 꽃이피며
18	韓國봄	한국 봄	연못가에 새로 핀 버들닢을
19	나가나가	나가 나가	나가 〃 우리 동모들 살면죽고
20	인형가	인형가	새파란 눈 갖인 곻은 인형은
21	韓國	한국	동천에―
22	복동이	복동이	옛날에 어떤 곳 복동이는
23	그리운고향	그리운 고향	푸른산 저넘어에도 멀니보이는
24	自然?味	자연찬미	中天에 높이떠서 우는 저 새와
25	錦秀江山	금수강산	금수의 江山에서 우리 자라고
26	봄노래	봄노래	추운 겨울 다가고 봄이 왔다
27	슲은밤	슬픈 밤	梧桐나무 비 바람에 님―
28	놀자동모야	놀자 동무야	놀자 동모야 서로 사랑하며
29	放學	방학	공부 다하고 집에 도라가오니
30	비들기	비둘기	다섯 마리 비들기 바우우에서
31	모란봉가	모란봉가	금수산에 몽킨연기 모란봉이
32	라라라	라라라	나귀 우는 소리 듯기 좋코나
33	푸른하날	푸른 하늘	푸른 하날 은하수 하얀 쪽배에
34	종로네거리	종로 네거리	리화는 둘이둥둥 하날에 날고
35	곻은江山	고운 강산	삼천리 곻은 江山 노래 부르세
36	나의故鄕	나의 고향	나의 살든 고향은 꽃피는 山谷
37	새나라(安基永作曲)	새나라	어허야 더허야 어허허리
38	봄이와	봄이 와	봄이 왓네 봄이 와 수처녀의
39	산고개	산고개	싸락눈을 밤에 나와 맛나리
40	산들바람	산들바람	산들바람이 산들 분다

41	따름강	다뉴브강	아지랑이는 달 빛 가리고
42	曠野	광야	사랑의 故國 길을 떠나 선
43	流浪客의우름	유랑객의 울음	거츨고 홋튼 몸에 마음은 빗나
44	센타루시아	산타루치아	창공에 빛난 별 물우에 어리여
45	感秋歌	감추가	어언간 삼추는 지나가고 가을
46	本鄕歌	본향가	日落西山에 黃昏되고 바다저편
47	살어지는情炎	사라지는 정담	실솔의 우름이 하도 처량해
48	留學歌	유학가	모자를 흔들면서 사랑하는
49	눈물진두만강	눈물 젖은 두만강	두만江 푸른 물에 노젓는
50	朝鮮海峽	조선해협	푸른 파도 힘파도 하염없는
51	*제목없음	담배대털더니	담배대 털더니 땅 속에 가고
52	우리애기각씨	우리 애기 각시	우리애기 각씨 어여쁜 각씨
53	追憶의꿈	추억의 꿈	옛님을 生覺하록 원망만이 더
54	港口의한밤	항구의 한 밤	世上일 듯없으니 믿을 곳 없어
55	무궁화내倍達(동해물과曲)	무궁화 내 배달	화려강산 동반도는 우리본국
56	압뫼의츩갓치(동해물과曲)	앞 뫼의 칡같이	들즘잘의 한배 아들 우리겨례
57	槿花世界	근화세계 (악보)	우리나라 신대한국 만세무강
58	나라보전(獨立軍歌曲)	나라보전	단군께서 건국하신 우리대한국
59	내나라사랑	내 나라 사랑 (악보)	대한국민 동포들아 정신들
60	옥야삼쳔리	옥야 삼천리	륙대주 광활한대 아세아동반도
61	긴날이맛도록	긴 날이 맛도록	긴 날이 맛도록 생각하고
62	맛나생각(安昌浩 作)	만나생각 (악보)	사랑하는 우리 청년들 오늘날
63	혈셩대	혈성대 (악보)	신대한의 애국청년 끓는 피가
64	내나라보전(安昌浩 作)	내 나라 보전	갖이 놉고 귀즁한 말 애국하라
65	너도애국 나도애국	너도 애국 나도 애국 (악보)	하늘 땅이 개벽한 후 동방반도
66	못노하	못 놓아 (악보)	아세아 동편에 돌출 한반도
67	단군긔렴	단군기념 (악보)	굿은마음 한근갓한 각방사람이
68	대황조의공덕	대황조의 공덕 (악보)	우리 시조 단군께서 태백산에
69	開天節歌	개천절가 (악보)	즐겁도다 상원갑자 십월삼일

70	御天節歌	어천절가 (악보)	봄바람이 곱게 부는 삼월보름
71	국긔	국기 (악보)	아세아 동 대한국은 하늘이
72	다시산태극긔	다시 산 태극기 (악보)	져 삼각산 마루에 새벽빛 비칠
73	大韓魂	대한혼 (악보)	한반도강산 우리대한은 삼천리
74	나라의한아바지들	나라의 한아버지들 (악보)	종소리가 어둠 속에 비통하게
75	우리력사	우리 역사 (악보)	백두산이 붓이되어 한강수로
76	우리의녯력사	우리의 옛 역사 (악보)	우리력사 살혀보니 녯날 판도
77	우리말과글	우리말과 글 (악보)	놉히소슨 쟝백산하 고흔텬연계
78	우리나라자랑	우리나라 자랑	장하고도 아름답다 무궁화벌판
79	나의한반도	나의 한반도 (악보)	동해에 돌출한 나의 한반도야
80	꽃동산반도	꽃동산 바도 (악보)	금수강산 삼천리에 좋흔경개는
81	朝鮮半島	조선반도 (악보)	무궁화 삼천리 내사랑아
82	나의사랑한반도	나의 사랑 한반도	나의사랑 한반도야 나 언제나
83	못잇즐한반도	못 잊을 한반도	삼쳔이 수려한 한반도야
84	槿花樂園	근화낙원 (악보)	백옥갓흔 뫼봉들은 청쳔밧게
85	自由國	자유국 (악보)	대한의 국민들아 너희 조상
86	우리의 自由	우리의 자유 (악보)	한반도 강산 우리나라는 단군
87	自由聲	자유성 (악보)	쳔동갓치 나는소리 금셕종을
88	사랑하는自由	사랑하는 자유 (악보)	사랑하는 나의 자유 언제
89	青年의 義務	청년의 의무 (악보)	青年들아 青年들아 新世界
90	青年의뜻	청년의 뜻 (악보)	青天의 白日이 밝음과 갓치
91	님생각	님생각	만나보고 싶은 마음 홀로달내는

이극로 곡조 한얼노래 (1942)

	원명	현대어명	앞가사
1	얼노래(神歌)	얼노래	어아 어아 한배검 가마고이 배달
2	한풍류(天樂)	한풍류	한울길 열으사 열달 사흘 한배님
3	세얼(三神歌)	세얼	아아어아 우리 한배님은 한울내어
4	세마루(三宗歌)	세마루	저높은 늘흰 메이여 곧잘 메마룰세

5	개천가(開天歌)	개천가	온누리 캄캄한 속잘 가지늣
6	삼신의 거룩함	삼신의 거룩함	거룩하신 한임님은 우주를 창조
7	어천가(御天歌)	어천가	어두움에 잠긴 누리 빛 밝혀 주시고
8	성지태백산(聖地太白山)	성지 태백산	상원갑자 상ㅅ달 초사흘 태백산에
9	중광가(重光歌)	중광가	돌집속에 감춘 글이 다시 나온날
10	한울집(天宮歌)	한울집	화한 바람 불어오는 한울집
11	한얼님의 도움	한얼님의 도움	한검님의 진종대도 이 세상에
12	믿음의 즐거움(樂天歌)	믿음의 즐거움	괴롬에 빠진이들아 골잘몬 만드신
13	죄를 벗음	죄를 벗음	해ㅅ빛은 공평해 가린 것만 없으면
14	가경가(嘉慶歌)	가경가	기승을 피려는 몹쓸바람 온누리 빼앗
15	삼신만 믿음	삼신만 믿음	흘어진 우리정신 한 점에 모여들어
16	희생은 발전과 광명	희생은 발전과 광명	삼종사 포교역사 살피어보라
17	한길이 열림	한길이 열림	한사람 한사람 받을어서 대종의
18	사람 구실	사람 구실	뭇사람이 일을하여 내몸을 살리고
19	한결같은 마음	한결같은 마음	이세상에 사는 길 평탄하지 않으니
20	힘을 부림	힘을 부림	불의 힘 세구나 그 힘을 부려서
21	사는 준비	사는 준비	함검님이 때때로 이르시는 말씀은
22	미리 막음	미리 막음	한얼님의 큰 사랑 받고 사는
23	대종은 세사으이 소금	대종은 세사으이 소금	소금은 물마다 어울리어서
24	사랑과 용서	사랑과 용서	높은데 낮은데 가리지 않고
25	교만과 겸손	교만과 겸손	남보다 낫다고 교만한 자는
26	봄이 왔네	봄이 왔네	봄이왔네 봄이왔네 겨울가고
27	가을이 왔네	가을이 왔네	봄이오면 밭을 갈아 좋은 씨를
28	아침 노래	아침 노래	어둔밤을 점지하여 편히 잘 때
29	저녁 노래	저녁 노래	밝은날을 점지하여 일할 때를
30	끼니 때 노래	끼니 때 노래	별날 때 별나고 비올 때 비와서
31	승임식 노래	승임식 노래	도와 덕이 높으신 임을 이에
32	상호식 노래	상호식 노래	함검님의 큰 뜻은 먼저 나와 받들고
33	영계식 노래	영계식 노래	어지러운 세상에 마음 약한

34	조배식 노래	조배식 노래	머리를 들어서 한울을 보라
35	혼례식 노래	혼례식 노래	한얼님의 뜻으로 짝을 지어
36	영결식 노래	영결식 노래	우리 성령 영원히 살고 있는
37	추도식 노래	추도식 노래	이승 이별 섭섭해 눈물로써

한유한 광복군가집 (1943)

	원명	현대어명	앞가사
1	國旗歌	국기가	우리國旗 높히 날이는 곳에
2	愛國歌	애국가	동해물과 백두산이 말으고 達토록
3	光復軍歌	광복군가	三千万大衆 부르는 소리에 젊은
4	二支隊歌	이지대가	銃 어깨 메고 피 가슴에 뛴다
5	先鋒隊	선봉대	백두산이 높이 소사 기리 지키고
6	最後의決戰	최후의결전	최후에 결전을 마즈러 가자
7	勇進歌	용진가	遼東滿洲 넓은 뜰을 쳐서 破하고
8	新出發	신출발	새로 出發해 가자 비 끚이고
9	光復軍아리랑	광복군아리랑	아리아리랑 ~ 光復軍 아리랑
10	光復軍석탄가	광복군석탄가	석탄 백탄 타는데 煙氣도 김도
11	鴨綠江行進曲	압록강행진곡	우리는 한국 혁명군 조국을 찾는
12	祖國行進曲	조국행진곡	八道江山 울리며 太極旗 펄펄
13	앞으로行進曲	앞으로 행진곡	壯하도다 한배님 아들 딸들은
14	黎明의노래	여명의노래	처량한 땅 기나긴 밤 도처에는
15	우리나라 어머니	우리나라 어머니	우리나라 어머니 품을 떠나서
16	흘너가는저구름	흘러가는 저 구름	저 산 넘어 멀리 흘너가는 저 구름

2부

근대음악유산 창가집의 보존과 활용

1910~40년대 창가집 내용별 분류

-한국근현대음악관 소장 자료를 중심으로-

이준희

창가(唱歌)는 19세기 말부터 20세기 중반까지 실재했던 근대적 노래 형식이다. 용어 자체가 한국보다 앞서 근대에 진입한 일본에서 만들어진 뒤 유입, 정착되었다. 기본적으로 가사와 곡조가 결합한 노래(歌)라는 의미를 가지고 있고, 거기에 더해 부르는 행위(唱)가 중시된 것이 창가라고 할 수 있는데, 초창기 창가는 형식 면에서 재래 양식과 외래 양식을 절충한 모습을 가지고 있었다. 가사에서는 4·4조 4음보 재래 양식이 두드러졌고, 곡조에서는 찬송가 등 외래 서양음악을 채택한 경우가 많았을 것으로 짐작된다. 근대 이전에도 사람들이 노래를 부르는 현상은 당연히 있었지만, 근대의 노래 창가에는 이처럼 전에 없던 형식이 있었다. 창가에는 또 전에 없던 목적과 의미도 뚜렷이 담겨 있었는데, 바로 계몽과 독립이라는 근대의 과제를 수행하는 데에 그 초점이 맞춰져 있었다.

물론 초창기 창가의 전형적인 모습이 이후로도 계속 그대로 이어졌던 것은 아니다. 대한제국이 망하고 식민지 상황을 맞게 된 1910년 이후에는 이전과 다소 다른 모습으로 창가가 만들어지고 유통되었다. 형식 면에서는 일본 창가의 영향이 더욱 커져 7·5조 3음보 양식이 전보다 더 늘어났고, 창가의 목적에도 변화와 분화가 생겼다. 계몽의 노래들은 점차 관제 교육에 포섭되어 아동 교육을 위한 의미가 더 뚜렷해졌고, 독립의 노래들은 조선총독부의 단속 대상이 되는 비합법 영역으로 밀려나며 부분적으로 항일의 성격을 갖게 되었다. 종교 같은 특정한 목적을 위한 노래가 등장했고, 성인의 교양이나 유흥을 위한 노래도 증가했다. 1930년대 이후에는 아동 교육과 성인 유흥이 창가의 주류로 자리 잡게 되는데, 후자는 창가라 불리는 경우가 있었다 해도 사실상 대중가요와 동일한 것으로 보는 것이 타당하다. 창가라는 표현상 공통점이 여전히 있기는 했지만, 실질적으로는 이미 한데 묶을 수 없는 다른 성격의 노래들로 갈라섰던 것이다.

다양한 창가들을 내용에 따라 묶어 낸 창가집은 1910년부터 1946년까지 만들어졌던 것으로 파악되고 있다. 1910년 이전에 편찬된 미공개 창가집이 있을 가능성도 충분히 있고, 같은 곡조로 반복해서 부를 수 있는 가사 67편이 실린 최남선(崔南善)의 『경부철도노래(경부철도가)』(1908년 3월 간행)도 보기에 따라 창가집이라 할 수 있기는 하나, 현재 실물 확인이 가능한 창가집의 역사는 1910년부터인 것으로 통상 간주되고 있다. 그러한 책들 제목에는 대부분 '창가(집)'라는 표현이 공통으로 등장하지만, 앞서 본 것처럼 창가 자체가 변화와 분화를 거치면서 다양해졌기 때문에, 현재 확인되는 각 시기별 창가집에도 역시 상이한 내용들이 담겨 있다. 노동은(魯棟銀) 수집품을 바탕으로 갖추어진 한국근현대음악관 소장 창가집들도 내용에 따라 몇 가지 유형으로 나누어 볼 수 있으므로, 아래에서 각 유형별 개별 창가집의 특징과 창가집 사이의 관계 및 흐름 등 그 대강을 살펴보도록 하겠다.

1. 교육 창가집

계몽이라는 근대적 과제가 창가에서 매우 중시되었음을 앞서도 보았는데, 좀 더 나누어 보자면 계몽에도 여러 가지 경우가 있다. 그 가운데 가장 우선시되었던 것은 어린이를 대상으로 하는 계몽, 즉 교육이었다. '동몽(童蒙)'이라는 표현에서 알 수 있듯이 전근대 시기에도 어린이는 가르침의 우선 대상이었고, 교육 효과가 가장 두드러지게 나타날 수 있는 대상이 또 어린이였다. 때문에 교육용 창가집은 그러한 사회적 수요에 따라 가장 오랫동안 가장 많은 양이 만들어지고 유통되었다.

악보와 가사를 모두 수록해 간행된 창가집 가운데 현존 최고(最古) 사례는 1910년 5월에 나온 『보통교육창가집』인데, 대한제국 정부조직인 학부(學部)에서 어린이 교육을 위해 편찬한 것이었다. 일견 근대교육을 위한 주체적 움직임으로 보이기도 하지만, 당시 대한제국은 1905년 을사(乙巳)조약으로 사실상 국권을 이미 상실한 상태였다. 따라서 간행 배경에 일본의 의도가 깊이 작용할 수밖에 없었고, 수록 내용 대부분은 일본 창가를 단순 번역한 것이었다. 더구나 책이 나온 지 불과 석 달 만에 대한제국이 망하면서 실제 교육 현장에서 그나마 취지도 제대로 수행할 수 없었다. 대한제국을 대신해 최고 권력기관으로 들어선 조선총독부에서는 일단 『보통교육창가집』을 그대로 계승해 『정정(訂正)보통교육창가집』이라는 이름으로 1911년 6월부터 발행해 보급했고, 한국근현대음악관에는 1913년 1월에 간행된 제5판이 소장되어 있다.

발행 주체는 달랐지만 수록 작품으로 보면 『보통교육창가집』과 『정정보통교육창가집』은 내용이 사실상 동일하다. 하지만 『정정보통교육창가집』은 오래지 않아 1914년에 조선총독부에서 새롭게 편찬한 『신편창가집』으로 대체가 되었고, 이때부터는 식민지 공교육의 의도가 보다 선명하게 반영되기 시작했다. 우선 조선어로 쓰인 『정정보통교육창가집』의 예언(例言)과 달리 『신편창가집』의 서언(緖言)은 일본어로 쓰였다. 그리고 세 부분으로 구성된 『신편창가집』의 제1편에는 일본 국가인 〈君がよ〉, 한국의 개천절과 같은 의미가 있는 일본 초대 왕 진무(神武)천황의 즉위일을 기념하는 노래 〈紀元節〉, 천황 생일을 기념하는 노래 〈天長節〉, 천황의 교육칙어(教育勅語)에 화답하는 노래 〈勅語奉答〉 등이 수록되었다. 그 뒤에 배치된 제2편에는 일본어 가사 그대로 일본 창가들이 수록되었고, 마지막 제3편에 가서야 조선어 가사 창가가 여섯 곡 수록되었다. 그 여섯 곡 중에서도 다섯 곡은 『보통교육창가집』에서 보았듯 일본 창가의 조선어 번역곡이었고, 단 한 곡 〈달〉(달아 달아 밝은 달아 이태백이 놀던 달아)만이 조선 노래였다. 전반적으로 천황제국가의 교육 방침과 제1언어가 일본어(국어)이고 제2언어가 조선어인 식민지 언어의 공식 위계가 충실히 반영된 예라 할 수 있다. 『신편창가집』 초판은 1914년 3월에 발행되었는데, 한국근현대음악관에는 초판과 1915년 9월 간행 제5판이 함께 소장되어 있다.

조선총독부가 주도한 교육, 당시의 공교육이라 부를 수 있는 영역에서는 1920~30년대에도 다양한 창가집들이 간행되었다. 『정정보통교육창가집』과 『신편창가집』은 학년 구분 없이 보통학교 학생 모두

를 대상으로 해 만들어졌지만, 1920년 3월에 간행된 『보통학교창가서』는 학년에 따라 내용이 다른 형태로 편찬되었다. 당시 보통학교도 6년제였으므로, 학년별로 총 여섯 권이 함께 만들어졌던 것이다. 다만 학년 구분이 반드시 지켜질 필요는 없었기에, 다른 학년에 배정된 노래를 융통해서 교육하는 것이 불가하지는 않았다고 한다. 편집 체계나 수록 작품 면에서 『보통학교창가서』는 『신편창가집』과 유사한 면이 많은데, 무엇보다도 〈君がよ〉나 〈天長節〉 같은 '의식(儀式)에 관한 창가'가 맨 앞에 배치되었다는 공통점이 우선 눈에 띈다. 반면 양자 사이에 두드러진 차이도 있으니, 『신편창가집』 말미에 수록되었던 조선어 창가가 『보통학교창가서』에서는 전부 사라졌다. 한국근현대음악관에는 제1~3학년을 위한 『보통학교창가서』 세 가지가 소장되어 있으며, 모두 1920년 3월 간행본이다.

1931년에는 경성사범학교 음악교육연구회에서 편찬하고 조선총독부의 검열을 거친 학년별 『초등창가』가 간행되었다. 조선총독부가 직접 펴낸 것은 아니나 이 또한 일종의 관제 창가집이라고 볼 수 있으니, 조선총독부의 검열도 있지만 1921년에 개교한 경성사범학교 자체가 관립이었기에 조선총독부의 통제로부터 자유로울 수 없었기 때문이다. 한국근현대음악관에 소장되어 있는 『초등창가』는 1932년 1월에 발행된 정정재판 제3학년용과 제5~6학년용, 1935년 11월에 새롭게 편집되어 다시 간행된 제3~6학년용 두 가지가 있으며, 시기별 내용에 차이가 있다. 제3학년용 1932년판과 1935년판을 비교해 보면, '악전대요(樂典大要)'와 의식 창가가 앞에 나오고 다수의 일본어 창가와 소수의 조선어 창가가 이어서 배치된 구조는 일단 동일하지만, 수록 작품의 수와 내용에는 상당한 차이가 있다. 1935년판에 재판 표기가 없는 이유도 그런 차이 때문으로 보인다. 그리고, 전체 학년의 『초등창가』가 다 구비되어 있지 않기 때문에 완전히 단정할 수는 없지만, 1932년판과 1935년판 모두 저학년에서 고학년으로 갈수록 조선어 창가가 줄어드는 모습이 보이기도 한다.

교육용 창가집에서 조선어 창가가 사라져 가는 추세는 1939년 3월에 간행된 또 다른 『초등창가』에서 보다 확실하게 완성되었다. 조선총독부가 직접 나서 학년별로 편찬한 1939년 『초등창가』에서는 조선어가 완전히 사라졌고, 1942년까지 판을 바꾸어 가며 발행되면서 군국적 내용을 담은 노래도 대폭 수록되었다. 그러한 변화는 우선 1938년 4월부터 시행된 제3차 조선교육령의 영향으로 볼 수 있으니, 그때부터 조선어가 선택과목으로 지정되어 공교육에서 사실상 제외되는 수순을 밟았기 때문이다. 그리고 1937년 7월 중일전쟁 발발, 1941년 12월 태평양전쟁 발발로 계속 강화되어 간 전시체제의 영향도 물론 생각지 않을 수 없다. 그런데 조선총독부 편찬 『초등창가』에는 1914년 『신편창가집』 이후 모든 공교육 창가집에 우선 수록되었던 〈君がよ〉 등 의식 창가가 전혀 보이지 않는 특징이 또 있다. 이는 의식 창가의 중요성과 그에 대한 수요가 사라졌기 때문이 아니라, 그런 노래만을 따로 모아 수록한 별도 창가집 『みくにのうた(일본의 노래)』가 1939년 3월 『초등창가』와 함께 편찬되었기 때문으로, 『초등창가』 서언에도 그러한 내용이 소개되어 있다. 'みくに(御國)'는 국가를 높여 부르는 말이면서 대개 천황의 나라인 일본을 자칭할 때 사용되므로, 의식 창가 모음집에 그런 제목이 붙여졌다. 『みくにのうた』에는 〈君が

よ〉부터 〈愛國行進曲〉까지 의식용 노래 총 열한 곡이 수록되었고, 일반 창가는 『초등창가』에 수록되어 있기 때문에 중복해서 싣지 않았다. 한국근현대음악관에는 모든 학년의 조선총독부 『초등창가』와 『みくにのうた』가 함께 소장되어 있다.

전시체제가 강화되어 가던 와중인 1940년에는 창가라는 명칭에 큰 변화가 생기게 된다. 1940년은 신화적 존재인 진무천황이 일본을 개국한 지 2600년이 되는, 이른바 황기(皇紀) 2600년이 되는 해였다. 그에 따라 사회 모든 면을 새롭게 바꾸자는 '신체제' 캠페인이 대대적으로 전개되었고, 초등교육도 거기서 예외가 아니었다. 그때까지 내지(內地), 즉 일본과 차이가 있었던 교육 체계를 바꾸어 기존 심상(尋常) 소학교 대신 일본과 같은 국민학교라는 명칭이 등장했다. 아울러 교과목 이름도 일부 개편되어 산술이 산수로, 수공이 작업으로, 그리고 창가가 음악으로 바뀌었다. 그러한 변화는 1941년부터 교육 현장에 실제 적용되었으니, 기존 창가집과 역할 면에서 큰 차이가 없으면서도 제목에서는 창가가 사라진, 창가집 아닌 창가집 『ウタノホン(노래책)』과 『초등음악』이 1942년 이후 간행되었다.

『ウタノホン』은 1941년 일본에서 먼저 나왔고, 국민학교 제1~2학년용으로 두 권만 만들어졌다. 조선총독부 간행 『ウタノホン』은 이듬해 1942년에 나왔으며, 일본 『ウタノホン』과 비교해 보면 수록 내용에 다소 차이가 있다. 1939년에 『みくにのうた』와 『초등창가』로 분리 되었던 의식 창가와 일반 창가가 다시 함께 수록되어, 제1학년용에는 〈君がよ〉, 제2학년용에는 〈君がよ〉와 〈紀元節〉 두 곡이 수록되었다. 한국근현대음악관에는 1942년 1월에 간행된 제1학년용과 3월에 간행된 제2학년용이 소장되어 있다. 그런데, 『ウタノホン』은 도서 형태로 보급되기만 한 것이 아니라 수록 내용을 녹음한 음반도 제작되었다. 『조선신문』 1942년 2월 15일자와 『경성일보』 1942년 2월 20일자에 그러한 음반 광고가 실려 있으며, 당시 일본 유력 음반회사였던 콜럼비아(Columbia)레코드와 데이치쿠(テイチク. 帝蓄)레코드가 제작을 맡았다. 콜럼비아레코드에서는 학년별 다섯 장의 범창(範唱) 음반과 감상 음반, 학년별 세 장의 청각훈련용 음반을 발매했고, 데이치쿠레코드에서는 학년별 세 장의 가창 음반과 청각훈련용 음반을 발매했다. 이러한 음반이 교육 현장에 얼마나 보급되었는지는 분명치 않으나, 아직까지 실물이 공개된 적은 없는 듯하다.

조선총독부에서 펴낸 국민학교 『초등음악』은 1943년에 간행되었다. 제3~6학년용으로 각각 만들어졌고, 제1~2학년용은 『ウタノホン』이 있기 때문에 따로 만들어지지 않은 것으로 보인다. 『초등음악』에도 1939년에 분리되었던 의식용 창가와 일반 창가가 다시 함께 수록되었으며, 저학년을 위한 『ウタノホン』보다는 좀 더 많은 의식용 창가가 담겼다. 한국근현대음악관에는 1943년 3월에 간행된 제4학년용, 1944년 1월에 간행된 제3학년용 재판, 1944년 3월에 간행된 제4학년용 재판과 제6학년용이 소장되어 있으며, 1943년에 간행된 것으로 추정되는 제4학년 교사용도 함께 소장되어 있다.

1941년부터 교과목 명칭이 창가에서 음악으로 바뀐 상황은 광복 이후에도 그대로 이어져서, 더 이상은 제목에 '창가'를 사용한 교육용 단행본이 만들어지지 않았다. 주간지 『어린이신문』에 1946년 10월 19일부터 12월 21일까지 「유치원·국민학교저학년용 창가집」이라는 제목으로 노래 열 곡이 연재된 예가 있기는 하나, 단행본 사례는 확인되지 않고 있다. 군정청 문교부에서 1946년에 펴낸 음악 교과서도 창가집이 아닌 『초등 노래책』으로 명명되었으며, 한국근현대음악관에는 7월에 간행된 제5·6학년용이 소장되어 있다.

조선총독부가 주도한 공교육 교과서로 만들어진 창가집 외에, 식민지시기 민간에서도 어린이나 청소년 교육을 위한 창가집이 만들어졌다. 다만 1940년대까지 지속적으로 간행된 공교육 창가집과 달리 민간 교육용 창가집은 1910~20년대에 주로 등장했고, 현존 수량도 공교육 창가집에 비해 많지 않은 편이다. 조선총독부의 간섭이 상대적으로 덜했을 것이라 짐작되는 사립학교에서 그러한 민간 창가집 사용이 좀 더 활발했을 가능성이 있지만, 실제 양상에 대해서는 좀 더 세밀한 연구가 필요하다.

한국근현대음악과 소장 민간 교육 창가집 중 가장 이른 시기에 간행된 것은 1913년 5월에 나온 『풍금독습중등창가집』이다. 이각종(李覺鍾)이 저작자로 되어 있는 이 창가집은 1921년 9월 간행 이상준(李尙俊)의 『풍금독습중등창가집』과 제목이 같고, 제목 외에 수록 곡이나 음악 이론 설명, 사용 그림 등에서도 부분적으로 공통점이 있기 때문에, 완전히 같은 책은 아니라도 밀접한 관련이 있는 것으로 볼 수 있다. 초창기 서양음악 전문가로서 활동한 이력이 뚜렷한 이상준과 달리 이각종은 음악 관련 흔적이 전혀 보이지 않는 관료 생활을 주로 했으므로, 1913년 『풍금독습중등창가집』은 명의상 저작자가 이각종일 뿐, 사실상 이상준의 손을 거친 책으로 추정된다. 민간 창가집이라고는 하지만 조선총독부의 『신편창가집』보다 앞서 첫 번째 곡으로 일

본 국가 〈君がよ〉가 수록되어 있는 점이 눈길을 끄는데, 이는 아마 이각종이 당시 조선총독부에서 근무하고 있었던 것과 관련이 있을 것으로 짐작된다.

이상준이 직접 편찬해서 자신의 이름으로 낸 교육용 창가집 가운데 한국근현대음악관에 소장된 것으로는 1918년 3월 간행 『최신창가집』(소장본은 1921년 1월 제3판, 1923년 5월 제6판), 1919~20년쯤 간행된 것으로 추정되는 『신작창가』, 1922년 4월 간행 『최신중등창가집』(소장본은 1923년 3월 제3판) 등이 있다. 『최신창가집』은 "고등보통학교와 기타 학교 학생의 참고용"으로, 『신작창가』 또한 "남녀 고등보통학교와 기타 학교 학생의 참고용"으로 만들어졌고, 『최신중등창가집』은 이상준의 전작인 『최신창가집』과 『풍금독습중등창가집』 내용을 합쳐 편찬된 것이었다. 조선총독부에서 펴낸 창가집이 공적 교과서 자리를 차지한 상황에서 이상준을 비롯한 민간에서 만든 교육창가집은 교과서가 아닌 '참고용'으로 제한될 수밖에 없었던 모습을 볼 수 있다. 그리고, 『최신창가집』과 『최신중등창가집』에는 앞서 본 관찬 창가집과 마찬가지로 〈君がよ〉 등 의식 창가가 맨 앞에 배치되어 있으므로, 이 또한 식민지 교육 상황이 조성한 한계로 볼 수 있다. 한편, 이상준 『풍금독습중등창가집』 범례에는 "풍금독습중등창가집과 신작창가를 합부(合附)"해 편찬했다는 내용이 또 있으므로, 1913년 『풍금독습중등창가집』이 실질적으로 이상준의 작품일 가능성이 높고, 후반부가 유실되어 간기(刊記)를 볼 수 없는 『신작창가』가 1921년 9월 이전에 간행되었음을 알 수 있다. 이처럼 다양한 창가집을 편찬한 이상준은 창가 작가로서도 누구보다 많은 작품을 남긴 인

물이며, 뒤에서 보겠지만 교육이 아닌 다른 분야에서도 역시 다양한 창가 작품과 창가집을 만들었다.

1930년대 민간 교육 창가집의 예로는 심상소학교음악교육연구회에서 1939년 3월에 펴낸 『선정판 소학창가』을 들 수 있다. 한국근현대음악관에 소장된 것은 제6학년용인데, 앞부분이 유실되긴 했지만 『みくにのうた』 수록 의식 창가, 일본어 창가, 조선어 창가 순서로 편집되어 있음을 알 수 있다. 같은 시기에 간행된 조선총독부 『초등창가』에서 조선어가 완전히 사라졌음을 생각하면, 그나마 민간 창가집이기에 소수이나마 조선어 창가가 수록될 수 있었던 것이라고 평가할 수도 있으나, 『초등창가』와 마찬가지로 군국적 내용이 담긴 곡들도 여럿 보이므로, 이른바 '시국' 분위기에서 자유롭지 않았음을 확인할 수 있다.

관제 창가집이 천황의 충실한 신민을 육성한다는 목적을 강화하는 방향으로 흘러가는 가운데, 민간 창가집에서는 그런 목적 지향 기능성보다는 어린이의 감성을 키우기 위한 예술성에 좀 더 주목하기도 했다. 1920년대에 새로운 노래 문화로 자리를 잡은 동요는 그러한 움직임 속에서 탄생한 것이라 볼 수 있고, 제목에 '창가'가 등장하는지 여부와 상관없이 많은 동요 노래책도 만들어졌다. 1936년 3월에 중앙보육학교 이영보(李榮甫)와 차사백(車士百)이 펴낸 『표정유희(表情遊戲) 창가집』은 가사와 악보뿐만 아니라 어린이가 노래에 맞춰 할 수 있는 상세한 동작 설명까지 싣고 있어 눈길을 끄는데, 나카야마 신페이(中山晋平) 등 일본 작가들의 창가와 작자 표기가 없는 노래들을 함께 수록했다. 제목 자체가 아마 일본에서 먼저 나온 『율동적표정유희』

(1927년 6월 간행) 등에서 영향을 받은 것으로 보이며, 한국근현대음악관에는『표정유희창가집』제1집과『율동적표정유희』제3집이 함께 소장되어 있다.

2. 교양 창가집

미성년 독자를 명확히 상정한 교육용 창가집과 달리, 같은 계몽적 의도로 만들어지기는 했지만 대상이 성인으로까지 확장되거나 사실상 성인으로 한정된 창가집도 다수 존재한다. 한국근현대음악관 소장 창가집 가운데 이러한 부류로 묶을 수 있는 예는 주로 1920년대에 만들어진 것으로 파악된다. 노래를 통해 성인의 지식을 넓히고 덕성을 함양하는, 이른바 교양에 초점을 맞춘 창가집이라고 할 수 있다.

1921년 8월에 간행된『조선명승지리창가』는 제목 그대로 경성, 금강산, 동해, 평양과 개성, 경주, 산해(山海), 산업과 물산 등으로 장을 나누어 지리 정보 관련 노래를 주로 수록한 창가집이다. 조선 팔도 곳곳의 명소를 소개하고 아울러 장소와 연관된 물산이나 역사적 인물, 사건을 이야기하기도 한다. 그리고 가사와 숫자악보 외에 노래에 등장하는 장소의 사진까지 수록해 정보의 생생함을 더했다. 이병도(李丙燾)와 백우용(白禹鏞) 등 여러 전문가들의 교열을 거쳐 정경운(鄭敬惲)이 짓고 이상준이 편곡을 맡았다고 되어 있지만, 수록 곡 〈관동팔경〉이 이상준의『최신창가집』에 이미 실렸던 점을 고려하면 개별 작품의 작자 문제에 대해서는 좀 더 나아간 연구가 필요하다고 할 수 있다.

한국근현대음악관에는 간기 부분이 복사되어 덧붙여진 1922년 9월 제3판이 소장되어 있다.

『조선명승지리창가』와 같은 계열로 볼 수 있는 한국근현대음악관 소장 자료로는 1928년 8월에 간행된 최남선의 『조선유람가』도 들 수 있다. 최남선의 전작인 『경부철도노래』처럼 곡조보다는 가사에 초점을 맞춘 노래 모음으로, 7·5조 4구로 된 80편이 수록되었다. 가사 부분 앞에는 김영환(金永煥)이 작곡한 〈조선유람가〉와 백우용이 작곡한 〈조선유람별곡〉 악보가 제시되어 있으므로, 거기에 맞춰 가사를 반복해 부를 수 있는 형식이다. 『조선유람가』 역시 조선의 명소는 물론 이름난 물산과 역사적 인물, 사건 등을 노래하고 있으며, 이는 단순히 지식 전달 역할만 하는 것이 아니라 조선이라는 땅, 국토에 대한 이해와 관심은 물론 나아가 그에 대한 긍지와 애정까지 유발하고자 하는 의미를 담고 있는 것으로 볼 수 있다. 국권이 사라지고 없는 상황이라도 국토는 여전히 실재하기에, 그에 대한 관심이 곧 소극적인 항일로도 연결될 수 있었던 것이다.

이러한 흐름은 한국근현대음악관 소장 창가집 가운데 가장 중요한 자료라 할 수 있는 노영호(盧永鎬) 편찬 『근화창가』에서도 유사하게 나타난다. 아직 다른 소장처가 공개된 바 없어 한국근현대음악관이 유일하게 보유한 것으로 알려져 있는 『근화창가』에는 두 가지 판본이 있는데, 둘 다 간기가 모두 유실되어 책 자체로는 간행 시기를 알 수 없으나, 『동아일보』 1921년 4월 7일자 광고와 『매일신보』 4월 17일자 기사를 통해 최초 간행 시기 추정이 가능하다. 광고에는 『근화창가』가 '일명 조선역사창가'라고도 소개되어 있고, 수록된 작품 일곱 곡

가운데 앞에 배치된 〈조선의 자랑〉, 〈을지문덕〉, 〈강감찬〉 등을 통해 우리 땅, 우리 역사, 우리 민족에 대한 긍지와 자부심을 고취하는 내용을 확인할 수 있다. 대한제국 시기 독립을 노래한 창가를 계승했다고 볼 수도 있는 이러한 작품을 수록한 창가집의 간행은, 1921년 상황에서 분명 의미 있는 일로 볼 수 있다. 만주나 하와이 등 해외 지역에서 만들어지고 유통된 창가집 수록 작품들처럼 항일의 표현이 직접적인 것은 물론 아니었으나, 조선총독부가 설정한 법 테두리 안에서는 이 정도 수위도 충분히 평가할 만한 것이다. 간행 이후 한참 시간이 지난 시점이긴 하지만 1939년 12월에 『근화창가』가 결국 금지 처분을 당했던 이유도 그런 데에서 찾을 수 있을 것이다.

노영호가 편찬에 참여한 또 다른 창가집으로 1921년에 간행된 『이십세기신청년창가』도 한국근현대음악관에 소장되어 있다. 간기가 유실되어 정확한 날짜는 확인할 수 없으나, 서언이 쓰인 시점은 '신유(辛酉) 중동(仲冬)'으로 표기되어 있다. 여기에 정경운은 저작자로 노영호는 작곡자로 표기되어 있으므로, 『근화창가』에 실린 곡들 중에서도 노영호가 곡조를 지은 작품이 있을 수 있다. 『이십세기신청년창가』는 경개(景概), 권면, 권학, 경계, 운동, 전진, 성공, 활동 등 여덟 개 장으로 구성되었고, 청년 교양을 위한 교육적 내용의 노래 서른한 곡을 수록했다. 그 가운데 스물세 곡에 악보가 첨부되었는데, 오선보가 아닌 숫자보가 사용되었다.

교양 창가집 가운데 가장 늦은 1946년 9월 간행작인 동시에 창가집 이름이 사용된 거의 마지막 예로 추정되는 임동혁(任東爀)의 『여성(女聲)창가집』은 창가가 막바지 단계에서 '실체 없는 이름'으로 변화한 상황을 잘 보여주는 예이기도 하다. 창가라는 표현이 제목에 등장하기는 하지만, 수록되어 있는 작품은 슈베르트, 브람스, 멘델스존 등 서양음악 유명 작가들의 성악곡이다. 그런 곡들을 창가라는 이름으로 묶는 것은 창가의 역사적 실상과 상당히 거리가 있는 일이므로, 여기서 창가의 의미는 노래 또는 성악곡과 거의 같다고 볼 수 있다.

성인을 대상으로 한 창가집 가운데에는 종교라는 특수 목적을 위해, 달리 표현하자면 신도들의 교양을 위해 편찬된 것도 있다. 1911년 4월에 간행된 『불세존(佛世尊)기념창가』는 불교, 1942년 6월 만주에서 제작된 『곡조 한얼노래』는 대종교 관련 곡들을 모은 것이다. 『곡조 한얼노래』에 창가라는 표현이 쓰이지 않은 이유는, 아마도 조선 고유의 종교임을 자부하는 대종교의 성격이나 창가라는 명칭이 사라져 가고 있었던 간행 시점과 관련이 있는 듯하다. 승려 김지순(金之淳)과 권상로(權相老)가 편찬한 『불세존기념창가』에는 악보 없이 4·4조 〈탄신경축가〉와 6(7)·5조 〈성도일(成道日)찬송가〉, 〈학도권면가〉 세 곡만 수록되었다. 가사 형식과 내용으로 보아 〈성도일찬송가〉와 〈학도권면가〉는 〈학도가〉, 즉 일본 〈鐵道唱歌〉 곡조에 맞춰 불렸을 것으로 짐작된다. 그와 달리 이극로(李克魯)가 편집한 『곡조 한얼노래』에는 신앙과 의식에 관한 노래 서른일곱 곡이 오선보와 함께 수록되었고, 기독교 찬송가처럼 각 곡마다 장 번호가 부여되어 있기도 하다.

기독교 찬송가는 통상 창가와 영역이 다른 노래로 간주되지만, 창가 형성에 음악적으로 많은 영향을 미쳤다. 찬송가 자체가 창가보다 앞서 근대음악으로 자리를 잡았고, 초창기 창가 중에는 찬송가 곡조에 가사를 붙인 경우도 많았다. 20세기 초까지도 서양음악 식으로 곡조를 창작하는 일이 조선인에게 쉽지는 않았으므로, 그나마 익숙한 기존 곡에 가사만 새로 붙이는 방식으로 창가가 만들어지는 경우가 많았고, 찬송가는 그런 곡조의 제공원으로서 중요한 역할을 담당했다. 뒤에서 볼 유흥 창가의 대표작이라 할 수 있는 〈탕자(蕩子)자탄가〉, 즉 〈이 풍진 세상〉도 미국 찬송가 곡조가 일본에서 교육 창가로 수용되었다가 다시 조선으로 넘어와 유흥 창가가 된 예였다. 『곡조 한얼노래』는 음악적 영향 외에 찬송가집 체계의 영향도 받은 경우라 할 수 있다.

3. 유흥 창가집

교육이나 교양이 아닌 성인의 오락과 정취 표현에 초점을 맞춘 창가는 1910년대 후반, 1920년대 초반에 본격적으로 나타나기 시작한다. 홍난파(洪蘭坡)와 이상준이 그러한 흐름을 대표하는 인물이라 할 수 있으며, 홍난파가 편찬한 『통속창가집』(1916년 10월 간행)과 『도레미창가집』(1919년 6월 간행), 이상준이 편찬한 『신유행창가』(1922년 2월 간행) 등에서 실제 작품을 확인할 수 있다. 그러한 창가집에 실린 당시 노래를 모두 대중가요로 볼 수 있는지 여부에 대해서는 연구자들의 의견이 엇갈리고 있지만, 일부 곡들은 1920~30년대에 음반으로 만들어지기도 했으므로, 대중가요 초기 역사에서 의미 있는 작품인 것은 분명하다.

『신유행창가』는 1929년 10월 간행 제3판이 한국근현대음악관에 소장되어 있는데, 1920년대에 크게 유행한 번안곡 〈청년경계가(이 풍진 세상)〉, 〈카추샤〉, 〈장한몽가〉, 〈시들은 방초〉, 〈사의 찬미〉 등과 첫 번째 조선인 창작 대중가요로 알려져 있는 〈낙화유수〉 등이 수록된 것을 볼 수 있다. 초판에는 실릴 수 없는 1926년 작 〈사의 찬미〉와 1927년 작 〈낙화유수〉가 있는 것을 보면, 판을 거듭하면서 『신유행창가』의 내용이 새로 유행하는 곡을 추가하는 식으로 증보되었음을 알 수 있다. 『신유행창가』 외에도 유흥 목적으로 만들어진 창가집은 1920년대에 많은 수가 제작되었으며, 당시에는 음반보다 창가집이 대중가요 유통에 더 큰 역할을 하기도 했다. 1927년 이전에는 녹음에 마이크를 사용하지 않았으므로 음반의 소리 품질에 한계가 있었고, 음반이나 축음기를 구입하는 데에 필요한 비용도 매우 부담스러웠기 때문에, 창가집이 오히려 더 대중적인 매체가 될 수 있었던 것이다. 한국근현대음악관 소장 자료 중에는 유흥 창가집이 다른 분야 창가집에 비해 많지 않은 편인데, 이는 자료를 기증한 노동은의 연구 방향이나 관심이 대중가요 쪽에 있지 않았기 때문이다.

1928년부터는 종래의 기계식 녹음 대신 마이크를 사용하는 전기식 녹음 기술이 도입되면서 음반의 음질이 획기적으로 향상되었고, 그 사회적 영향력도 점차 확대되었다. 그와 함께 대중가요도 이제 창가의 울타리에서 벗어나 독자적인 문화현상으로 자리를 잡게 되었다. 주로 출판물을 통해 유통되었던 창가와 달리 대중가요는 음반과 보다 긴밀히 결합하는 특징을 보였는데, 1927년 무성영화 주제가로 발표된 〈낙화유수〉가 2년 뒤 『신유행창가』에 수록되기도 하고 콜럼비아레코드 음반으로도 발매되었던 것은 과도기의 변화 양상을 보여주는 좋은 예이다. 대중가요가 음반을 통해 발표되는 형식은 1930년대 들어 완전히 정착을 하게 되지만, 이미 발표된 대중가요를 창가집 이름으로 모아서 출판, 유통하는 방식이 여전히 관행으로 남아 있기도 했다. 한국근현대음악관 소장 자료 중에서는 1936년 11월에 간행된 『연애창가』와 『노래가락』이 그러한 예라 할 수 있다.

1937년 10월 재판이 소장되어 있는 『연애창가』에는 대체로 조선 대중가요, 각종 민요와 잡가, 일본 대중가요가 순서대로 배치되어 있고, 악보는 주로 일본 대중가요에만 숫자보 형태로 일부 부기되어 있다. 지면 분량으로 보면 민요와 잡가가 가장 많은 편인데, 곡 수가 많아서라기보다는 사설 길이가 긴 것과 관련이 있다. 수록 내용이나 편집 체계가 처음부터 끝까지 균일하지 않고 중간중간 쪽수가 새로 시작하는 경우도 여러 군데 보이므로, 앞서 간행된 몇 가지 다른 노래책을 모아서 『연애창가』를 만든 것으로 추정된다. 이러한 방식은 1930년대 유흥 창가집에서 종종 발견되며, 완전히 동일한 부분이 서로 다른 창가집에 등장하는 경우도 드물지 않다. 『연애창가』도 전반부 일부가 1934년에 간행된 것으로 추정되는 『금강산타령창가』와 같은 것이 확인된다.

『노래가락』도 『연애창가』처럼 민요와 잡가, 조선과 일본의 대중가요, 창가 등이 혼재된 형태로 편집되었고, 『연애창가』만큼 많지는 않지만 쪽수 바뀜이 보인다. 앞뒤 부분이 유실되었으므로 제목이 다소 의심스럽기도 하나, 거의 대부분 지면 상단에 '노래가락' 표기가 보이기는 한다. 전체 17쪽에 해당하는 〈노래가락〉 면부터 새로 쪽번호가 붙여지면서 '노래가락'이 등장하므로 최소한 두 가지가 합본된 것으로 추정할 수 있는데, '노래가락' 부분 1쪽부터 111쪽까지 내용은 『연애창가』에도 똑같이 등장한다. 1930년대 유흥 창가집에는 첫 곡으로 수록된 노래 제목을 그대로 창가집 제목으로 쓰는 경우가 많았는데, 앞서 본 『금강산타령창가』도 첫 번째 수록 곡이 〈금강산타령〉이다. 그렇게 보면 『노래가락』은 〈노래가락〉을 첫 곡으로 해서 만들어진 『노래가락창가집』 앞부분에 다른 창가집의 내용 일부가 덧붙여진 것으로 볼 수도 있다. 한국근현대음악관에는 다른 소장 자료가 없지만, 창가집 제목과 첫 곡이 일치하는 모습은 『노들강변창가』, 『불로초창가집』, 『세동무창가』, 『오동나무창가집』, 『낙화유수창가집』 등 다수가 확인된다.

부록-한국근현대음악관 소장 한국 창가집 56점 목록

[민간 창가집]

	표지사진	창가집명	편저자	발행처	간행연도	언어	크기(cm)	분량
1		불세존기념창가(부학도권면가)	김지순, 권상로	전 원흥사	1911	한국어	15.1×21.6	5쪽
2		풍금독습중등창가집	이각종	광동서국	1913	한국어	15.2×22.2	122쪽
3		신작창가	이상준	박문서관	1919	한국어	15×22	13쪽
4		근화창가-제1집	노영호	근화사	1921	한국어	12.6×19.5	10쪽

5		근화창가-제1집	노영호	근화사	1921	한국어	12.7×16.3	18쪽
6		20세기신청년 창가	정경운, 노영호	경성광문서시	1921	한국어	11×14.6	62쪽
7		조선명승지리 창가	정경운, 백우용	조선연구회 인쇄소	1922	한국어	10.5×14.7	약100쪽
8		최신창가집(전)	이상준	경성 박문서관	1923	한국어	15×21.4	88쪽
9		최신창가집(전)	이상준	경성 박문서관	1923	한국어	15×21.4	88쪽

10		조선유람가	최남선	東明社	1928	한국어	10.4× 18.5	57쪽
11		청년가요집	전라남도연 합청년단	전라남도연 합청년단	1929	일본어	13.1× 18.9	23쪽
12		신유행창가	이상준	三誠社	1929	한국어	15×22	58쪽
13		최신중등창가집 (부악리)	이상준	博文書館	1929	한국어	15×22	180쪽
14		아동가요곡선삼 백곡	강신명	평양 농민생활사	1936	한국어	17.6× 24.3	207쪽

15		표정유희창가집 -제1집	차사백, 이영보	중앙보육 학교	1936	한국어	15.2× 22.2	77쪽
16		노래가락	이종도	성문당서점	1936	한국어	10.5× 14.7	284쪽
17		신식연애창가집	홍종기	성문당서점	1936	한국어, 일본어	10.5× 14.6	264쪽
18		곡조한얼노래	이극로	대종교 총본사	1942	한국어	15×20.8	39쪽
19		여성창가집	임동혁	서울 고려문화사	1946	한국어	18.5×26	60쪽

[관찬창가집]

1		(정정)보통교육창가집 제1집	조선 총독부	조선 총독부	1913	일본어	15×22	59쪽
2		신편창가집 (전)	조선 총독부	조선 총독부	1914	일본어	15×22.1	89쪽
3		신편창가집 (전)	조선 총독부	조선 총독부	1915	일본어	15×22.1	89쪽
4		보통학교 창가서 -제1학년용	조선 총독부	조선 총독부	1920	일본어	22×14.7	47쪽
5		보통학교 창가서 -제2학년용	조선 총독부	조선 총독부	1920.	일본어	22×14.7	39쪽
6		보통학교 창가서 -제3학년용	조선 총독부	조선 총독부	1920	일본어	22×14.7	48쪽

7		초등창가 -제5학년용	경성사범 학교교육 연구회	일본창가 출판사	1932	일본어	14.7× 26	56쪽
8		초등창가 -제6학년용	경성사범 학교교육 연구회	일본창가 출판사	1932	일본어	15× 20.5	54쪽
9		(조선총독부 검정제) 초등창가 -제3학년용	경성사범 학교교육 연구회	일본창가 출판사	1932	일본어	14.7× 26	56쪽
10		(조선총독부 검정제) 초등창가 -제3학년	경성사범 학교교육 연구회	일본창가 출판사	1935	일본어	14.7× 26	45쪽
11		(조선총독부 검정제) 초등창가 -제3학년	경성사범 학교교육 연구회	일본창가 출판사	1935	일본어	14.7× 26	45쪽

12		(조선총독부 검정제) 초등창가 -제4학년	경성사범 학교교육 연구회	일본창가 출판사	1935.	일본어	14.7× 26	51쪽
13		(조선총독부 검정제) 초등창가 -제5학년	경성사범 학교교육 연구회	일본창가 출판사	1935.	일본어	14.7× 26	53쪽
14		(조선총독부 검정제) 초등창가 -제6학년	경성사범 학교교육 연구회	일본창가 출판사	1935	일본어	14.7× 26	45쪽
15		미쿠니 노우타 みくにのうた	조선 총독부	조선서적 인쇄주식 회사	1939	일본어	21×15	28쪽
16		미쿠니 노우타 みくにのうた	조선 총독부	조선서적 인쇄주식 회사	1939	일본어	21×15	28쪽
17		(선정판) 소학창가 -제6학년용	심상소학 교음악교 육연구회	명문당	1939	일본어, 한국어	13.1× 18.7	49쪽

18		초등창가 -제1학년용	조선 총독부	조선서적 인쇄주식 회사	1939	일본어	21.2× 15	52쪽
19		초등창가 -제2학년용	조선 총독부	조선서적 인쇄주식 회사	1939	일본어	21.2× 15	54쪽
20		초등창가 -제2학년용	조선 총독부	조선서적 인쇄주식 회사	1939	일본어	21.2× 15	54쪽
21		초등창가 -제3학년용	조선 총독부	조선서적 인쇄주식 회사	1940	일본어	21.2× 15	59쪽
22		초등창가 -제5학년용	조선 총독부	조선서적 인쇄주식 회사	1941	일본어	21.1× 14.9	68쪽
23		초등창가 -제5학년용	조선 총독부	조선서적 인쇄주식 회사	1941	일본어	21×15	68쪽
24		초등창가 -제5학년용	조선 총독부	조선서적 인쇄주식 회사	1941	일본어	21×15	68쪽

25		초등창가 -제5학년용	조선 총독부	조선서적 인쇄주식 회사	1941	일본어	21×15	68쪽
26		초등창가 -제6학년용	조선 총독부	조선서적 인쇄주식 회사	1941	일본어	21.1× 15	70쪽
27		초등창가 -제6학년용	조선 총독부	조선서적 인쇄주식 회사	1941	일본어	21.1× 15	70쪽
28		초등창가 -제6학년용	조선 총독부	조선 총독부	1941	일본어	21.1× 15	70쪽
29		우타노홍 1년 (ウタノホン 1ネン)	조선 총독부	조선서적 인쇄주식 회사	1942	일본어	21× 14.8	52쪽
30		우타노홍 2년 (ウタノホン 2ネン)	조선 총독부	조선서적 인쇄주식 회사	1942	일본어	21× 14.8	54쪽
31		초등창가 -제4학년용 3판	조선 총독부	조선서적 인쇄주식 회사	1942	일본어	21.1× 15	65쪽

32		초등음악-제4학년 교사용	조선 총독부	조선서적 인쇄주식 회사	1943	일본어	21×29.4	181쪽 (14쪽 있음)
33		초등창가-제3학년용	조선 총독부	조선서적 인쇄주식 회사	1943	일본어	21×15	70쪽
34		초등창가-제3학년용	조선 총독부	조선서적 인쇄주식 회사	1943	일본어	21×15	70쪽
35		초등음악-제4학년용	조선 총독부	조선서적 인쇄주식 회사	1943	일본어	21×15	81쪽
36		초등음악-제4학년용	조선 총독부	조선서적 인쇄주식 회사	1944	일본어	21×15	81쪽
37		초등음악-제6학년용	조선 총독부	조선서적 인쇄주식 회사	1944	일본어	21.2×14.7	106쪽

근현대 음악 자료의 활용 방안

창가와 창가집의 활용 사례를 중심으로

강태구

1. 들어가며

개화기를 통해 우리나라에 유입된 서양음악의 영향은 창가라는 장르를 형성시켰다. 음악적 양식뿐만 아니라 문학적 양식에도 많은 변화를 겪었던 이 시기에 탄생한 창가는 정확하게 정의하기는 어렵지만, '서양식 악곡에 맞추어 신식 노래로 창작된 근대 계몽기의 노래' 정도로 정의하고 있다.[1] 그러나 이후 서양음악이 본격적으로 유입되고 일제의 식민지로 전락하면서 교가, 독립군가로 확산하였고, 학교 교육과정에서 창가를 공식 교과로 가르치게 되면서 급속도로 대중들에게 퍼져나갔다. 이러한 상황과 맞물려 많은 창가집이 발간되었고, 이 중 많은 창가집이 현재 한국근현대음악관에서 소장되어 있다.

이렇듯 초기의 창가는 신문명과 신교육을 예찬하거나, 젊은이들에게 신사상과 자주독립 의식을 고취하는 노래의 기능을 담당했지만, 일제강점기 후기로 가면서 개인적인 서정을 노래한 작품 및 문명을 풍자하는 작품들이 실리기도 했고, 일제는 이러한 순기능의 창가를 금지하는 한편 자신들의 식민 지배와 침략전쟁에 협력하는 도구의 기능을 강제하기도 했다.

---

1 「창가」, 『한국민속대백과사전』 (https://folkency.nfm.go.kr/topic/%EC%B0%BD%EA%B0%80

민경찬은 음악계에서의 창가라는 용어의 용례에 대해 다음과 같이 말하고 있다.

> 첫째 찬송가, 둘째 찬송가 선율을 차용하여 만든 모든 노래, 셋째 찬송가 이외에도 서양 노래의 선율을 차용하여 만든 모든 노래, 넷째 일본의 군가 및 창가와 그 선율을 차용한 모든 노래, 다섯째 서양음악 수용 이후 1945년까지 대중가요를 제외한 우리나라 사람이 만든 모든 창작 성악곡, 여섯째 1945년 이전 학교교육에서 사용된 모든 노래, 일곱째 교육용으로 불린 모든 노래. 즉, 대중가요를 제외한 서양의 노래 또는 서양식의 노래 모두를 지칭하는 포괄적인 의미로 사용되었다.[2]

창가는 근대 시기에 탄생한 대중가요를 제외한 서양, 혹은 서양식의 창작된 모든 음악을 지칭할 수 있는데 이러한 창가를 수록한 창가집도 다수 발간되었다. '창가' 또는 '창가집'이라는 이름으로 우리나라에서 발행된 최초의 악보집은 1906년 평양에서 발행된 『수신창가집(修身唱歌集)』, 현존하는 가장 오래된 창가집은 1910년 지금의 교육부에 해당하는 학부(學部)에서 교과서로 편찬한 『보통교육창가집(普通教育唱歌集)』, 개인이 편찬한 지 가장 오래된 것은 1912년 김인식의 『(교과적용)보통창가집普通唱歌集(보통창가집)』, 관(官)에서 편찬한 마지막 창가집은 1941년 조선총독부에서 발행한 『초등창가 제6학년용(初等唱歌 第六學年用)』, 개인이 편찬한 마지막 창가집은 1946년 발행된 임동혁의 『여성창가집』이며, 민경찬은 1997년 『한국창가의 색인과

2 민경찬, 「창가를 다시 묻다」, 『한국어문학연구』 제51집(서울: 동양어문학회, 2008), 7쪽.

해제』를 통해 약 120종의 창가집을 목록화하고 해제를 붙인 기초 작업을 진행했다.[3]

이러한 창가와 창가집 중 평택시의 한국근현대음악관에서는 약 80여 종의 창가집을 소장하고 있는데, 이들의 음악사적 가치와 평가와 별개로 창가집을 중심으로 한 근현대 음악 유산의 활용 방법에 대해 살펴보고자 한다.

2. 한국근현대음악관의 창가집 현황

지영희 명인의 유산을 계승하고, 근현대 음악의 전통을 보존하고 알리는 목적으로 2020년 10월 30일 개관한 한국근현대음악관은 총 7만여 점의 자료를 소장하고 있는데, 이 중 2023년 현재 창가집으로 분류하고 있는 소장 자료는 80종이다.

〈표 1〉 한국근현대음악관 소장 창가집 현황

자료명	저자명	언어	시기	비고
小學唱歌集初編	-	일본어	1881.11.00.	음악교과서
小學唱歌集 第三編	文部省	일본어	1896.03.29.	연속간행물
唱歌教科書 券三 生徒用	公益商社樂器店 編	일본어	1902.04.20.	창가집(민간)
訂正 普通教育唱歌集 第一輯	朝鮮總督府	일본어	1913.01.15.	창가집(관찬)

3 민경찬, 위의 논문, 12쪽~13쪽. 민경찬은 발간된 창가집이 찬송가집과 동요집, 가곡집을 제외하더라도 수백 편에 이를 것으로 추정한다.

자료명	저자명	언어	시기	비고
風琴獨習 中等唱歌集	李覺鐘	한국어	1913.05.28.	창가집(민간)
新編唱歌集 全	朝鮮總督府	일본어	1914.03.15.	창가집(관찬)
大正幼年唱歌 第二集	小松耕補, 梁田貞, 葛原齒 編	일본어	1915.08.13.	창가집(민간)
新編唱歌集 全	朝鮮總督府	일본어	1915.09.05.	창가집(관찬)
普通學校唱歌書 第二學年用	朝鮮總督府	일본어	1920.03.25.	창가집(관찬)
普通學校唱歌書 第一學年用	朝鮮總督府	일본어	1920.03.25.	창가집(관찬)
普通學校唱歌書 第三學年用	朝鮮總督府	일본어	1920.03.25.	창가집(관찬)
最新唱歌集 全	李尙俊	한국어	1921.01.20.	창가집(민간)
朝鮮名勝地理唱歌	鄭敬惲	한국어	1922.09.10.	창가집(민간)
最新唱歌集 全	李尙俊	한국어	1923.05.05.	창가집(민간)
律動遊戲	土川五郎	일본어	1924.08.30.	창가집(민간)
小學唱歌集用 オルガン ピアノ 樂譜	東京音樂學校	일본어	1927.05.20.	창가집(민간)
律動的 表情遊戲 第參輯	土川五郎	일본어	1927.06.22.	창가집(민간)
律動遊戲 (行進遊戲) 第貳卷	土川五郎	일본어	1927.08.15.	창가집(민간)
朝鮮遊覽歌	崔南善	한국어	1928.08.20.	창가집(민간)
靑年歌謠集	全羅南道聯合靑年團 編	일본어	1929.02.15.	창가집(민간)
初等唱歌 第五學年用	京城師範學校音樂敎育研究會 編	일본어	1932.01.31.	창가집(민간)
初等唱歌 第六學年用	京城師範學校音樂敎育研究會	일본어	1932.01.11.	창가집(관찬)
初等唱歌 第三學年用	京城師範學校音樂敎育研究會 編	일본어	1932.03.09.	창가집(민간)
新訂 尋常小學唱歌 第四學年用	文部省	일본어	1932.10.29.	음악교과서

자료명	저자명	언어	시기	비고
新訂 尋常小學唱歌 第四學年用	文部省	일본어	1932.10.29.	음악교과서
新訂 尋常小學唱歌 第六學年用	文部省	일본어	1932.10.30.	음악교과서
小學唱歌集 第三編	文部省 編	일본어	1933.09.10.	창가집(관찬)
小學唱歌集 第二編	文部省 編	일본어	1934.04.01.	창가집(관찬)
律動遊戲 (行進遊戲) 第壹卷	土川五郎	일본어	1934.10.10.	창가집(민간)
初等唱歌 第六學年	京城師範學校音樂教育研究會	일본어	1935.11.20.	창가집(관찬)
初等唱歌 第三學年	京城師範學校音樂教育研究會	일본어	1935.11.20.	창가집(관찬)
初等唱歌 第三學年	京城師範學校音樂教育研究會	일본어	1935.11.20.	창가집(관찬)
初等唱歌 第四學年	京城師範學校音樂教育研究會	일본어	1935.11.20.	창가집(관찬)
初等唱歌 第五學年	京城師範學校音樂教育研究會	일본어	1935.11.20.	창가집(관찬)
兒童歌謠曲選三百曲	小竹 姜信明 編	한국어	1936.01.15.	창가집(민간)
表情遊戲唱歌集 第一輯	李榮甫 編	한국어	1936.03.20.	창가집(민간)
戀愛唱歌	洪種起	한국어, 일본어	1936.11.05.	창가집(민간)
唱歌基本練習讀本	安藤芳亮	일본어	1937.02.01.	음악교재
唱歌行進遊戲解說	성미당	일본어	1937.08.31.	음악교재
初等唱歌　第一學年用	朝鮮總督府	일본어	1939.03.15.	창가집(관찬)
みくにのうた	朝鮮總督府	일본어	1939.03.15.	창가집(관찬)
初等唱歌　第二學年用	朝鮮總督府	일본어	1939.03.15.	창가집(관찬)
みくにのうた	朝鮮總督府	일본어	1939.03.15.	창가집(관찬)
選定版 小學唱歌 第六學年用: みくにのうた 附	尋常小學校音樂教育研究會 編	일본어, 한국어	1939.03.25.	창가집(민간)
初等唱歌　第二學年用	朝鮮總督府	일본어	1939.03.15.	창가집(관찬)

자료명	저자명	언어	시기	비고
日本教科書大系近代編	海後宗臣	일본어	1940.09.15.	음악교과서
國民學校 唱歌遊戱 及 行進遊戱	사범학교체육연구회	일본어	1940.12.01.	악보집
初等唱歌 五學年用	朝鮮總督府	일본어	1941.03.28.	창가집
初等唱歌 第五學年用	朝鮮總督府	일본어	1941.03.31.	창가집(관찬)
初等唱歌 第五學年用	朝鮮總督府	일본어	1941.03.31.	창가집(관찬)
初等唱歌 五學年用	朝鮮總督府	일본어	1941.03.28.	창가집
うたのほん 下 教師用	文部省	일본어	1941.10.15.	창가집(관찬)
ウタノホン 上 教師用	文部省	일본어	1941.10.15.	창가집(관찬)
初等唱歌 第六學年用	朝鮮總督府	일본어	1941.11.20.	창가집(관찬)
初等唱歌 第六學年用	朝鮮總督府	일본어	1941.11.20.	창가집(관찬)
初等唱歌 第六學年用	朝鮮總督府	일본어	1941.11.20.	창가집(관찬)
ウタノホン 1ネン	朝鮮總督府	일본어	1942.01.28.	창가집(관찬)
初等唱歌 第三學年用	朝鮮總督府	일본어	1942.01.30.	창가집(관찬)
初等科 音樂 一	文部省	일본어	1942.02.24.	창가집(관찬)
初等科 音樂 二	文部省	일본어	1942.02.24.	창가집(관찬)
初等科 音樂 一	文部省	일본어	1942.02.24.	창가집(관찬)
初等科 音樂 二	文部省	일본어	1942.02.24.	창가집(관찬)
ウタノホン 2ネン	朝鮮總督府	일본어	1942.03.31.	창가집(관찬)
初等科 音樂 一 教師用	文部省	일본어	1942.05.20.	창가집(관찬)
初等科 音樂 二 教師用	文部省	일본어	1942.05.15.	창가집(관찬)
初等科 音樂 四	文部省	일본어	1942.12.31.	창가집(관찬)
初等科 音樂 三	文部省	일본어	1942.12.31.	창가집(관찬)
初等音樂 第四學年用 教師用	朝鮮總督府	일본어	1943.00.00.	창가집(관찬)
初等音樂 第四學年用	朝鮮總督府	일본어	1943.03.31.	창가집(관찬)
初等科 音樂 四 教師用	文部省	일본어	1943.05.25.	창가집(관찬)
初等科 音樂 三 教師用	文部省	일본어	1943.05.25.	창가집(관찬)
初等音樂 第三學年用	朝鮮總督府	일본어	1944.01.05.	창가집(관찬)

자료명	저자명	언어	시기	비고
初等音樂 第三學年用	朝鮮總督府	일본어	1944.01.05.	창가집(관찬)
初等音樂 第四學年用	朝鮮總督府	일본어	1944.03.31.	창가집(관찬)
初等音樂 第六學年用	朝鮮總督府	일본어	1944.03.31.	창가집(관찬)
儀式行事用唱歌 全: 中等學校用	中等學校教科書 株式會社	일본어	1944.04.15.	창가집(관찬)
초등 노래책 제5,6학년 소용	서울음악교육연구회 서울초등교육건설회 편찬	한국어	1946.07.20.	창가집(관찬)
女聲唱歌集	任東爀 編著	한국어	1946.09.10.	창가집(민간)
わたくしたちのぼくたち唱歌	福山稔	일본어	1948.07.03.	악보집
唱歌法	澤崎定之	일본어	1956.03.15.	음악교재
小學唱歌集 初編	文部省 編	일본어	1974.11.00.	창가집(관찬)
新作唱歌	李尙俊	한국어	1919-1920. 추정	악보집

이 중 창가집 활용 연구를 진행하는데 중요한 역할을 한 창가집이 바로 『근화창가(槿花唱歌)』이다. 노동은의 기증 자료 중 한국근현대음악관에서 소장하고 있던 이 창가집은 2022년 3월 경기도 등록문화재 제14호로 지정되어 근현대 음악 자료의 음악적 가치뿐 아니라 문화재적 가치에 대한 인식을 제고시키는 데 역할을 했다.

이 『근화창가』는 1921년 민족음악가 노영호(盧永鎬)가 조선의 산수와 역사, 영웅을 예찬하는 노래를 만들어 펴낸 악보집으로 1939년 조선총독부에 의해 출판금지가 내려지기도 했다. 한국근현대음악관에서는 2022년 4월 27일부터 8월 31일까지 평택시청, 배다리도서관, 안중도서관, 한국근현대음악관에서 『근화창가』에 수록된 7곡의 악보와 음원을 공개하는 특별전시회를 진행했다.

한국근현대음악관에서는 노동은 등의 기증 자료를 바탕으로 약 7만 점의 자료를 소장하고 있고, 이에 대한 자료의 정리와 활용 방안에 관해 연구와 고민을 진행하고 있다. 이의 활용에 대해서는 민경찬, 김시덕, 문봉석 등의 연구를 통해 제시된 바 있는데, 여기서는 국내의 근대음악 유산의 활용 사례와 해외의 근대음악 유산 활용 사례 등을 살펴 한국근현대음악관이 소장하고 있는 창가와 창가집과 근대 음악 유산의 활용 방안에 대해 살펴보고자 한다.[4]

---

4 민경찬은 한국 근현대 음악연주의 메카를 지향해야 하며 주요 콘텐츠로 창가 자료의 활용을 제안했다. 기존 수집된 창가 자료를 바탕으로 악보집, 전단, 신문, 잡지 등의 수록 악보, 필사본 악보, 일제에 의해 금지된 노래집, 재외 동포 발간 노래집을 추가 발굴 수집하여 이들을 보존, 정리, 연구할 것을 제안했고, 김시덕은 박물관, 아카이브, 도서관의 통합적 기능, 즉 라키비움의 기능을 온오프라인에 실현할 것과 글러컬리즘의 측면에서 평택의 음악과 한국의 음악을 다루는 방안을 제안하고, 문봉석은 근대음악 문헌의 활용성을 높이기 위한 '근대 음악교과서 DB 구축과 전시 방안', 음향자료의 활용 제고와 음향자료의 디지털 변화와 연계 방안, 이미지 자료를 활용한 온라인 전시 방안, 자료의 보안과 외연 확장을 위한 자료수집 전략과 전시와 공연 연계를 위한 공연 축제 프로그램을 제시하고 있다. 민경찬, 「한국 근현대 음악사에서 창가 자료의 의미와 가치」, 『한국근현대음악관 개관 기념 도록』(평택: 한국근현대음악관, 123쪽~133쪽); 김시덕, 「한국근현대음악관 탄생의 역사적 의미와 소장자료의 미래 가치」, 『한국근현대음악관 개관 기념 도록』(평택: 한국근현대음악관, 134쪽~139쪽); 문봉석, 「근대 음악 자료의 분류와 활용 방안 연구」, 『이화음악논집』(서울: 이화음악연구소)

3. 근대음악 유산 및 창가의 활용 사례

1) 한국대중음악박물관

근대음악 유산을 활용해 박물관 또는 음악관의 형태로 운영되고 있는 대표적인 기관으로 한국대중음악박물관이 있다.

한국대중음악박물관은 경주 보문관광단지에 자리 잡고 있으며 2015년 4월 25일 개관했다. 전문 1종 박물관으로 지하 1층에서 지상 3층까지 총 4개 층의 규모다. 박물관 1층에는 80석의 음악감상실, 음악 카페와 문화굿즈샵을 함께 운영하고 있고, 2층에는 대중음악 100년사관, 3층에는 소리예술과학 100년사관, 지하층에는 어린이 만화주제관과 기획전시실을 운영하고 있다. 또한 박물관 야외에는 보문단지의 대표 관광지인 보문정과 연결되는 500석 규모의 야외무대에서 야외 전시를 비롯한 공연과 문화사업들을 진행하고 있다.[5]

박물관 전시관 각 층은 330여 평에 이르는데, 1층에는 1920~1930년대 미국 무성·유성영화 시대의 극장에서 사용되었던 오디오 시스템을 통해 음악감상을 할 수 있는 음악감상실이 구성되어 있다. 2층에는 한국 대중음악의 여명기인 1910년대 일제강점기의 대중음악과 관련된 최초 상업용 음반을 비롯하여, 미국 의회도서관 수장고에 보관되어 있던 한민족 최초의 노래가 실린 실린더 음반, 한국 최초의 노래책 등이 전시되어 있다. 또한 대중음악 관련 희귀음반과 자료들이 K-POP의 100년 역사를 10년 단위로 볼 수 있도록 전시되어 있으

5 유충희, 「위대한 한국대중음악의 뿌리와 맥 '한국대중음악박물관」, 『도서관+_문화공간 산책』(서울: 국회도서관, 2022), 38~43쪽.

〈그림 1〉 한국대중음악박물관 전경

며, 시대별 대중음악을 선택하여 감상할 수 있다. 3층의 소리예술과학 100년사관에는 프랑스 레옹 스콧이 발명한 세계 최초 소리 기록장치, 개체수가 수개에 불과한 에디슨 희귀축음기, 1920년대 가정용 오디오, 1960년대 현대 하이엔드 스피커 등 희귀 오디오의 소리예술 100년사를 시대별 스토리텔링으로 전시하고 있고, 한편에는 음악을 감상할 수 있는 공간을 마련하여 관람객들에게 제공하고 있다.[6]

6 유충희, 「위대한 한국대중음악의 뿌리와 맥, '한국대중음악박물관'」, 『월간 국회도서관』(서울: 국회도서관, 2022), 39쪽.

〈표 2〉 한국대중음악박물관 상설전시관

대중 음악 100년 사관	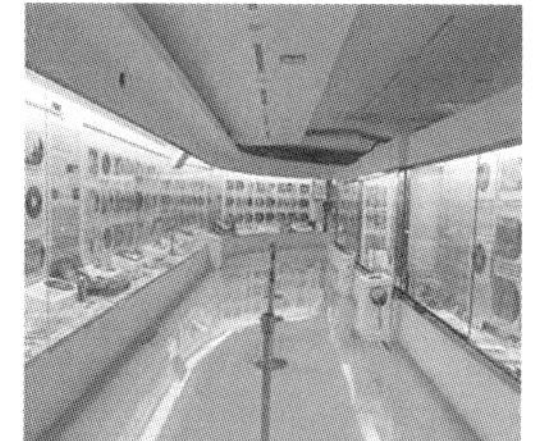	1900년대부터 일제강점기, 8.15해방, 한국전쟁, 산업화와 민주화의 격동기를 거쳐 K-pop이 세계음악의 흐름으로 형성된 현대까지 음반과 관련 자료를 최초, 희귀, 힛트를 기준으로 한 전시관
OST 영화 음악관		대중음악과 상호 밀접한 관계를 가진 OST 음반 중 최초, 희귀를 기준으로 영화 포스터, 극본, 비디오 테이프 등 관련자료의 전시관
소리 예술 과학 100년 사관		1877년 에디슨이 축음기를 발명한 후 1920년대를 시작으로 소리예술의 시초인 무성영화 시대에 사용되었던 시스템과 스피커, 앰프, 최초의 라디오, 최초 텔레비전, 최초 건축 등의 전시관
에디슨 소리 과학관		1877년 에디슨이 발명한 틴포일 축음기부터 오르골 오르간, 세계회귀 축음기와 가정용 오디오가 보급되지 건까지 가정용 축음기의 발달 과정을 보고 시청할 수 있는 전시관

한국대중음악박물관에서는 이러한 근현대 음악 유산을 활용해 상설 전시와 특별전시, 기념공연, 도록 출간 등의 사업과 교육 및 행사를 진행하고 있는데, 먼저 2022년에 진행한 교육 프로그램과 문화행사는 아래의 표와 같다.[7]

〈표 3〉 한국대중음악박물관 교육 프로그램 및 문화행사(2022년)

프로그램명	운영기간	내용
마이플레이리스트	5.18.~12.31.	관람(해설), 플레이리스트 만들기, 음악감상
나만의 머그컵만들기	5.18.~12.31.	원하는 디자인으로 개인 머그컵 만들기
박물관 문화가 있는 날 음악우체통	4월부터 11월 중 마지막주 토요일	소중한 이에게 들려주고 싶은 음악을 선태하고 메시지와 함께 전하는 프로그램
쨍하고 해뜰날 온단다	5.14.~6.30	음악이 있는 강, 어린이 교육 프로그램, 야외 전시
길 위의 인문학 _너와 나의 연결고리 오디오-음악-사람	7.1.~11.20.	오디오와 과학기술에 깃든 인문학 메시지, 총14회차에 걸친 강연, 감상, 체험, 관람
제6회 보문호반 동요대회	10.29.	유치원부터 초등학생의 동요 경연대회
음악처방전	10월~11월 중 4회	차, 요가와 음악 힐링 프로그램 및 야외전시 등

7 한국대중음악박물관(http://www.kpopmuseum.com/)

2) 문화원형 디지털 콘텐츠화 사업[8]

문화원형 디지털 콘텐츠화 사업은 우수한 우리의 정신, 우리의 원형을 발굴하고 현대적 기술로 복원하여 미래의 가치를 창출하기 위해 진행한 사업이다. 문화콘텐츠산업 기반 조성을 위하여 한국콘텐츠진흥원의 주도하에 사라져 가는 우리 문화를 디지털 콘텐츠 형태로 복원하는 데 기여하고, 전통문화를 주제별로 구분해 디지털 콘텐츠화함으로써 새로운 문화 창작 기반을 조성할 목적으로 2000년부터 2010년 동안 진행되었다.

『문화원형 디지털콘텐츠 총람』에 따르면 10년 동안 진행된 콘텐츠화 작업을 다음과 같은 주제로 분류하고 있다.

〈표 4〉 문화원형 디지털콘텐츠 주제별 분류

주제	건수	비고
정치·경제·생업	14	
종교·신앙	9	
인물	11	
문학	28	
의식주	23	
회화	8	
미술·공예	19	
음악	15	
군사·외교	16	

8 한국콘텐츠진흥원, 『문화원형 콘텐츠 총람 2002~2010』(서울: 한국콘텐츠진흥원, 2012년).

주제	건수	비고
교통·통신·지리	13	
과학기술·의약	7	
천문·풍수	5	
의례·놀이·연희	16	
문화·기타	10	
계	194	

이들 '문화원형 디지털 콘텐츠화 사업'으로 작업된 목록 중에 근대와 음악 유산을 대상으로 한 사업들도 포함되어 있다.

〈표 5〉 문화원형 디지털 콘텐츠화 사업 중 근대와 음악 유산 사업

사업명	내용
구한말 외국인의 공간 정동	구한말 다양한 국적을 지닌 서양인들이 모여 살았던 정동의 모습을 복원
독립신문과 만민공동회	근대국가 건설에 주요한 역할을 맡았던 독립신문과 만민공동회의 고증을 통한 디지털콘텐츠화
강릉단오제	강릉단오제의 특징과 가치를 보존하기 위해 현존하는 자료의 체계적 정리와 디지털콘텐츠화
바다문화의 원형 당제	바다를 기반으로 한 모든 축제의 원형이라 할 수 있는 당제의 역사와 자료의 디지털콘텐츠화
한국의 굿	다양한 굿을 지역별, 주제별로 구분하여 선정하고, 각종 자료를 수집에 굿에 대한 데이터베이스 구축
기생	기생문화를 재조명하고, 그들의 삶, 문화, 예술에 대한 새로운 가치를 부여하는 디지털콘텐츠화
신여성문화	1880년대부터 1956년까지 근대여성교육을 받은 여학생들과 신여성들의 삶을 복원환 디지털콘텐츠
최승희 춤	자신만의 예술세계를 구축하고자 했던 최승희의 가치를 재조명하고 후대에 보존하는 디지털콘텐츠

사업명	내용
근대 극장 원소스 개발	극장 등장 이후 공연문화의 변화를 볼 수 있도록 국내 근대 극장의 원형을 복원하는 디지털콘텐츠
겨레의 노래 아리랑	지역과 사상을 초월하여 분포하는 아리랑의 가사와 악보를 수집해 데이트베이스화하는 디지털콘텐츠
고려가요의 디지털콘텐츠화	고려가요의 악보와 악기, 연주형태 등을 조사하고 분석화는 디지털콘텐츠
국악	국악 원형을 장르별로 분석해 장르별로 대표 선율을 발췌하여 샘플화한 디지털콘텐츠
국악장단 디지털콘텐츠	국악장단을 체계적으로 분류해 2천여 개의 디지털 데이터로 샘플화한 디지털콘텐츠
디지털 악학궤범	악학궤범에 실린 해설과 악기 및 복식, 악기편성도, 무용배치도 등의 디지털콘텐츠화
백두대간의 전통음악 원형	각 지역에 따른 음악 원형을 조사하고 데이터베이스를 구축한 디지털콘텐츠
산조	악기를 중심으로 근대에 탄생한 산조의 원형을 복원한 디지털콘텐츠
소리은행	노동요부터 민요, 판소리 등 가장 한국적인 소리의 뿌리를 찾아 복원한 디지털콘텐츠
악인	조선시대 악인들과 장악원의 역할을 조사하여 데이터베이스를 구축하고 디지털콘텐츠화
오케레코드와 조선악극단	오케레코드와 조선악극단을 중심으로 한 대중 예술인들의 작품을 재현한 디지털콘텐츠
음성원형 콘텐츠웨어	판소리 원형을 조사하여 데이터베이스를 구축하고 디지털콘텐츠화
전통국악기 샘플 데이터	전통 국악기 50여 종의 음원을 분석해 3,100여종의 샘플데이터를 개발한 디지털콘텐츠
정간보	세계 2대 유량악보로 인정받는 정간보와 당시 악보 제작도구를 디지털콘텐츠화
종묘제례악	유네스코 세계무형문화재로 등재된 종묘제례악의 원형을 복원한 디지털콘텐츠

사업명	내용
한국 근대의 음악원형	한국 근대음악의 8대 항목을 체계적으로 정리하고 디지털콘텐츠화
서울 근대공간 디지털콘텐츠	1930년대 서울의 공간 자료를 데이터베이스화하여 당시의 모습을 사실적으로 복원한 디지털콘텐츠
듣는 그림 보는 노래 전래동요	예부터 전해오는 전래동요를 현대 아이들의 눈높이에 맞게 복원한 디지털콘텐츠
유랑예인집단 남사당	남사당 문화를 수집하여 디지털콘텐츠화여 남사당의 예술적 가치와 의의를 제고
한국의 전통춤	전통춤의 계승과 보존을 위해 한국 춤의 자료를 복원하고 디지털콘텐츠화
한국의 탈 탈춤	다양한 탈춤의 원형을 복원하여 후대에도 소중한 문화유산으로 전승될 수 있도록 디지털콘텐츠화
화성의궤	조선시대의 르네상스라 불리는 정조 즉위기의 건축 문화에 관한 자료의 디지털콘텐츠화
효명세자와 춘앵전의 재발견	효명세자가 남긴 작품을 수집하여 그 가치와 의의를 후대에 기록하기 위한 디지털콘텐츠
경성의 유흥문화공간	경성의 유흥문화를 조사하여 보다 정확하게 이해할 수 있도록 수집된 자료를 디지털 콘텐츠화

이 중 근현대음악유산의 활용이라는 측면에서 의의가 있다고 할 수 있는 '근대극장 원소스 개발', '오케레코드와 조선악극단', '한국 근대의 음악원형' 콘텐츠에 대해 간략히 살펴본다.

먼저 ㈜온퓨즈에서 개발한 '근대극장 원소스 개발' 콘텐츠는 근대인들의 다채로운 시각이 내재한 공간이 극장에 주목하여 문화산업의 창작소대로 활용될 수 있도록 개발하기 위한 목적으로 진행되었다. 그 콘텐츠의 구성 내용을 보면 다음과 같다.

〈표 6〉 공연문화의 원형인 근대 극장 원소스 개발 콘텐츠 구성

구분	내용	개발형식
극장소개	극장과 공연문화, 극장의 기원과 역사, 근대 극장지도	텍스트, jpg, 2D 지도
극장공간	한국 최초 국립극장 원각사, 한국 최초 상설영화관 단성사, 눈물없이는 볼 수 없는 대중적 드라마의 뿌리, 동양극장	텍스트, jpg, 3D 그래픽
극장이야기	극장 관련깃사, 시놉시스, 극장 시나리오	텍스트, 2D, 일러스트
공연예술	1910~1920년대에 극장에서 펼쳐졌던 다양한 공연프로그램 수록	텍스트, jpg
극장갤러리	당시 기사화됐던 자료 및 원본과 보정된 이미지 수록	텍스트, 3D 동영상

2D지도 근대 극장지도

3D 동영상 원각사

3D 동영상 단성사

3D 동영상 동양극장

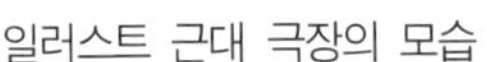

일러스트 근대 극장의 모습

일러스트 근대 극장의 모습

전주대학교 산업협력단에서 수행한 '오케레코드와 조선악극단'은 근대 한국 대중음악 역사에서 뚜렷한 업적은 남긴 오케레코드사와 여기서 조직한 조선악극단의 중국, 일본 등 해외활동을 펼쳐 한류의 시초를 열었던 대중예술인들의 작품을 재현하여 다양한 창작 소재로 활용하기 위한 콘텐츠이다. 이 콘텐츠의 구성 내용을 보면 다음과 같다.

〈표 7〉 오케레코드와 조선악극단 콘텐츠 구성

<table>
<tr><th>구분</th><th>내용</th><th>개발형식</th></tr>
<tr><td>인물</td><td>오케레코드의 주요 임직원, 주요 가수, 주요 작곡가, 주요일반인</td><td rowspan="4">텍스트, jpg, 2D 그래픽, 플래시</td></tr>
<tr><td>단체</td><td>오케레코드 소개, 조선악극단, CMC밴드, 신생극단, 오케그랜드쇼, 오케싱잉팀, 오케음악무용연구소, 단체 연보 등 소개</td></tr>
<tr><td>사진</td><td>스카우트 진행, 교육레코드 발매, 음악영화 제작, 해외진출, 조선연예협회와 군국가요, 검열과 금지, 유산 등 당시 주요 사건 소개</td></tr>
<tr><td>공간</td><td>오케스튜디오, 국내극장, 해외극장 등 소개</td></tr>
</table>

고복수	이난영

2D 그래픽 이철 캐릭터	jpg 박시춘과 동료들

플래시 애니메이션 조선악극단	플래시 애니메이션 고복수

(주)아사달에서 진행한 '한국 근대의 음악원형' 콘텐츠는 한국 근대 음악의 8대 항목을 체계적으로 정리하고 이용자들이 보다 쉽게 접근할 수 있도록 제작해, 새로운 문화산업 모델을 제시하고자 하는 의도록 제작되었다. 그 구성을 보면 아래와 같다.

〈표 8〉 한국 근대의 음악원형 콘텐츠 구성

구분	내용	개발형식
용도별 근대음악	벨소리 음향 모음, 게임 배경용 음향 모음, CF용 음향 모음, 드라마 OST용 음향 모음	텍스트, jpg, 2D 그래픽, 플래시
연령별 근대음악	10대를 위한 음향, 20대를 위한 음향, 30대를 위한 음향, 40대를 위한 음향	
형태별 근대음악	근대음악 형태별 주요 자료 보기	
내용별 근대음악	전통음악 종류와 근대 전개, 학교 음악의 전개, 교회음악의 근대 전개, 대중가요·예술음악의 전개, 독립가·시국가의 전개, 전통 공연장·신공연장의 변천과 분포, 음악가의 생애와 예술, 종교·예술음악	

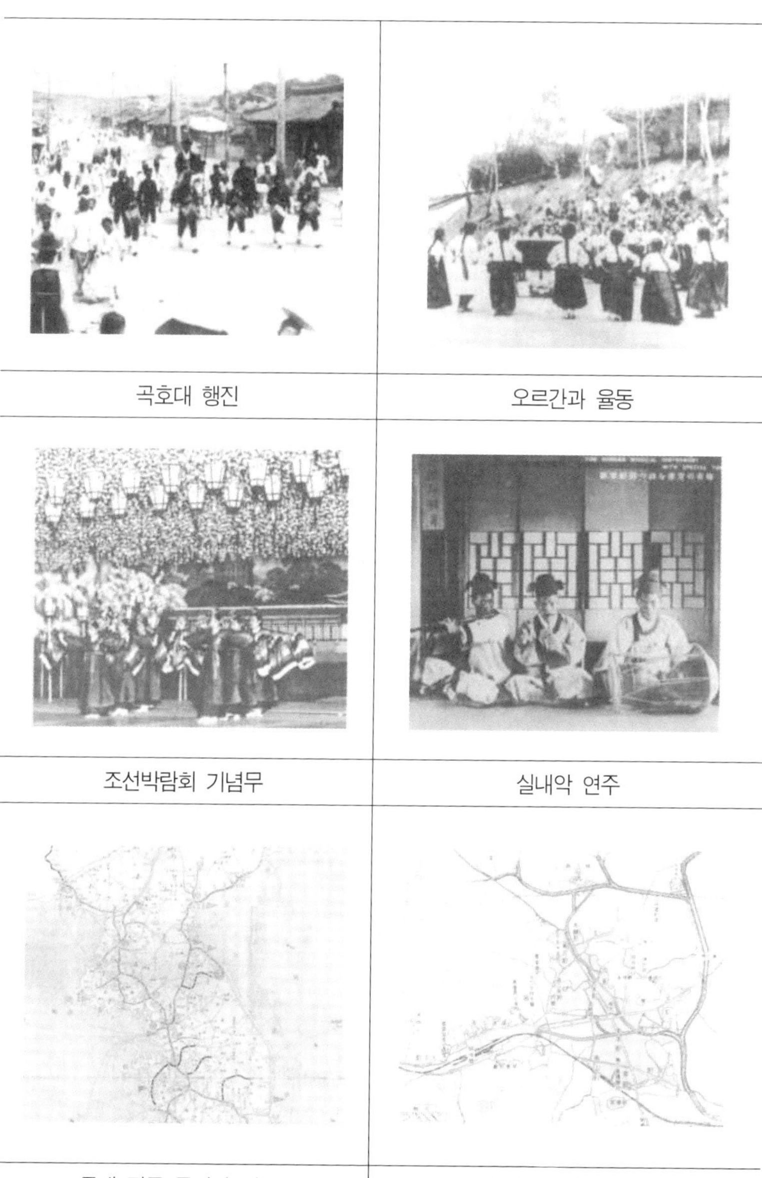

곡호대 행진

오르간과 율동

조선박람회 기념무

실내악 연주

근대 전국 공연장 지도

근대 개성 공연장 지도

3) 일본 근대 음악유산의 활용 사례

일본근대음악관은 일본의 근대음악, 현대음악을 대상으로 하는 전문자료관이다. 1966년에 개설된 재단법인 토오야마(遠山)음악재단 부속 도서실을 원류로, 1987년 설립된 재단법인 일본근대음악재단 일본근대음악관을 거쳐, 2011년 메이지(明治)학원대학 도서관 부속 기관으로 개관했다. 현재의 정식 명칭은 메이지(明治)학원대학 도서관 부속 토오야마 카즈유키(遠山一行) 기념 일본근대음악관(이후 일본근대음악관이라 약칭)이다.[9]

음악평론가 토오야마 카즈유키(遠山一行)는 일본을 대표하는 음악평론가, 음악가, 교육자로서 폭넓은 분야에서 활약해, 일본 양악계에 수많은 공적을 남겨왔다는 평가를 받고 있다.

토오야마(遠山)는 도쿄 제국대학(東京帝國大學) 문학부를 졸업한 후, 도쿄 대학 대학원을 수료하고, 프랑스로 유학해, 파리대학, 파리 국립고등음악원에서 연찬을 쌓았다. 귀국 후에는 페리스 여자 단기대학(フェリス女子短期大學) 음악학부 조교수, 도호가쿠엔 단기대학(桐朋學園短期大學) 음악부 교수, 도호가쿠엔((桐朋學園) 학장, 페리스 여학원 이사 등을 역임하며 후진 양성에 힘을 쏟았다. 제2차 세계대전 직후의 프랑스 유학에서 얻은 폭넓은 지식, 경험에 근거한 날카로운 비평 정신은 음악 평론뿐 아니라 교육 분야에서도 국제적인 시각으로 일본 예술계를 바람직한 길로 이끌었다고 한다. 또한 일본의 젊은 음악가

---

9 遠山一行紀念日本近代音樂館 홈페이지(https://www.meijigakuin.ac.jp/library/amjm/document/)와 위키피디아'일본근대음악관(https://ja.wikipedia.org/wiki/%E6%97%A5%E6%9C%AC%E8%BF%91%E4%BB%A3%E9%9F%B3%E6%A5%BD%E9%A4%A8) 항목을 중심으로 정리하였다.

들의 등용문으로 알려진 일본음악콩쿨의 심사위원, 운영위원, 도쿄음악펜클럽 회장 외에, 도쿄 문화회관 관장, 도쿄 예술극장 관장, 신국립극장 운영 재단 부이사장 등을 토해 음악계에 헌신적으로 관여해 왔다. 무엇보다도 일본근대음악관 관장으로 25년이 넘는 기간 동안 일본에서 유일무이, 국제적으로 봐도 유례가 없는 포괄적인 아카이브를 구축한 것은 토오야마의 지금까지의 다방면에 걸친 활동 중에서도 특기할 만한 업적이라 할 수 있다. 이 활동으로 일본 메이지 시대 이후의 음악, 특히 양악 관련 악보를 비롯한 각종 자료와 사료는 소멸을 면하고 문화유산으로 본존 기록될 수 있었다. 주요 수상 경력으로는 마이니치(毎日) 예술상, 프랑스국문예훈장 오피이에장, 교토(京都)음악상, 훈3등 욱일중수장(旭日中綬章, 문화공로자 등이 있다.[10]

근대음악관은 먼저 토오야마 카즈유키(遠山一行)가 1962년 설립한 재단법인 토오야마(遠山) 음악재단에서 연원을 찾을 수 있다. 이 재단은 음악 사업에 대한 장려금과 조성금 교부 외에 '음악도서관 설치'를 주요 사업으로 상정하고, 1966년 10월 도쿄(東京) 시부야(澁谷)에 부속 도서실을 개관하였다. 당시의 장서 구성은 중세 르네상스 및 바로크 음악, 현대음악, 일본 근대 서양음악 등 3가지로 구성하였는데, 1969년에는 장서 수가 도서 2,300권, 악보 2,000개, 레코드 2,900개로 증대되었고, '토오야마(遠山) 음악재단 부속도서관'으로 개칭(통칭은 토오야마음악도서관, 遠山音樂圖書館)하여 니시아사부(西麻布)의 옛 토오야

10 遠山一行氏に明治学院大学名誉博士学位を授与します」(메이지(明治)학원대학 보도자료, 2010년 10월 5일; https://www.meijigakuin.ac.jp/news/archive/pdf/MG_101005.pdf)

마 카즈유키(遠山一行) 사저로 이전하였다.

1970년에는 토오야마(遠山) 현대음악연구소를 같이 설립하여 문화청의 지원을 받아 일본 작곡가의 자필보를 중심으로 한 작품 자료의 마이크로필름 수록 작업을 1980년도까지 실시하였고, 1971년 설립된 음악도서관협의회에도 처음부터 참여하여 그 사업에도 힘썼다. 1980년대 들어 국가적 규모의 음악 자료 센터의 필요성이 확인되자 1984년 음악도서관 협의회 이사장이었던 토오야마 카츠유키(遠山一行) 등의 발기로 일본 근대음악 자료를 조사·보존하기 위한 '근대 음악관' 설립 운동이 일어났고, 같은 해 10월에는 '근대 음악관을 설립하는 모임'이 결성되었다. 이에 따라 토오야마(遠山) 음악재단은 도서관의 자료수집 방침을 일본 양악 자료로 일원화하기로 하고 장서 중 서양음악 관련 자료를 게이오기주쿠(慶應義塾) 대학에 기증하기로 했다. 1985년에 1만 7천 점의 자료가 동 대학에 기증되어 미타(三田) 정보 센터 내에 '토오야마(遠山) 음악 문고'가 설치되었다.

1986년 7월, 토오야마(遠山) 음악재단은 기부 행위 일부를 변경, 일본근대음악재단으로 개칭했다. 1986년도 말 장서는 도서·악보 13,000권, 녹음자료 7,600개, 마이크로·사진자료 1,600점, , 문고·기탁자료 18점 등이었다.

1987년 10월, 관장 토오야마 카즈유키(遠山一行), 부관장 미나가와 타츠오(皆川達夫)로 일본근대음악재단 일본근대음악관의 설립·사업위원회가 설치되어 옛 도쿄(東京)음악학교 주악당에 분실이 부설되었다(~2003년). 11월에는 제1회 특별전 '근대 일본의 노래'가 개최되었고, 이후 2005년까지 특별전은 26회 개최되었다. 전시회에 즈음해서는 강의가 열리기도 하고 관련 연보와 자료가 간행되기도 했다. 1988년에는 관보 창간, 이후 '신문 기사로 보는 일본의 서양음악-메이지(明治)편' 프로젝트, '일본의 오페라·관현악 작품 연주용 악보' 소재 조사, '메이지(明治)의 서양음악' 데이터베이스 공개, 연주회 프로그램·데이터베이스 공개, 등 차례로 신규 사업을 전개했다. 일본 작곡가의 기념문고 컬렉션은 점차 수를 늘려 복수 작곡가의 각 자료군이 서로 보완하는 관계에 있음을 보여주는 논고도 나타났다. 1994년 12월에는 제18회 온가쿠노토모사상(音樂之友社賞)을 수상했다.

2009년에 이르러 근대 음악관의 더욱 안정적 운영을 위해 토오야마 카즈유키(遠山一行) 관장의 결단으로 2010년 일본근대음악관은 폐관하고, 학교법인 메이지(明治) 학원으로 모든 자료가 이관되어, 2011년 5월 메이지학원대학 도서관 부속 기관으로 개관한 현재의 일본근대음악관은 메이지 이후 일본의 서양음악에 관한 자료를 수집·보존하여 일반에 공개하는 기관으로 활동하고 있다.

도서관 내를 새로 단장한 근대음악관의 시설은 시마자키 요시하루(島崎義治) 건축설계사무소의 설계로 2013년도 굿디자인상을 수상하기도 했다.

또한 소장자료를 활용한 전시회 '오선보에 그린 꿈: 일본근대음악의 150년'이 도쿄 오페라시티 문화재단과 메이지학원대학 공동 주최로 2013년 10월 11일~12월 23일에 도쿄 오페라시티 아트갤러리에서 개최되었다. 이 전시회는 서양음악이 들어오는 메이지시기부터 현재까지 격동의 150년을 더듬기 위해 일본근대음악관의 소장 자료를 중심으로 전국의 자료관 개인소장의 자료를 더해 음악을 중심으로 한

문화사를 입체적이고 다이나믹하게 재구성한 전시회였다.

그 전시회는 서양음악을 일본인들이 어떻게 받아들이고 어떻게 음악과 마주하며 자신들의 음악으로 만들어 왔는지를 살피기 위해 기획되었으며, 악보, 악기, 서신, 공연프로그램, 음반, 회화 등의 다양한 사료가 전시되었으며 '막부(幕府) 말부터 메이지(明治)로', '다이쇼(大正) 모더니즘과 음악', '쇼와(昭和) 전쟁과 음악', '전후(戰後)부터 21세기로'의 네 개의 존으로 구성되었다.[11]

〈표 9〉 '오선보에 그린 꿈: 일본근대음악의 150년'의 전시관 구성

막부 말부터 메이지(明治)로	난학(蘭學)과 서양음악 페리의 내항_흑선(黑線)과 악대 헤본(ヘボン)과 찬미가 군악대의 결성 가가쿠(雅樂)의 레이닌(令人)들과 서양음악 이자와슈지(伊澤修二)와 음악취조궤(音樂取調掛)_마니페스트 국악창성(國樂創成) 쇼우카(唱歌)_노래의 고향 로쿠메이칸(鹿鳴館)과 메이지의 콘서트 메이지(明治)의 문단과 음악 작곡가 고오다노베(幸田延)과 타키렌타로우(瀧廉太郎) 오페라 시작_오르페이스와 미우라타마키(三浦環) 메이지(明治)의 악기 타나카 쇼오헤에(田中正平) 순정조 오르간과 일본음악
다이쇼(大正) 모더니즘과 음악	야마다 코오사쿠(山田耕筰)의 유학과 귀국 『시와 음악(詩と音樂)』의 야마다 코우사쿠(山田耕筰) 동요운동과 작곡가들 미야기 미치오(宮城道雄)과 신일본음악(新日本音樂) 오페라! 오페라! 테에게키(帝劇)와 아사쿠사(淺草)오페라 세노오(セノオ) 악보

11 「五線譜に描いた夢_日本近代音楽の150年」홈페이지(https://www.operacity.jp/ag/exh157/)

<table>
<tr><td></td><td>하기와라 사쿠타로우(萩原朔太郞)과 만도린 음악
미야자와 겐지(宮澤賢治)와 음악
비평의 탄생_오오타구로모토오(大田黑元雄)과 음악과 문학
토쿠가와 요리사다(德川頼貞)와 南葵樂堂(미나미아오이라쿠도)
두 개의 「제9」 초연</td></tr>
<tr><td>쇼와(昭和) 전쟁과 음악</td><td>신흥작곡가연맹(新興作曲家聯盟)의 결성
하시모토쿠니히코(橋本國彦)의 꿈
신흥작곡가연맹(新興作曲家聯盟)과 작곡가들
프롤레타리아 음악운동의 좌절
코노에히데마로(近衛秀麿)화 신교향악단(新交響樂団)
로젠스톡과 프링스하임
첼렙닌(チェレプニン)과 첼렙닌(チェレプニン) 악보
와인가르트너 상
국민가요(國民歌謠)와 유행가, 전시가요
기원2600년(紀元2600年) 축제
통제단체 일본음악문화협회(日本音樂文化協會)_음악은 군수품이다</td></tr>
<tr><td>전후부터 21세기로</td><td>다큐멘터리 센프란시스코 강화조약까지
실험공방(實驗工房)_다키구치슈조(瀧口修造)와 젊은 음악가들
아르스노바와 전자음악
20세기 음악 연구소_현대음악 제전
존 케이지와 메시앙
엑스포70(Expo'70)의 음악
타케미츠토오루(武滿徹)의 음악
전후(戰後) 음악의 기수들
전통과 음악, 음악의 동서
오페라의 전후와 현재
오케스트라의 현재</td></tr>
</table>

현재 일본근대음악관에서 보유하고 있는 자료는 다음과 같다.

〈표 10〉 일본근대음악관 소장 자료의 내용

유형	내용
일반자료	도서, 잡지, 악보, 녹음자료 등
기념문고 컬렉션	야마다 코우사쿠(山田耕筰), 하시모토 쿠니히토(橋本國彦), 아쿠타가와 야스시(芥川也寸志), 타케미츠 토오루(武滿徹)를 비롯한 작곡가의 작품 자료(자필보, 출판보, 녹음자료 등), 관계자료(원고, 초연기록 등)
	오오타구로 모토오(大田黑元雄), 토가시야스시(富樫康) 등 연구 및 평론가의 장서
	야스카와카즈코(安川加壽子), 이와키 히로유키(岩城宏之) 등 연주가의 활동 기록
마이크로 필름	작곡가의 자필보를 중심으로 한 관외 소재의 작품 자료
국내 연주회 프로그램	메이지 시기부터 현재에 이르는 국내 연주회 프로그램
데이터베이스	메이지의 양악(메이지 시기의 신문에 보도된 양악 관계 기사 색인) 일본의 오페라, 관현악 작품 연주용 악보 소재 목록

이러한 자료를 바탕으로 일본근대음악관에서 출판한 대표적인 출판물로는 2013년에 창간하여 연 1회 발행하는 『일본근대음악관관보(日本近代音樂館館報)』가 있는데, 총 6회가 발행되었다.

150 Years
五線譜に描いた夢 日本近代音楽の150年

明治学院大学図書館付属
日本近代音楽館
Archives of Modern Japanese Music
館 報(第2号)

目次
展覧会「五線譜に描いた夢—日本近代音楽の一五〇年」について
展覧会制作にあたって
展示構成
おもな出展資料
資料受入報告
◇日誌から◇
編集後記

메이지(明治)학원대학도서관 부속
일본근대음악관 관보
Archives of Modern Japanese Music
관보(제2호)

목차
- 전람회 '오선보에 그린 꿈 - 일본근대음악 150년'에 대해
- 전람회 제작에 있어서
- 전시 구성
- 주요한 출판자료
- 자료 수입 보고
- ◇ 일지(日誌)에서
- 편집후기

〈그림 2〉 日本近代音樂館 館譜 제2호

또한 전시회의 도록과 소장 자료를 활용한 출판 사업이 있는데, 앞서 살핀 2013년 메이지 학원 창립 150년 기념행사의 하나로 기획되어 도쿄 오페라시티 아트갤러리에서 개최된 전람회의 도록인 『오선보에 그린 꿈-일본근대음악 150년(五線譜に描いた夢-日本近代音樂の150年)』은 막부(幕府) 말부터 현대에 이르는 풍부한 자료 사진이 컬러로 기재되어 있다. 그리고 일본근대음악관의 전신, 토오야마음악재단 부속도서관이 편집·발행해, 제3회 나카지마 겐조음악상(中島健藏音樂賞)을 수상한 『야마타 코우사쿠(山田耕筰) 작품 자료 목록(山田耕筰作品資料目錄)』 등이 있다.

자료를 활용한 출판 사업과 함께 일본근대음악관에서는 다양한 연계 프로그램을 진행하고 있다. 특별전, 렉처콘서트, 콘서트 시리즈 등을 진행하고 있다. 먼저 특별전의 현황을 보면 아래의 표와 같다.

〈표 11〉 일본근대음악관 주최 특별전 현황

횟수	특별전 명	운영기간
제1회	근대 일본의 노래 전 近代日本のうた展	1987.11.1.-11.29.
제2회	악보로 보는 근대일본의 합창곡 - 식생의 숙에서 합창 찬가까지 樂譜にみる近代日本の合唱曲―「埴生の宿」から「合唱讃歌」まで	1988.4.26.-5.29.
제3회	주악당전 개관 1주년 기념 奏樂堂展 開館1周年記念	1988.9.27.-10.30.
제4회	악보로 보는 근대음악의 합창곡-전후편(1946~1958) 樂譜にみる近代音樂の合唱曲―戰後篇 (1946-1958)	1989.5.16.-6.11.
제5회	주악당전 주악당 100주년 기념 특별전 奏樂堂展 奏樂堂百周年記念特別展	1990.4.29.-5.17.
제6회	근대 일본의 피아노 곡과 피아니스트들 近代日本のピアノ曲とピアニストたち	1991.2.5.-3.3.
제7회	악보출판으로 보는 일본의 양악 樂譜出版にみる日本の洋樂	1991.4.23.-5.26.
제8회	하시모토 쿠니히고전(일본의 작곡가 시리즈1) 橋本國彦展(日本の作曲家シリーズ1	1991.11.3.-12.8.
제9회	악보의 장정(裝幀)-세노오 악보를 중심으로 樂譜の裝幀―セノオ樂譜を中心に	1992.4.28.-5.31.
제10회	야마다 카즈오전(일본의 작곡가 시리즈2) 山田一雄展(日本の作曲家シリーズ2)	1992.9.1.-9.27.
제11회	양악 책-음악서로 보는 일본 근대음악의 발걸음(전전편) 洋樂の本―音樂書にみる日本近代音樂の步み(戰前篇)	1993.4.27.-5.30.
제12회	후카이 시로전(일본의 작곡가 시리즈3) 深井史郎展(日本の作曲家シリーズ3)	1993.11.2.-12.5.
제13회	일본을 방문한 명연주가들-다이쇼기를 중심으로 日本を訪れた名演奏家たち―大正期を中心に	1995.4.25.-5.28.
제14회	아쿠타가와 야스시전(일본의 작곡가 시리즈4) 芥川也寸志展(日本の作曲家シリーズ4)	1995.10.21.- 11.26.
제15회	일본을 방문한 명 연주가들_제2차 세계대전 전후 日本を訪れた名演奏家たち―第二次世界大戰前後	1996.4.23.-6.2.

횟수	특별전 명	운영기간
제16회	야마다 코우사쿠전(일본의 작곡가 시리즈5) 山田耕筰展(日本の作曲家シリーズ5)	1996.11.2.-12.15.
제17회	메이지의 양악전 明治の洋樂展	1997.4.29.-6.1.
제18회	전후 음악의 기수들-작곡가 그룹, 활동의 궤적(195~1960) 戰後音樂の旗手たち—作曲家グループ･活動の軌跡(1945-1960)	1998.4.28.-6.7.
제19회	야스히로 아키오전(일본의 작곡가 시리즈6) 矢代秋雄展(日本の作曲家シリーズ6)	1998.11.3.-12.6.
제20회	일본의 음악잡지 100년-음악 저널리즘의 계보(日本の音樂雜誌100年—音樂ジャーナリズムの系譜)	1999.4.27.-6.6.
제21회	작곡가 군상-신흥작곡가연맹 사람들(일본의 작곡가 시리즈7) 作曲家群像—新興作曲家聯盟の人々(日本の作曲家シリーズ7)	1999.10.26.-11.28.
제22회	하야사카 후미오(일본의 작곡가 시리즈8) 早坂文雄展(日本の作曲家シリーズ8)	2000.10.31.-12.3.
제23회	일본 오케스트라-쇼와기를 중심으로 日本のオーケストラ—昭和期を中心として	2001.10.30.-12.2.
제24회	오타구로 모토오大田黑元雄과 그 친구들-음악과 문학 시기 大田黑元雄とその仲間たち—「音樂と文學」の頃	2002.10.29.-12.1.
제25회	메이지의 작곡가들-음악이 꽃핀 시절(일본의 작곡가 시리즈9) 明治の作曲家たち—音樂の花ひらく頃(日本の作曲家シリーズ9)	2003.10.28.-11.30.
제26회	히라오 키시오전(일본의 작곡가 시리즈10) 平尾貴四男展(日本の作曲家シリーズ 10)	2005.11.1.-11.27.

콘서트 시리즈는 2005년부터 메이지학원대학(明治學院大學) 국제학부가 개최한 시리즈인데, 여기에서 일본근대음악관과 관련된 제목으로 진행된 콘서트가 6회에 이른다. 연주 장소는 메이지학원대학 백금(白金)캠퍼스 아트홀이고 그 내용은 아래와 같다.[12]

12 「明治学院コンサートシリーズ」, (明治學院大學國際學部 홈페이지; https://fis.meiji-

〈표 12〉 일본근대음악관 주최 콘서트 시리즈 현황

횟수	콘서트 시리즈 명	개최 일시
제1회	사토 토시나오(佐藤敏直), 야마다 코우사쿠(山田耕筰), 타카타 수부로우(高田三郎)	2011.9.25.
제2회	키시 코이치(貴志康一), 야마다 코우사쿠(山田耕筰)	2011.11.23.
제3회	단 이쿠마(團伊玖磨), 오자키 소키치(尾崎宗吉)	2012.2.10.
제4회	콘노 요키치(紺野陽吉, 早坂文雄[	2012.9.30.
제5회	야마다 코우사쿠(山田耕筰), 시모후사 칸이치(下總皖一)	2013.5.12.
제6회	히라이 코자부로(平井康三郎), 노부토키 키요시(信時潔), 아베 코메이(安部幸明)	2015.8.8.

이 중 제2회 콘서트시리즈의 안내 책자에 나와 있는 연주회 설명 내용을 보면 다음과 같다.

> 일본 양악사의 중요 사료를 소장, 공개하는 일본근대음악관이 올 봄 본 학내로 이전 오픈했습니다. 이와 관련하여 제2탄으로 야마다 코우사쿠(山田耕筰)의 알려지지 않은 작품 1930년대의 일본에서 활발하게 연주된 인기곡, 키시 코이치(貴志康一)의 현악4중주곡 등을 고전의 명곡과 함께 연주한다. 최고 음향의 아트홀(140석)로 꼭 와 주십시오.

gakuin.ac.jp/concert_series/)

〈표 13〉 메이지학원 콘서트 시리즈 소개(일본근대음악관 연계 시리즈)

<table>
<tr>
<td>明治学院コンサート・シリーズ 第32回 《日本近代音楽館によせて》
2011年 9月25日(日) 15:00 開演 (14:30 開場)
明治学院大学 白金キャンパス アートホール
入場無料（一般の方々・学生、どなたにも開かれています。）

ラフマニノフ／ロマンスとスケルツォ
佐藤敏直／2人のヴァイオリニストのための「天空によせる歌謡」
山田耕筰／弦楽四重奏曲 第2番
高田三郎／弦楽四重奏のための「マリオネット」
モーツァルト／弦楽四重奏曲第17番「狩」</td>
<td>明治学院コンサート・シリーズ 第34回 《日本近代音楽館によせて・2》
2011年 11月23日(水・祝) 15:00 開演 (14:30 開場)
明治学院大学 白金キャンパス アートホール
入場無料（一般の方々・学生、どなたにも開かれています。）

ハイドン／弦楽四重奏曲 作品50-5「夢」
ドヴォルザーク／「4つのロマンティックな小品」Op.75a（2Vn, Vla）
貴志康一／弦楽四重奏曲 二長調
山田耕筰／弦楽四重奏のためのメヌエット
ベートーヴェン／弦楽四重奏曲 第6番 作品18-6</td>
</tr>
<tr>
<td>제1회(메이지학원 콘서트시리즈 제32회)</td>
<td>제2회(메이지학원 콘서트시리즈 제34회)</td>
</tr>
<tr>
<td>明治学院コンサート・シリーズ 第37回 《日本近代音楽館によせて・3》
2012年 2月10日(金) 19:00 開演 (18:30 開場)
明治学院大学 白金キャンパス アートホール
入場無料（一般の方々・学生、どなたにも開かれています。）

ブリッジ／3つのイディリス
ハイドン／ヴァイオリンとヴィオラのデュオ Hob.VI-3
團 伊玖磨／弦楽トリオ イ短調
尾崎 宗吉／小弦楽四重奏曲
ラロ／弦楽四重奏曲 変ホ長調</td>
<td>明治学院コンサート・シリーズ 第44回 《日本近代音楽館によせて・4》
2012年 9月30日(日) 15:00 開演 (14:30 開場)
明治学院大学 白金キャンパス アートホール
入場無料（一般の方々・学生、どなたにも開かれています。）

ヴィオッティ／弦楽トリオ 二長調
ヒンデミット／無伴奏ヴィオラ・ソナタ作品25-1より
スーク／2つのヴァイオリンのための「メロディ」
紺野陽吉（安藤久義補作）／弦楽トリオ
早坂文雄／弦楽四重奏曲
ハイドン／弦楽四重奏曲 作品76-2「五度」</td>
</tr>
<tr>
<td>제3회(메이지학원 콘서트시리즈 제37회)</td>
<td>제4회(메이지학원 콘서트시리즈 제44회)</td>
</tr>
<tr>
<td>明治学院コンサート・シリーズ 第52回 《日本近代音楽館によせて・5》
2013年 5月12日(日) 15:00 開演 (14:30 開場)
明治学院大学 白金キャンパス アートホール
入場無料（一般の方々・学生、どなたにも開かれています。）

ハイドン／弦楽四重奏曲 作品9-4
山田耕筰／弦楽四重奏曲 第1番
「赤とんぼ」「おぼろ月夜」
下総皖一／弦楽トリオのための「主題と変奏」
ベートーヴェン／弦楽四重奏曲第3番 作品18-3
ボッケリーニ／メヌエット（原曲版）</td>
<td>明治学院コンサート・シリーズ 第74回 《日本近代音楽館によせて・6》
2015年 8月8日(土) 15:00 開演 (14:30 開場)
明治学院大学 白金アートホール
入場無料（一般の方々・学生、どなたにも開かれています。）

ショスタコーヴィチ／弦楽四重奏曲 第1番
平井康三郎／無伴奏ヴァイオリンの「3つの奇想曲」
信時潔／「弦楽四部合奏」
ヴォルフ／「イタリアン・セレナーデ」
安部幸明／弦楽四重奏曲 第7番</td>
</tr>
<tr>
<td>제5회(메이지학원 콘서트시리즈 제52회)</td>
<td>제6회(메이지학원 콘서트시리즈 제74회)</td>
</tr>
</table>

다음으로 렉처콘서트의 현황은 아래의 표와 같다.

〈표 14〉 일본음악관 주최 렉처콘서트 현황

제1회	도쿄심포니엣타와 함께~니시무라아키라(西村朗)을 맞이하며	2012.11.21
제2회	아키라미요시(三善晃)로의 오마쥬	2014.3.22
제3회	양악(洋樂) 도래고(渡來考)	2014.11.8
제4회	토요야마 카즈유키(遠山一行) 선생과 모차르트	2015.10.17
제5회	아사쿠사(淺草)오페라 100년의 회상	2016.11.23
제6회	전위의 종자들-그룹·음악의 날들	2017.11.11
제7회	마츠다이라 요리츠네(松平賴則) 재고	2018.12.15
제8회	올림픽과 음악	2019.12.14
제9회	타케미츠 토오루(武滿徹)의 음악과 자연-사후 25년을 맞아	2021.2.20.~3.31.
제10회	일본의 음악잡지 50년 - 1890년~1945년	2022.2.15.~3.31.
제11회	축음기로 듣는 오사라기 지로우(大佛次郎) SP레코드 컬렉션	2023.3.18.

이 중 제4회 '토요야마 카즈유키(遠山一行) 선생과 모차르트'는 2015년 10월 17일(토) 오후 2시 30분, 메이지(明治) 학원대학 시로가네(白金) 캠퍼스 아트홀에서 메이지학원대학 도서관 부속 일본근대음악관 주최로 개최되었다. 입장료는 무료였으며 모차르트의 현악4중주곡 제14번 C장조 K.387과 현악4중주곡 제19번 G장조 K.465가 연주되었다. 렉처 콘서트의 강사는 음악학자로 국립음악대학 명예교수이며 신국립극장오페라연구소 소장을 역임한 에비사와 빈(海老澤敏)이었다. 그는 토오야마 카즈유키(遠山一行)와 대학 동창이며 프랑스 유학시절 중 1년을 같이 지낸 사이로, 토오야마(遠山)가 관심을 가지고 연구했던 모차르트에 대한 주석과 둘 사이에 나누었던 모차르트와 관련된

내용들을 가미하는 형태로 관객들에게 강연을 하고 모차르트의 연주곡을 듣는 순으로 진행되었다.

〈그림 3〉 토요마카즈유키와 모차르트 홍보물

4) 창가집의 전시[13]

2020년 1월 23일부터 3월 22일까지 후쿠이(福井)현 교육총합연구소 교육박물관에서 개최된 특별전으로 '시대를 넘어 만나는 창가와 동요 - 그리운 음악교과서' 전이 있다. 문부성 온가쿠토리시라베가카

13 「特別展時を超えて出逢う唱歌と童謡～懐かしの音楽教科書～」(福井縣教育總合研究所 福井教育博物館 홈페이지https://www.fukui-educate.jp/museum/exhibition/ archives/15); 「県教育博物館時を超えて出逢う唱歌と童謡」,『朝日新聞DIGITAL』(http://www.asahi.com/area/fukui/articles/MTW20200225190390001.html)

〈그림 4〉 교육박물관 특별전 전단지

리(音樂取調掛)의 『창가집(唱歌集)』과 『심상소학창가집(尋常小學唱歌集)』 등의 창가집과 음악교과서를 중심으로 한 전시회이다. 유치원과 학교에서 친구들과 혹은 가정에서 가족들이 함께 불렀던 기억의 노래 동요와 창가를 중심으로 1882년에 교과로서의 창가 교과서가 탄생했는데,

이 창가는 1940년에 예술과 음악을 개칭되었고 이후 음악과로 이어졌다. 이 특별전은 창가로부터 시작된 음악교과서의 변천, 인간과 음악의 관계를 소개하려는 의도로 기획된 전시회이다.

메이지(明治) 시기부터 레이와(令和)에 이르는 현대까지 약 150년간의 음악교과서의 변화를 보여주는 전시 공간을 구성하였다. 교과서의 변천을 보여주는 패널, 현물 교과서, 악기 등을 전시한 공간인데, 일본 최초의 창가 교과서인 『소학창가집』전 3편과 『심상소독본창가』전 6권도 전시되어 있다.

〈그림 5〉 전시 창가집과 심상소학창가집

또 다른 전시관은 현재의 음악 교과서를 중심으로 음악이 생활과 어떻게 관계를 맺으며 발전해 왔는지를 소개한다. 특히 교육을 통해 이루어지는 동요와 창가는 동시대를 사는 이들 모두 공통적으로 부를 수 있다는 점에서 추억의 노래, 평생 마음에 남는 노래로 아름다운 시와 부르기 쉽고 외우기 쉬운 멜로디가 공통점이라는 점을 착안하고 있다.

이 전시회에서는 총 108곡의 창가와 동요를 선정하고 이 중 듣고 싶은 곡을 골라 연주와 함께 모니터에 비친 가사를 흥얼거리며 즐길 수 있는 시스템도 갖추어 진행되었다.

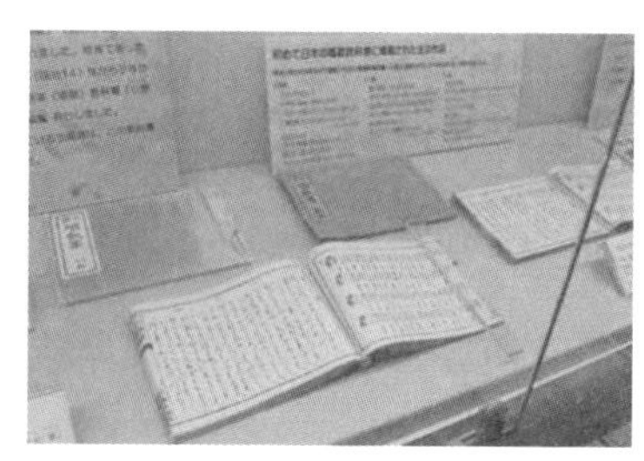	1881년(明治 14)년부터 3년간에 걸쳐 편찬, 발행된 일본 최초의 음악(창가) 교과서 『小學唱歌集』 전3편 전시
	1932~33년(昭和 7~8) 무렵 보조교재로 발매된 문부성 창가 레코드(중앙)와, 1941년(昭和 16)의 초등학교 지도용 레코드
	메이지(明治)부터 레이와(令和)까지의 창가와 음악 교과서 등을 전시 해설하고 있는 전시회 장

〈그림 6〉 전시된 음악교과서와 음악자료

5) 창가의 가사를 활용한 지역 활성화 시민워크숍 활용사례

이 장에서는 기존의 근대음악유산의 활용 사례에서 중 특이한 성과를 보인 활동에 대해 살펴보고자 한다. 음악유산의 콘텐츠로서의 변용 및 응용 방법이 주요 활용 사례로 보이는데 비해 토치기(栃木)현 나스카라스야마(那須烏山)시와 다카네자와마치(高根澤町)의 지역 활성화 및 지역 현안을 근대음악 유산인 창가를 활용한 시민운동 차원의 새로운 창가만들기 사업모델이다.

이 사업은 근대창가의 전범이라 할 수 있는 「철도창가(鐵道唱歌)」를 활용해 현대판 지역 「철도창가」 만들기로 진행된 사업이다.

먼저 일본에서 근대 창가의 하나인 「철도창가」는 오와다 켄키(大和田建樹)가 작사해 1900년 5월에 제1집으로 토오카이도(東海道) 편이 발표되고, 1900년 9월에는 제2집 산요우(山陽)·규슈(九州) 편이, 10월에 제3집 오슈(奧州)·이와키(磐城) 편과 제4집 호쿠리쿠(北陸) 편이, 11월에는 제5집 칸사이(關西)·산쿠우(參宮)·난카이(南海)편이 발표되었다. 그 후에도 홋카이도(北海道)와 대도시의 시가전차(노면전차), 지방의 소규모의 철도도 발표되었다. 이러한 발표 상황은 다음의 표와 같다.[14]

이러한 「철도창가」는 연선의 역명이나 지명, 지리정보나 역사, 산업 등 철도 연선과 관련된 많은 사상이 가사에 포함되어 있다. 또한 이들 창가 대부분은 철도사업자가 작성한 것이 아니라 민간 출판사의 기획에 의해 생산되었다. 이들은 철도 노선이 성립됨에 따라 이들 노선의 연선을 노래한 서적 판매에 착상하여 지리에 정통한 인물을 작

---

14 井上学, 「鉄道唱歌に見られる近代の観光資源の特性」, 『立命館文學』(東京: 立命館大学人文学会, 2017年), 628쪽.

〈표 15〉 철도창가의 현황

	창가의 명칭	곡수	초판 발행일	작사자	작곡자
철도 창가	제1집 東海道 편	66	1900. 5.	大和田建樹	多梅雉, 上眞行
	제2집 山陽·九州편	68	1900. 9.	大和田建樹	多梅雉, 上眞行
	제3집 奧州·磐城편	64	1900. 10.	大和田建樹	多梅雉, 田村虎藏
	제4집 北陸편	72	1900. 10.	大和田建樹	納所弁次郎, 吉田信太
	제5집 關西·參宮·南海편	64	1900. 11.	大和田建樹	多梅雉
	北海道 唱歌 남쪽 편 北海道 唱歌 북쪽 편	20 20	1906. 8. 1906. 10.	大和田建樹	田村虎藏 田村虎藏
	大阪市街電車唱歌	21	1910. 7.	大和田建樹	田村虎藏
	伊豫鐵道唱歌	25	1909. 1.	大和田建樹	田村虎藏
기차 3부작	東海道唱歌 汽車 山陽線唱歌 汽車 九州線唱歌 汽車	50 52 54	1909. 1. 1909. 10. 1909. 10.	大和田建樹 大和田建樹 大和田建樹	田村虎藏 田村虎藏 田村虎藏
	訂正 鐵道唱歌	66	1911. 1.	大和田建樹	多梅雉

사자로 선정하고, 이에 선정된 오와다(大和田)는 외우기 쉬운 창가를 목표로 「철도창가」를 전편 모두 7·5조로 정리하고 있다.

즉 이러한 「철도창가」를 바탕으로 철도 노선 연선의 명소나 사찰, 산업 등을 다루면서도 역사적인 내용이나 인물도 포함하고 있다. 이 당시 「철도창가」는 도보에 의한 능동적인 이동에서 열차 좌석에 몸을 맡긴 수동적인 이동으로 변화한데 따른 차창의 정보를 얻을 수 있는 수단으로 여행을 떠나지 않고도 이 창가를 읽은 것만으로 연선의 정보를 얻을 수 있는 그대로의 여행을 가능하게 했던 것이다. 또한 철도 개통 이전 도보를 중심으로 한 이동으로부터의 변화, 특히 이동 속도

〈그림 7〉 철도창가 도카이도(東海道)편 가사 명판. 신바시역(新橋驛)

의 대폭적인 향상과 함께 철도 개통의 편리성도 함께 노래되었다.

「철도창가」는 지리역사교육으로서의 기능과 함께 중점적으로 소개되는 지역은 에도(江戶) 시대 인기가 있었던 관광지와 크게 다르지는 않았지만, 철도에 의한 이동수단의 단축 효과를 소개하는 기능, 메이지(明治) 유신 이후 일본에 대한 국위 발양으로서의 기능을 가지고 있었다고 할 수 있다.[15]

이러한 기능으로 크게 유행했던 이 「철도창가」를 사업으로 전개한 사례로 토치기(栃木)현의 나스카라스야마시(那須烏山市)와 다카네자와마치(高根澤町)가 있다. 이들 도시는 지방 소도시가 안고 있는 저출산 고령화의 진행과 젊은 층의 대도시권으로의 과도한 인구 유출에 따른 지역 문제의 대응 방안을 모색하던 중, 양 도시를 연결하는 JR 카라스

15 井上學, 「鐵道唱歌に見られる近代の観光資源の特性」, 『立命館文學』61号(京都: 立命館大学人文学会, 2017년), 617~630쪽.

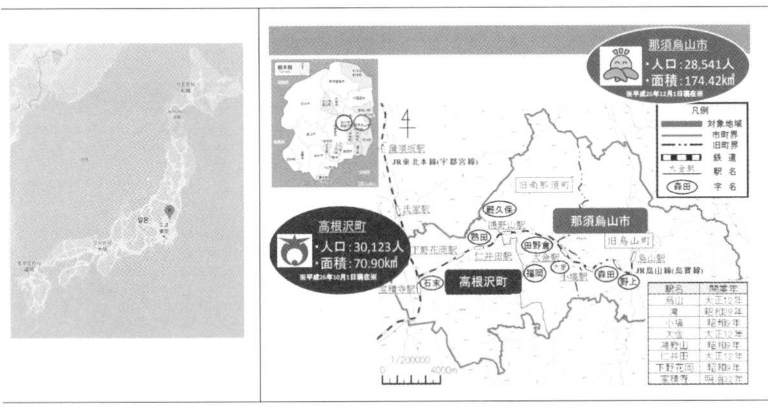

〈그림 8〉 나스카라스야마시(那須烏山市)와 다카네자와마치(高根澤町)

야마센(烏山線)에[16] 주목하였다. 이 노선은 1923년 개통되어 현재에 이르고 있는데, 해당 노선이 포함된 철도창가의 발굴을 계기로 2014년부터 그 활용 방안의 제안을 진행해 왔다.

이러한 움직임의 시작은 1930년대 제작된『카라스타카라센 철도창가(烏寶線鐵道唱歌)』의 발굴에서부터인데, '카라스타카라센(烏寶線)'이란 타이쇼(大正) 12년에 개통된 카라스야마센(烏山線, 현재의 동북본선의 전신. 호우자쿠지(寶積寺) 역에서 분기해 카라스야마(烏山)역까지의 선로)이고, 카라스타카라센(烏寶線) 철도창가는 이 연선의 철도창가이다. 이 카라스타카라센(烏寶線) 철도창가는 관내에 살던 신원불상의 사람으로부터 입수하게 되었고, 이를 바탕으로 이러한 현대판

16 도치기(栃木)현 시오야(塩谷)군 타카네자와마치(高根沢町)의 宝積寺(호우샤쿠지) 역과 도지키(栃木) 현나스카라즈야마(那須烏山) 시의 카라스야마(烏山) 역을 연결하는 동일본 여행철도의 철도선로이다.(https://ja.wikipedia.org/wiki/%E7%83%8F%E5%B1%B1%E7%B7%9A)

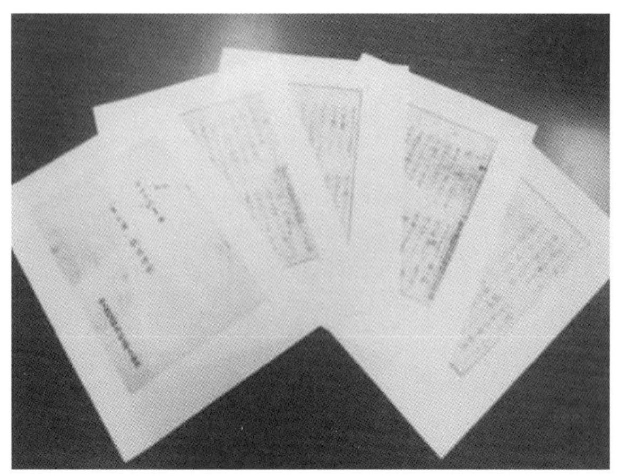

〈그림 9〉 카라스타카라센(烏寶線) 철도창가 복사본

철도창가의 시민운동으로 발전하게 되었다. 현재까지 작자의 존재를 비롯해 창가 그 자체의 정보 등 모두가 알려져 있지는 않다.[17]

이 「카라스타카라센(烏寶線) 철도창가」의 가사를 살펴보면 아래의 표와 같다.

이 철도창가의 발굴을 계기로 이 창가에 대한 연구를 진행했고, 이를 바탕으로 지역활성화를 목표로 추진하면서 시민 워크숍이 기획되었다. 이 창가 제작 사업은 카라스야마(烏山) 편과 타카네자와(高根澤)의 두 편의 창가를 제작하는 것을 목표로 각각의 시민 워크숍을 진행했다.

17 布施和也 외, 「未公開資料の鐵道唱歌を基軸とした地方都市の地域活性化に向けた檢討」, 『土木學會 第70回年次學術講演會資料集』(栃木: 足利工業大學, 2016), 1쪽; 布施和也 외, 「烏寶線鐵道唱歌の解明と近代後期以降」の烏山線沿線地域の變容過程」, 『那須烏山市』まちづくり研究會活動成果報告書』(栃木: 那須烏山市』まちづくり研究會, 2016), 49~53쪽,

〈표 16〉「카라스타카라센(烏寶線) 철도창가」 가사

ゆくてはいづこ寶積寺希望を地史の上にして 春の一日ののどけさを 求めし今日のうれしさよ	化石に名ある小河原や 人に知られし十二口 大和久小倉ほど近し 汽車は驛をばいでにけり
窓にもたれて朝風を 愛づる折りしも一聲の 汽笛と共に吾が汽車は 烏山をば出でにけり	田の倉校や安樂寺 窓下に青き荒川を 再び右にながめつゝ すぐれば変る峯の
愛宕の山の峯つゞき めぐると見れば虻塚の 宿もいつしかあとに見て 峽を走る心地よさ	繪にさながらの枝ぶりを 寫旨機に入るゝ者のあり 墨客何ぞ意なからん 詩人はすてじこしの峯
麥の綠のそが中に 黃金欺く花ありて 言はづとかたる春の香に 思はず胸の踊るなり	福岡すぎて鴻の山 長者平は遠けれど 今猶殘る馬屋窪 八幡太郎に知られけり
瀑音高く綠陰に 響くはこれぞ名にし負ふ 瀧の名所と相待ちて 觀音堂のあるところ	窓より近き法康寺 一向宗にぞしられぬる 臺新田の三箇寺は 日蓮宗の古伽藍
石のきざはし苔むして慈覺大師開山の 堂宇をめぐる老杉は 雲を掃ふにさもにた	太田神社を右に見て 左に仰ぐ星の宮 文挾校の庭先を すぐれば早やも熟田驛
汽笛一聲トンネルに 我等が汽車は入りにけり 此處難工の一ところ 延長實に三町餘	汽車は煙を吐きたてゝ 今ぞ熟田をいでゝ行く 高根澤また花岡は 野州米てふ名も高し
森田にきこゑし發電所 小塙をすぎて荒川の 流れにわたす鐵橋に かゝれば音のかまびすし	廣袤幾重灌漑の 水路蜘蛛手に分れつゝ さすがは廣き水田に 耕すものはこゝかしこ
かなたに見ゆる山脈の ふもとにひける一筆の 斜めに染めしうすかすみ 高瀨の景の得がたしや	花岡校や地藏寺を すぎて石末寶積寺 猪湖送電の架空線 鐵櫓ならべる一奇觀
いつしか大里あとにして 鎭守ふりむくひまもなく 大金驛につきにけり 驛夫のこゑもほがらかに	まもなく來る寶積寺 東北線と交りて 昇降客の多ければ プラットホームは織る如し

카라스야마 시민 워크숍의 인원은 제1회에 관내 18명, 관외 12명, 제2회에는 관내 21명, 관외 15명, 제3회 시민 워크숍에는 관내 17명, 관외 10명이 참가하였다. 그리고, 타카네자와(高根澤) 시민 워크숍에는 제1회에 관내 21명, 관외 2명, 제2회에 관내 16명, 관외 2명, 제3회에 관내 10명, 관외 2명, 제4회에 관내 14명, 관외 2명이 참가하였고, 그 구성원은 일반, 대학생, 고등학생, 코디네이터, 사무국 등으로 참가하

였다. 위 내용을 정리하면 다음의 표와 같다.

〈표 17〉 카라스야마(烏山) 시민 워크숍

분류	제1회 시민 워크숍		제2회 시민 워크숍		제3회 시민 워크숍	
	시내	시외	시내	시외	시내	시외
일반	12	6	15	10	11	7
대학생	0	4	0	4	0	1
고등학생	3	1	3	0	3	1
코디네이터	0	1	0	1	0	1
사무국	3	0	3	0	3	0
계	18	12	21	15	17	10

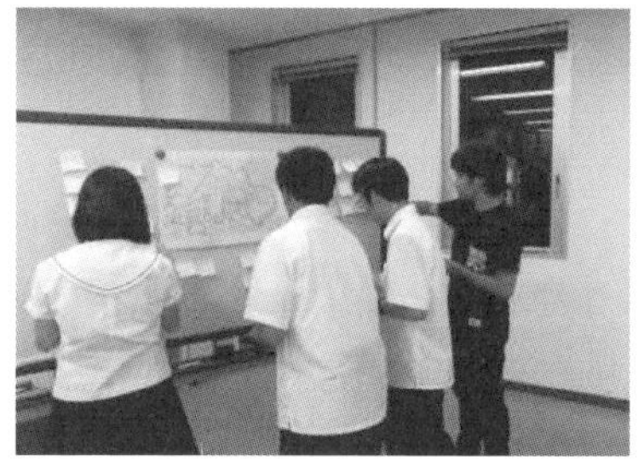

제1회 시민워크숍

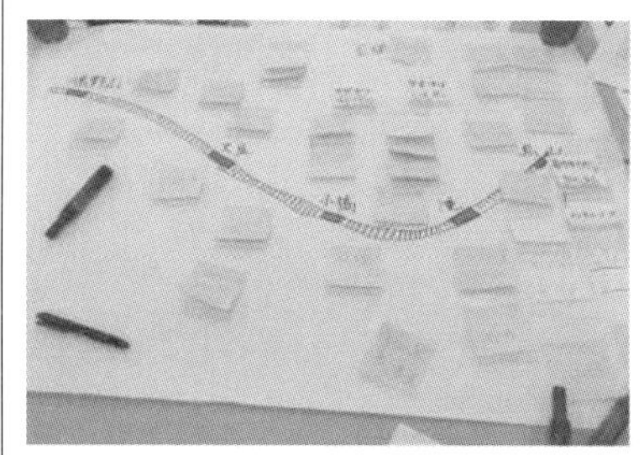

제2회 시민워크숍

제3회 시민워크숍

〈표 18〉 타카네자와(高根澤) 시민 워크숍

분류	제1회 시민 워크숍		제2회 시민 워크숍		제3회 시민 워크숍		제4회 시민 워크숍	
	시내	시외	시내	시외	시내	시외	시내	시외
일반	10	0	8	0	5	0	5	0
대학생	0	1	0	1	0	1	0	1
고등학생	9	0	6	0	4	0	7	0
코디네이터	0	1	0	1	0	1	0	1
사무국	2	0	2	0	1	0	2	0
계	21	2	16	2	10	2	14	2

다음으로 각각 진행된 시민 워크숍의 경과에 대해 살펴보는데, 먼저 카라스야마(烏山)편의 제작 경위를 살펴보면 다음과 같다.

제1회 시민 워크숍에서는 '『카라스타카라센(烏寶線) 철도창가』와 『현대판 카라스야마센(烏山線) 철도창가』를 생각해 보자!'를 주제로 해당 지역의 양상과 그 변형 및 지역 특성의 이해를 높이는 것을 염두에 두고 '현대판 카라스야마(烏山)선 철도창가' 가사에 도입할 '지역 자원'을 추출하였다. 그 결과 91건의 지역 자원이 추출되었다.

〈표 19〉 제1회 시민 워크숍에서 축출된 91개의 지역 자원

山あげ祭り	あゆ	長者ヶ平官衙跡	大金神社
山あげ會館	やな	八溝山地	荒川
烏山和紙	烏山城跡	現在の烏山驛	寶積寺驛舍
和紙會館	八雲神社	和紙の里	石藏
燒きそば	八幡神社	泉溪寺のいちょうの木	倶門窯
そば	稻積神社	ハンググライダー	小原澤燒
コロッケ	天性寺	サイクリング	志鳥燒
うどん	吊橋(大金)	南那須圖書館前のしだれ櫻	紅葉
國見みかん	鮭の遡上	高瀬のヒスイ	ダリア園
苺	堰堤	星空	バラ園
梨	はたる	旧烏山驛舍	櫻
中山かぼちゃ	民話	防空監視哨	オオムラサキ
國見の棚田	森田發電所	神武神社	ヤマドリ
龍門の瀧	荒天の鐵橋	壽龜山神社	カジカ
太平寺	森田城跡	昆沙門山	ウグイ
へびひめ	森田トンネル	旧烏女のけやき	大久保常春
どうくつ酒藏	地眉	木戸のお不動さん	烏山城溫泉
島崎酒造	十二口	極樂寺	壽の湯
東力士	化石群	烏天女の蘭間	大金溫泉グランドホテル
七福神	大金くじら發電所	二宮金次郎のおすくい小屋	境橋
キハ40	シモツケコウホネ	城山莊	興野大橋と舊橋
アキュム	安樂寺	斜張橋	銀河鐵道999
那珂川	桊出の瀧	解石神社	

제2회 시민 워크숍은 '다함께 만들자(현대판) 카라스야마(烏山)선 철도창가'(1)를 주제로 추출한 지역자원을 더욱 구체적으로 설명하기 위한 '설명문구'나 '성구'에 대해 제시받았다. 그 결과 다음과 같은 48건의 문구·성구를 얻을 수 있었다.

〈표 20〉 제2회 시민 워크숍의 가사로 검토한 48개의 성구

母なる大河 恵み豊かな 那珂天の やなの風景 鮭の遡上	トンネル抜けて龍門の 龍神様の民話あり
鮎踊る 紅葉綺麗な境橋 鮭の遡上も 見られるよ	着物が似合う寺巡り郷
墨繪の様な雲海に うっとり國見は みかんの名所	星空の銀河鐵道999
七福神の キハ40 大金驛で アキュムとすれ違う	大金神社(金運アップ)
民話の寶庫 烏山	故郷驅けるキハ40 時代は変わるアキュムへと
民話が傳える 昔語り 鄉土の歩み傳えよう ふるさと傳える民話たち	幣束落とす 八汰烏
綺麗な水が 育んだ 洗練された うどんの形	蛇姫祀る 太平寺
自然の惠み そばうどん	着物で巡る寺のまち
尊徳の教え伝える お救い小屋の跡	那珂川のあゆ
荒川江川の 水きよし	傳統守る烏高生
大黒天の お導き 大金堀れば こはいかに	龍遊ぶ紙神の鄉
化石で名を負う 十二口	無人の驛に停めば
かつては鯨の 泳ぐ海	ひびく龍門の瀧の音
吊教渡れば 水の音	夏は涼しき水しぶき
那珂川渡れば 清流の	秋はもまじの虹と咲く
つるはし響く トンネル	轟音響く高らかに
太古の鯨 ここにあり	一度はおいで龍門へ
八溝そば 清流に さらされ出來た うまいそば	太平寺もほど近く
那須の与一の 生誕地 稲積神社 ここにあり	すばらしきかなこの景色
城を守った お姫様 へびひめ様と 歌われる	朝一番の汽車が出る
太陽浴びて だいだいの 北限で出來た 國見みかん	アキュムが走る烏寶線
キハ40(大金驛ですれ違い)	山あげ祭り和紙の里
關東地方に入りのこる キハ40とすれ違い	終着驛は始發驛
歴史を語る山あげの 祭りに集う若者の おどりは 那珂の 點に似て	大金クジラ發見地

제3회 시민 워크숍에서는 '다함께 만들자 (현대판) 카라스야마(烏山)선 철도창가(2)'를 주제로 지금까지의 시민 워크숍의 성과를 바탕으로 만든 가사 원안을 참가자들에게 제시하고 그 문구의 표현과 구성에 대해 논의하고 조정하였다. 이를 바탕으로 제4회 시민 워크숍에서는 가사의 최종안을 제시했다. 이러한 과정을 거쳐 『현대판 카라스야마(烏山)선 철도창가』 카라스야마(烏山)편으로 총 17편이 구성되었다. 이를 정리하면 아래의 표와 같다.

〈표 21〉 카라스야마(烏山) 시민 워크숍 개최 개요

	제1회	제2회	제3회	제4회
일시	2016년 9월 12일	2016년 9월 20일	2017년 1월 12일	2017년 1월 20일
장소	那須烏山市廳舍			
주제	『烏寶線鐵道唱歌』와 『現代版烏山線鐵道唱歌』를 생각해보자	같이 만들어 보자 현대판 烏山線철도창가(1)	같이 만들어 보자 현대판 烏山線철도창가(1)	
내용	『烏寶線鐵道唱歌』의 성과를 살피고, 철도창가가 가진 의미, 해당 지역의 지역 양상과 현대까지의 지역 변화에 대한 확인	추출된 지역자원의 의미를 보다 구체적으로 설명하기 위한 문장 표현과 문언 구성의 제안을 펼침	제2회까지의 WS 성과를 살피고, 현대판烏山線철도창가의 가사원안을 제시, 제안된 문언, 구성에 대한 의견을 교환	가사 문언의 최종 조정
성과	91건의 지역자원의 도출	48건의 문구(문언) 축출		창가 구성

다음은 타카네자와(高根澤) 편의 제작 경위에 대해 살펴보고자 한다. 제1회 시민 워크숍에서는 해당 지역의 지역자원을 추출하고 85건이 추출했다. 다음으로 가사에 담아야 할 지역 자원으로 10건을 선정했다. 그 후 선정한 10건의 지역 자원을 구체적으로 설명하기 위한

'설명 문구'에 대해 검토해 32건의 문구를 추출했다. 제2회 시민 워크숍에서는 전회의 성과를 토대로 한 창가 원안을 제시하고, 이 원안을 바탕으로 가사 문구의 표현과 구성에 대해 의견을 교환했다. 제3회 시민 워크숍에서는 재구성한 가사를 제시하고 다시 의견을 교환하였다. 이러한 과정을 거쳐 제4회 시민 워크숍에서 전 11편까지의 '다카네자와(高根澤) 편'이 개략적으로 구성되었다.

〈표 22〉 타카네자와(高根澤) 시민 워크숍 개최 개요

	제1회	제2회	제3회	제4회
일시	2017년 8월 21일	2017년 11월 22일	2017년 12월 11일	2018년 1월 10일
장소	타카네자와쵸 복지센터	타카네자와쵸 복지센터 도서관	토치기현립 카네자와 고등학교	토치기현립 카네자와 고등학교
주제	창가에 들어가야 할 지역 자원 및 문언의 축출	창가 원안의 제시와 가사구성에 대한 검토1	창가교정안의 제시와 가사 구성에 대한 검토2	창가교정안의 제시와 가사 구성에 대한 검토3
내용	카라스야마편에서 의지역 자원의 축출과정을 살핌	제1회 WS의 성과를 기초로 창가원안을 제시, 그 후 의견교환을 펼치고 가사의 수정 등을 확인	제2회 WS에서 나온 수정의견을 기초로 재구성한 가사를 제시. 그 후 의견 교환을 행하고 가사 문언의 최종 조정을 펼침	창가 최종안을 제시하고 창가의 구성
성과	32건의 성구(문언) 추출			창가 구성

이렇게 개략적으로 구성된 현대판 카라스야마(烏山)선 철도창가는 카라스야마(烏山) 편 17곡, 타카네자와(高根澤) 편 11곡 등 총 28곡으로 구성되었다. 가사에 담긴 지역자원은 해당 지역의 역사와 풍광 등 지역의 특징을 이야기하는 대표적 경관이자 지역의 매력 정보를 전달하는 내용이다.

〈표 23〉 현대판 카라스야마선 철도창가 '카라스야마 편' 가사

昇る朝日に煌めいて旅立ち嬉し アキュムが描く未來地図踏み出す足も輕やかに	電車はほどなく瀧驛へ轟音響く水煙 大釜小釜龍門は太平寺にもほど近し
光と戯る那珂川のゆたかな流れ水清く 若鮎躍る水飛沫八溝の裾野やなの歡聲	神長の小高い山裾に木漏れ日ゆれる洞ありて 戰車工場あとかたは平和の尊さ語り継ぐ
450の季重ね名にし負うかな山あげの 見得切る絢爛舞い姿常磐津の音も晴れやかに	稲穂のうねり大波の沃野の大地進みゆく にわかに翳りしトンネルはレールも軋む急勾配
常春公が祀られし壽龜山神社の鳥居より 七曲り経て城跡は古の榮え語り継ぐ	小塙を過ぎて荒川の流れに渡す鐵の橋 那須光隆築城と伝えし城も偲ばれる
那須家緣の天性寺お救い小屋で知られたる 勅額賜る泉溪寺銀杏の大樹嚴かに	眺め涼しき荒川の豊かな恵み物語る 大和久小河原十二口往古の生活夢のまに
水面彩る橋と橋姿かたちは違えども 興野 山あげ烏山夢懸け渡す虹のごと	大地の鼓動悠久の土地に刻みしジオパーク 太古のロマン物語るクジラの化石見つけたり
遺產となりし境橋3連アーチも麗らかに 綠滴る落石の紅葉の頃はさらに映え	田野倉の里安樂寺名ある古刹と知られけり 山門藥師眺めつつやがて向かうは鴻野山
南に臨む下境千年の技を引き継ぎし 奉書 程村 和紙の里簀子に躍る夢模	陽炎ゆれる草の群れ八幡太郎義家の 謂れもゆかし官衙址長者ケ平雲高し
峯の上なる國見にはたわわに彈けるみかんあり 露地栽培の北限地雲海の里と知られたり	

제작된 가사를 통해 해당 지역의 매력, 특징을 1900년 최초로 해당 지역을 대상으로 한 '철도창가 토오카이도(東海道)' 편과 1930년 '오호우센(五寶線) 철도창가', 2016년 '현대판 철도창가 카라스야마(烏山)' 편과 2017년 '타카네자와(高根澤)' 편의 지역 자원을 자연적 경관, 역사적 경관, 교육 건조물, 산업 건조물, 교통 등 건조물, 지명, 명물, 명산 등으로 구분하여 비율을 살펴보면 다음의 표와 같다.

〈그림 10〉 카라스야마시(烏山) 만들기 모임 보고회

〈표 24〉 창가의 지역자원의 구성비의 비교

분류	철도창가제1집 동해도편 (1900년)		오보선 철도창가 (1930년)		현대판철도창가 (카라스야마편) (2016년)		현대판철도창가 (타카네자와편) (2017년)	
	건수	비율	건수	비율	건수	비율	건수	비율
지연, 지연적 경관	47	22.8	11	20.4	13	20.6	9	25.7
역사, 역사적 경관	61	29.6	13	24.1	24	38.1	4	11.4
건조물(교육)	0	0	3	5.6	0	0	0	0
건조물(산업)	0	0	1	1.9	0	0	1	2.9
건조물 (교통, 통신, 토목)	19	9.2	6	11.1	8	12.7	6	17.1
지명	69	33.5	19	35.2	10	15.9	4	11.4
명물, 명산, 토산, 전통	10	4.9	1	1.9	8	12.7	11	31.4
계	206	100	54	100	63	100	35	100

이렇듯 시민 워크숍을 통해 지역 활성화를 도모하기 위한 방법으로 창가를 활용한 이번 작업은 28편은 시민들의 손으로 자기 지역의 대표적인 역사와 자연, 문화경관을 창가로 제작했고, 그것은 그대로 지역의 매력 정보로 활용할 수 있을 것이다. 또한 두 편으로 제작된 창가의 경우 그 구성비에서도 알 수 있듯이 카라스야마(烏山)에서는 역사적 경관이 타카네자와(高根澤)에서는 명물, 명산, 전통 등이 높은 비율을 차지하고 있는데, 이는 각 지역의 차이에서 기인하는 것으로 이는 양 지역이 앞으로 마을 조성 방향성을 시사하는 것으로 생각할 수 있다. 결국 이러한 작업을 통해 시민들에게 지역의 매력과 자긍심을 일깨우는 동시에 방문객들에게는 경쾌한 귀에 익은 멜로디를 접하면서 지역문화를 배우는 안내서 역할을 할 것으로 기대하고 있다.

4. 나오며

이상으로 한국근현대음악관에서 소장하고 있는 근현대 음악유산과 특히 창가와 창가집을 활용해 활성화를 기할 수 있는 사례를 음악유산과 관련해서는 한국대중음악관과 일본근대음악관, 그리고 철도창가를 활용한 지역활성화 시민 워크숍의 사례를 살펴보았다.

특히 한국근현대음악관이 가지고 있는 음악관련 유물 및 유산의 체계적인 분류와 정리가 마무리된 상황은 아니어서 정확한 자료의 활용 방안을 모색하기에는 아직 시기상조인 듯 하며, 무엇보다도 이러한 체계적인 아카이빙 작업이 최대한 우선 순위로 선행되어야 할 것이다.

하지만 이는 이러한 작업의 진행과 동시에 한국근현대음악관이 평택시의 시민들로부터 나아가 음악에 관심이 있는 국민들에게 널리 알려지고 활성화되어 근현대음악유산의 성지로 부상하기 위해서는 다양한 활용 방안을 모색해야 할 것이다.

이를 위한 근대음악 유산을 대상으로 하는 한국과 일본의 음악 전문 박물관의 운영 사례를 통해 다양한 연계 사업이나 기관의 위상을 제고시키기 위한 노력이 펼쳐지고 있었는데, 특별히 나스카라스야마(那須烏山) 시의 지역 활성화를 위한 철도창가의 제작 시민 활동은 지역 공동체와 함께하는 창가의 활용에 큰 시사점을 던져주고 있다고 생각한다. 국내의 경우도 1908년 최남선이 경부선의 시작점인 남대문역에서부터 종착역인 부산까지 연변의 여러 역을 열거하면서 그 지역의 풍물, 인정, 사실 등을 서술해 가는 형식으로 제작된 「경부철도가」가 있는데, 14연에서 평택을 노래하고 있다.[18] 이를 토대로 한 다양한 형태의 새로운 창가만들기를 한국근현대음관이 시도할 수 있을 것이다.

중장기적 발전 계획을 수립하면서 한국근현대음악관의 정체성을 확립하고 알리기 위해 상설전시와 함께 특별전이 기획되어야 한다. 예를들어 개화기부터 현대에 이르는 창가집이나 음악교과서의 특별전시회를 진행하는 것은 상징적인 의미를 갖을 수 있다. 개화기부터 일제강점기, 해방공간 등의 테마로 창가집의 특별전이나 특별전이 한국근대음악관 소장 자료만으로도 충분히 의미있는 연출이 가능할 것

18 西井里를 지나서 平澤이르니 / 들은 늣고 山낫아 들만 넓도다 / 妙한경치좋은 土産 비록 없으나 / 쌀 所出은 다른데 당하리로다

이기 때문이다.

또한 일제강점기 사진엽서, 근대음악사 관련 각종 도상자료, 악보자료, 홍난파, 현제명, 김순남, 이건우, 지영희, 한성준 등의 음악가 자료, 1920년부터 1960년까지의 음악공연 관련 각종 리플릿, 팜플릿 자료, 친일음악, 항일음악 자료 등의 분류로 연속적인 특별기획전을 개최한다면 한국근현대음악관의 정체성 확립 및 이미지 제고에 큰 역할을 할 것이라고 생각한다.

특히 일본근대음악관에서 진행하고 있는 창가의 음향자료의 디지털 변환과 연계 사업이나 렉쳐콘서트 등도 중요한 참고 사례가 될 것이며, 중장기적으로는 근대음악유산을 활용한 공연 및 축제로까지 확장될 수 있어야 할 것이다.

『槿花唱歌』의 경기도 등록문화재 지정 타당성과 그 의의

최세은

1. 머리말

2022년 4월, 평택시가 소장한 일제강점기 금지노래책『槿花唱歌』두 점이 경기도의 시도등록문화재[1]로 지정되었다(〈도판 1〉[2]). 경기도의 등록문화재 제도 도입 이래[3] 최초로 등록된 근대음악 관련 문화재이다.

사실『槿花唱歌』의 경기도 등록문화재 지정은 국가등록문화재 등록을 위한 예비 단계였다고 할 수 있다. 현재「근현대문화유산의 보존 및 활용에 관한 법률」에 따르면 시·도지사가 그 관할구역에 있는 문화유산을 국가등록문화유산으로 등록하기 위해서는 시·도문화유산

---

* 본고는『근대서지』제26호에 수록된 글을 수정 보완한 것이다. 최세은,「경기도시도등록문화재 일제강점기 금지창가집『槿花唱歌』」,『근대서지』, 제26호, 민속원, 2022, 397~422쪽.

1 시도등록문화재란 국가지정문화유산이 아닌 것 중 가치가 있는 문화유산을 시도에서 문화재로 인정하여 보존·관리·활용하는 제도이다. 국가법령정보센터(https://www.law.go.kr/법령/문화유산의보존및활용에관한법률/(20077, 20240123)).

2 평택시 한국근현대음악관 제공.

3 경기도는 2021년부터 근대문화와 관련된 역사 자료 및 건축물 등을 발굴하여 문화재로 선정하였다. 이때 지정된 문화재는 동두천 자유수호평화박물관 소장 한국전쟁 피난민 태극기를 비롯한 11건이다. 경기도청(https://www.gg.go.kr/bbs/boardView.do?bsIdx=464&bIdx=33834371&page=1&menuId=1534&bcIdx=521).

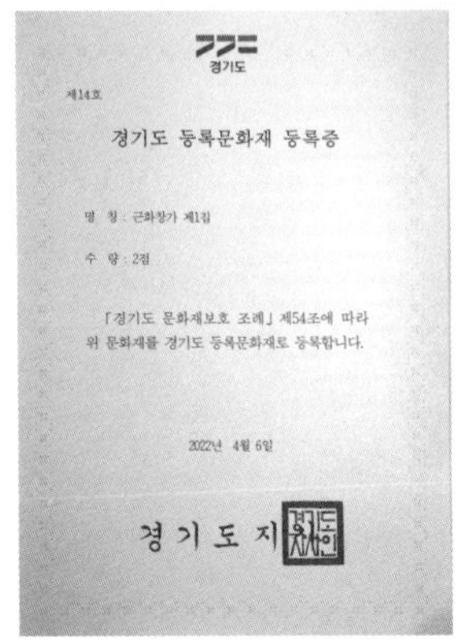

경기도

제14호

경기도 등록문화재 등록증

명 칭 : 근화창가 제1집

수 량 : 2점

「경기도 문화재보호 조례」 제54조에 따라 위 문화재를 경기도 등록문화재로 등록합니다.

2022년 4월 6일

경 기 도 지 사

〈도판 1〉『槿花唱歌』의 경기도 등록문화재 등록증

위원회의 사전 심의를 거치도록 되어 있다.[4] 즉 『槿花唱歌』가 국가등록문화재가 아닌 시도등록문화재로 등록된 것은 그 가치 평가와 무관한 행정 절차의 결과이다.

하지만 제도상의 문제를 떠나 『槿花唱歌』는 궁극적으로 국가등록문화재로 전환이 요구되는 유산이다. 현재 근대음악 유산은 모두 국가등록문화재로 관리되고 있다.[5] 비록 『槿花唱歌』의 소장 관할이 국가 전체에 미치므로 앞서 지정된 다른 근대음악 유산과 같이 국가등록문화재로 관리되는 것이 마땅하다고 할 수 있다.[6] 물론 그 마땅함을 따지기에 앞서, 우리의 공동체가 『槿花唱

4 국가법령정보센터(https://www.law.go.kr/법령/근현대문화유산의보존및활용에관한법률/(19702,20230914)).

5 근대음악과 관련된 대표적인 문화재는 다음과 같다. ①애국창가 악보집(1916, 독립기념관 소장); ②찬양가(1894, 연세대학교 학술정보원 소장); ③홍난파 동요 악보 원판(단국대학교 석주선기념박물관 소장); ④배재학당 피아노(1911, 배재학당 역사박물관 소장); ⑤한중영문중국판 한국애국가 악보(1945, 국립대한민국임시정부기념관 소장); ⑥대한제국애국가(1902, 대한민국역사박물관 소장); ⑦광복군가집 제1집(1943, 독립기념관 소장); ⑧찬송가(1908, 숭실대학교 한국기독교 박물관 소장); ⑨안익태 대한국애국가 자필악보(1949, 독립기념관 소장); ⑩보병과 더불어 악보(1952, 청동기 문화박물관 소장). 관련 정보를 파악하는데 도움을 주신 한국예술종합학교 민경찬 교수님께 감사드린다. 문화재 정보 조회는 문화재청 국가문화유산포털(https://www.heritage.go.kr/heri/cul/culSelectView.do?pageNo=1_1_1_1) 참고.

6 『槿花唱歌』가 경기도의 등록문화재로 지정된 것이 부적합하다는 뜻이 아니다. 지금의 이원화된 등록문화재 제도는 문화재 등록과 관리 업무를 국가와 지자

歌』의 가치를 이해하는 것이 우선되어야 한다고 생각한다.

따라서 본고에서는 『槿花唱歌』의 문화재적 가치가 무엇인지 논의하고자 한다. 이때 문화재적 가치는 문화재로서의 지정 근거와 우리 사회에 전달하는 이로움이 무엇인지 살펴봄으로써 파악할 수 있다. 이에 제2장에서는 경기도 등록문화재로서 지정된 타당성이 무엇인지 살핀다. 제3장에서는 『槿花唱歌』가 우리 공동체의 유산으로서 관리되는 것이 어떠한 의미와 가치를 지니는지 생각해보고자 한다.

2. 『槿花唱歌』의 문화재 지정 타당성

『槿花唱歌』는 역사성·희소성·학술성 면에서 모두 그 가치를 인정받아 경기도 등록문화재로 지정되었다. 그 문화재 지정의 타당성을 정리하면 다음과 같다.

1) 국내 소재의 일제강점기 금지창가집

『槿花唱歌』는 1921년 문예인 노영호(盧永鎬)가 자신의 출판사 근화사(槿花社)에서 펴낸 창가집이다. 수록곡은 〈조선의 자랑〉·〈을지문덕〉·〈강감찬〉 등 7곡으로 민족 정서와 항일 의지를 담은 내용으로 일관되어 있다. 이에 『槿花唱歌』는 1939년 12월 1일 '치안'을 사유로 조선총독

체가 분담하기 위해 마련된 것이며 문화재의 가치 경중과는 무관함을 분명히 밝힌다.

【キ】

題號	著者又ハ編輯者名	發行年月日	發行地	處分年月日	處分理由
記念廣州大慘殺中國濟難總會印發（支文）		昭和年 月日	中國濟難總會印行	昭和年 月日 四・三・三〇	治安
共濟（漢文）		九・九・一〇	京城 趙誠淳	一三・八・二九	同
奇人奇事錄下編（同）	崔演德	大正 三・三・五	京城	一三・一〇・五	同
金陵李氏世譜三冊（漢文）			全北錦山 李德基	一四・七・三〇	出版法違反
近代朝鮮人物畫報		七・一・一	京城 車相瓚		治安
槿花唱歌（鮮文）	盧永稿	大正 一三・四・一〇	京城 槿花社	一四・二・一	同
京鄕雜誌第三四卷第九二七號（同）	楊秀春	昭和 一五・一〇・一五	同 京鄕雜誌社	一五・一〇・一四	同
姜氏二聖遺像並實記（漢文）	姜大喆	發行年月日ナシ	晋州邑	一五・一五・三	出版法違反
戲劇（支文）	施公英	一六・	上海	一六・一一・六	治安
基督教前進叢書（同）	キリスト會	一六・	同	一六・五・一四	同
救國言論集（同）		一六・	同	一六・一〇・六	同
僞匪犯綏興大元帝國（同）		一六・	同	一六・一〇・六	同
義勇軍（同）		一六・	北平	一六・一〇・六	同

四一

〈도판 2〉『槿花唱歌』의 금지 처분

부에 의해 금지 처분되었다(〈도판 2〉).[7]

『槿花唱歌』는 국내에서 실물이 확인된 금지 창가집으로서 귀중하다. 우리나라의 문화재로 관리되기 위해서는 소장처가 국내에 있거나 소장인이 내국인이어야 한다. 가령 북간도 민족학교에서 발간한 『최신창가집』(1914)은 해외독립운동의 귀중한 사료임에도 불구하고 현재 일본 외무성에서 소장하고 있기 때문에 귀중한 우리나라의 문화재로 관리되지 않는다. 이러한 점을 볼 때 『槿花唱歌』가 국내에 있다는 점은 다행스러운 일이라 할 수 있다. 『槿花唱歌』가 몇 번째로 발굴된 일제강점기 금지 창가집인지는 단언하기 어려우나,[8] 금지 창가집의 실물 현존이 희박한 상황에서 그 실물이 발굴

7 조선총독부, 「조선문·지나문」, 『조선총독부 금지단행본목록』, 조선총독부경무국, 1941, 41쪽.

8 현재 금지 창가집의 현황은 정확히 파악하기 어려운 실정이다. 『조선총독부 금지단행본목록』이나 『조선총독부 관보』, 관련 신문 기사 등을 통해 일면 파악할 수 있긴 하지만, 당시 검열이라는 것은 검열관의 주관성에 이루어진 것이기 때문에(문옥배, 2023) 공식화된 목록이 금서의 전부라 할 수 없기 때문이다. 학자들마다도 금지 창가집의 현황 파악이 일치하지 않는다. 민경찬은 총 15종으로 파악하였고 이중 현전하는 것은 광성중학교의 『최신창가집』(1914)과 이상준의 『풍금독습중등창가집』(1929, 5판)이라 하였다. 민경찬, 『한국창가의 색인과 해제』, 한국예술종합학교, 1997, 27~29쪽; 65~69쪽 참고. 한편 노동은이 정리한 「한국근대 음악문헌 목록(1860년대~1945년간)」에서 조선총독부 금지 창가집을 추리면 총 29종이다. 노동은, 「한국근대 음악문헌 목록(1860년

된 일은 대단히 고무적인 일이다.

『槿花唱歌』는 그간 출판 사실만 확인[9]되었다가 2015년 故 노동은[10]의 「한국근대 음악문헌 목록」을 통해 표지가 공개되면서 그 생김새가 알려지게 되었다.(〈도판 3〉[11]) 다만 이때의 표지 사진은 깨끗하게 보정된 것이었기 때문에 실물의 모습과 보존 상태를 알 수 없었다.

『槿花唱歌』의 실물 모습과 보존 상태는 2019년 10월 한국근현대음악관 상설 전시에서 처음 공개되었다. 〈도판 3〉에 실린 것과 같은 표지와 첫 수록곡 〈조선의 자랑〉의 가사와 악보였다. 이때 전시된 것 이외에도 평택시는 크기, 인쇄 체제가 다른 『槿花唱歌』를 한 점 더 소장하고 있다. 즉 현재 음악관에 전시된 것은 두 점의 『槿花唱歌』 중 한 점이다. 이에 평택시는 희귀한 『槿花唱歌』를 두 점이나 소장하고 있다는 사실을 적극 홍보할 필요가 있다.

대~1945년간)」, 『음악과 민족』, 제50호, 민족음악학회, 2015, 83~170쪽. 문옥배는 총 36종으로 정리하였다. 문옥배, 「일제강점기 식민지배체계로서의 창가 통제」, 『근대음악문화유산 창가집의 가치 보존 및 활용』, 『근화창가』 경기도 등록문화재 지정 기념 학술대회자료집, 평택시·민족문화유산연구소, 2023, 51쪽.

9 창가집을 조사한 연구에서도 그 목록만 알려졌다. 민경찬, 『한국창가의 색인과 해제』, 한국예술종합학교 한국예술연구소, 1997; 문옥배, 『한국 금지곡의 사회사』, 도서출판 예솔, 2004. 또한 주요 국공립·사립박물관 113곳에 보유현황을 조회 요청한 결과 『槿花唱歌』를 소장한 곳은 없었다.

10 故 노동은 교수가 어떻게 『槿花唱歌』를 입수하였는지는 알려지지 않았다. 다만 한국근현대음악관에 그의 자료 구매 내역 목록이 일부 보관되어 있어 자료의 입수 경위를 파악할 수 있으리라 기대한다.

11 노동은, 「한국근대 음악문헌 목록(1860년대~1945년간)」, 『음악과 민족』, 제50호, 민족음악학회, 2015, 170쪽.

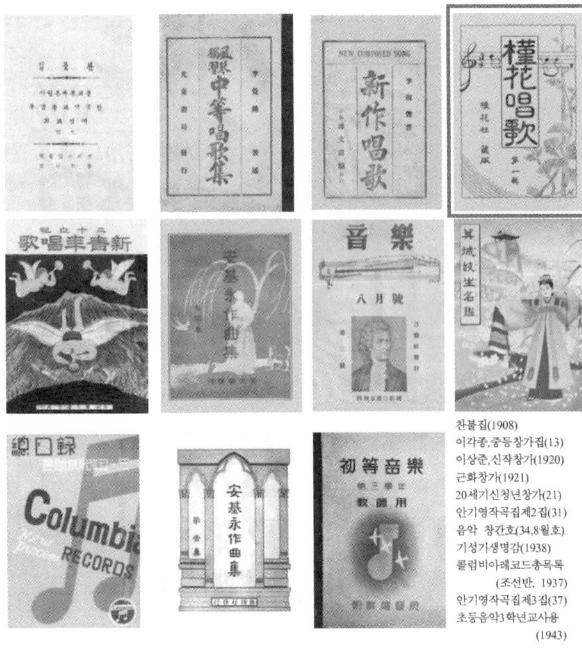

新作唱歌
槿花唱歌
音樂
八月號
Columbia
RECORDS
安基永作曲集
初等音樂
教師用
찬불집(1908)
이각종, 중등창가집(13)
이상준, 신작창가(1920)
근화창가(1921)
20세기신청년창가(21)
안기영작곡집제2집(31)
음악 창간호(34,8월호)
기성기생명감(1938)
콜럼비아레코드총목록
(조선반, 1937)
안기영작곡집제3집(37)
초등음악3학년교사용
(1943)

〈도판 3〉「한국근대 음악문헌 목록」(2015)에 실린
『槿花唱歌』 표지

2) 두 점만 현존하는 희귀본

『槿花唱歌』는 단 두 점만 현존하고 있으며 모두 평택시 한국근현대음악관에 소장되어 있다. 두 점의 『槿花唱歌』는 크기, 인쇄 체제가 다르다. 먼저 그림 표지를 갖춘 자료(이하 '㉠'라 칭함)는 크기가 12.6×19.5cm이다. 낡고 훼손되어 배접한 상태다. 노동은의 자료들을 살펴보면 비슷한 형태의 보수 작업이 이루어진 것들을 다수 볼 수 있다. 이에 배접은 전 소장자인 노동은이 직접 한 것으로 추정된다. 내

지는 낱장으로 분리되는 상태다.

나머지 하나는 표지가 없어 자체적으로 제작한 표지가 낱장으로 분리된 자료들을 감싸고 있다. (이하 'ⓛ'라 칭함) 크기는 12.7×16.3cm로 ㉠에 비해 비교적 크기가 작다. 자료의 가로 길이가 같고 인쇄 중심선이 불균형하여 누군가가 세로 길이를 임의로 재단했을 가능성이 있다.

〈표 1〉 두 점의 『槿花唱歌』 비교

㉠ (초판본 추정)	ⓛ (이판본 추정)
	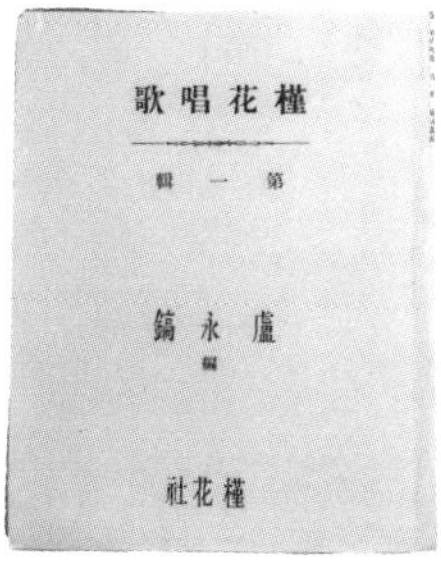
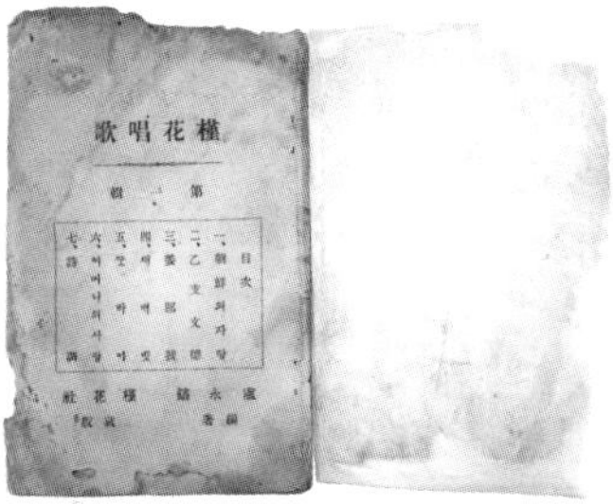	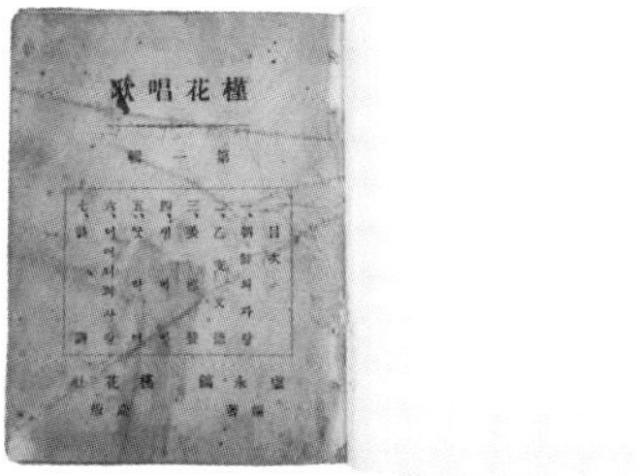

㉠ (초판본 추정)	㉡ (이판본 추정)
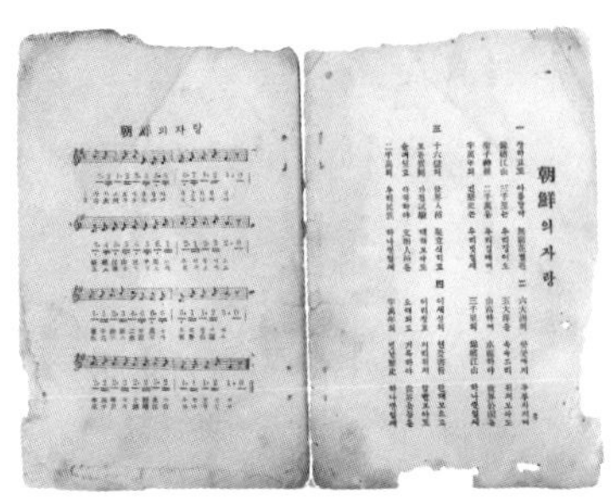	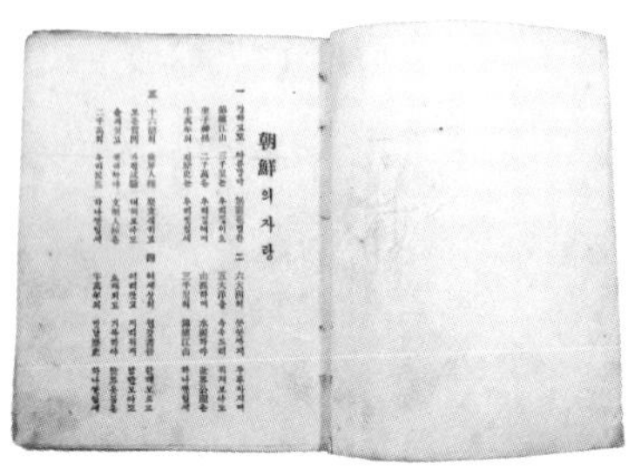
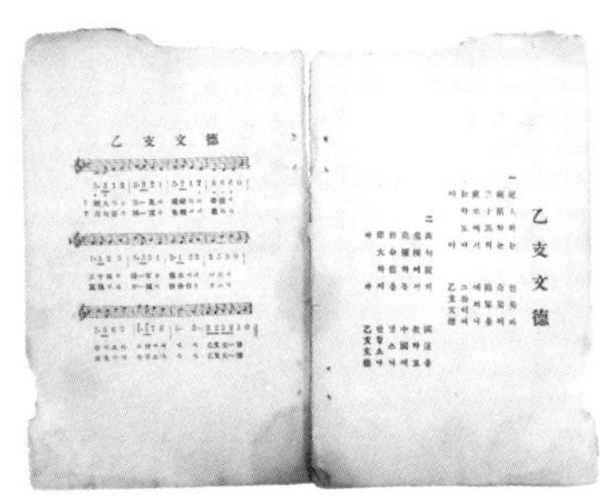	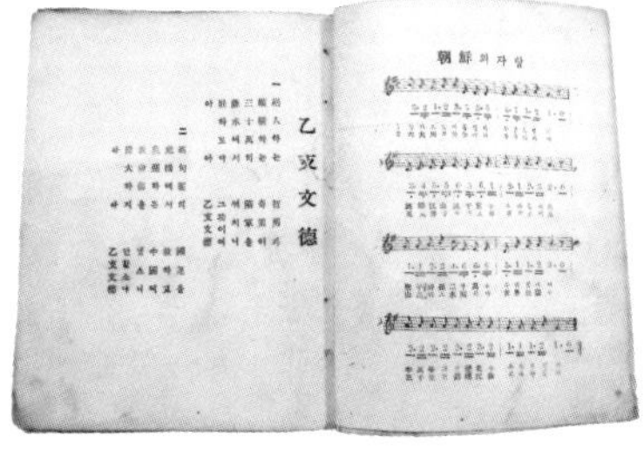
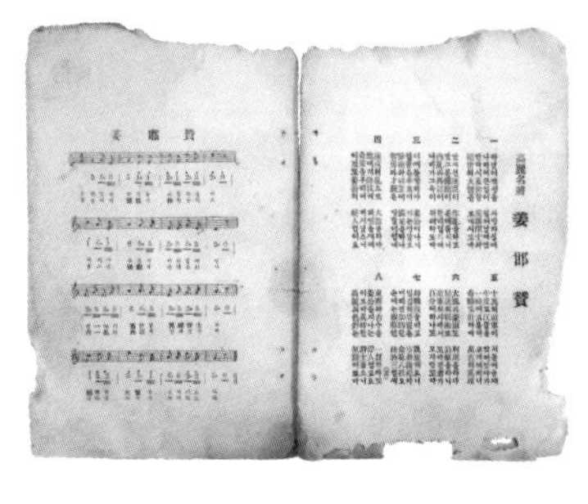	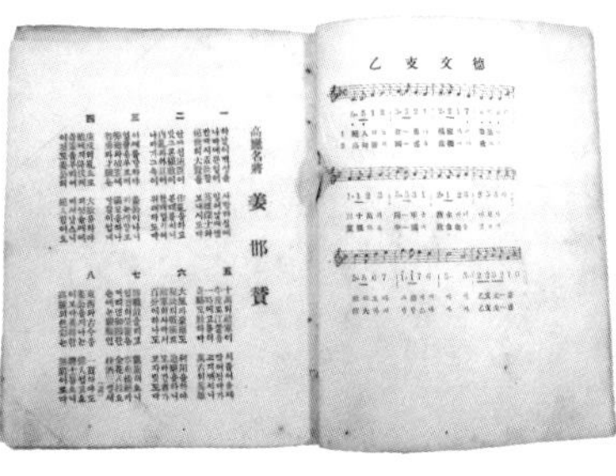

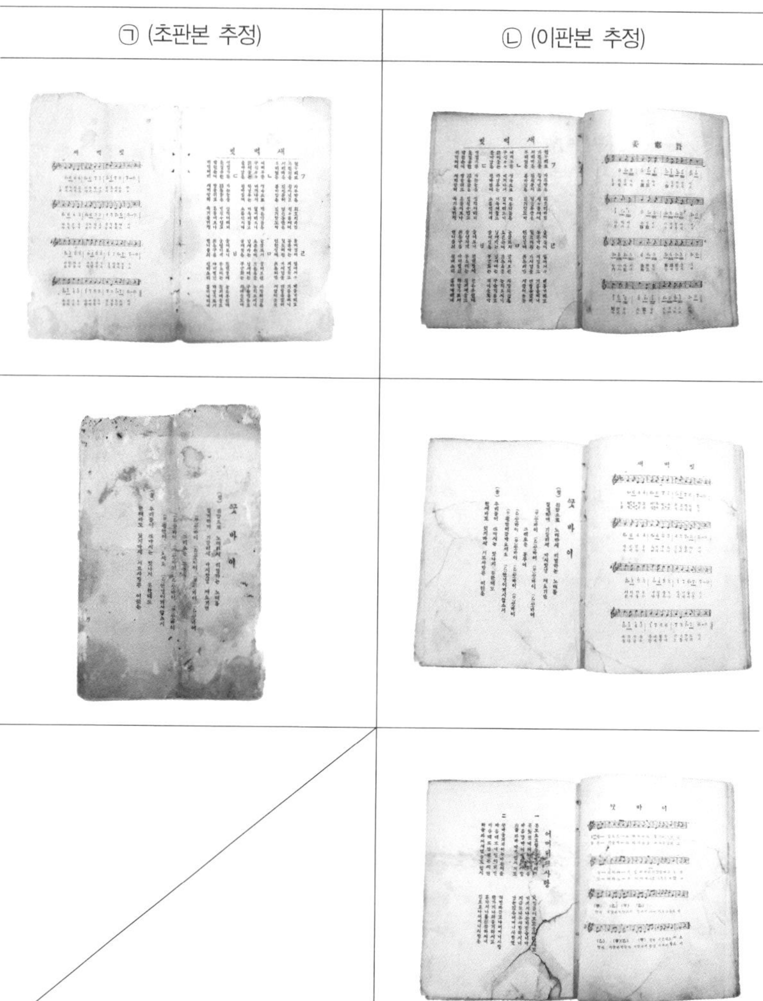
㉠ (초판본 추정)
㉡ (이판본 추정)

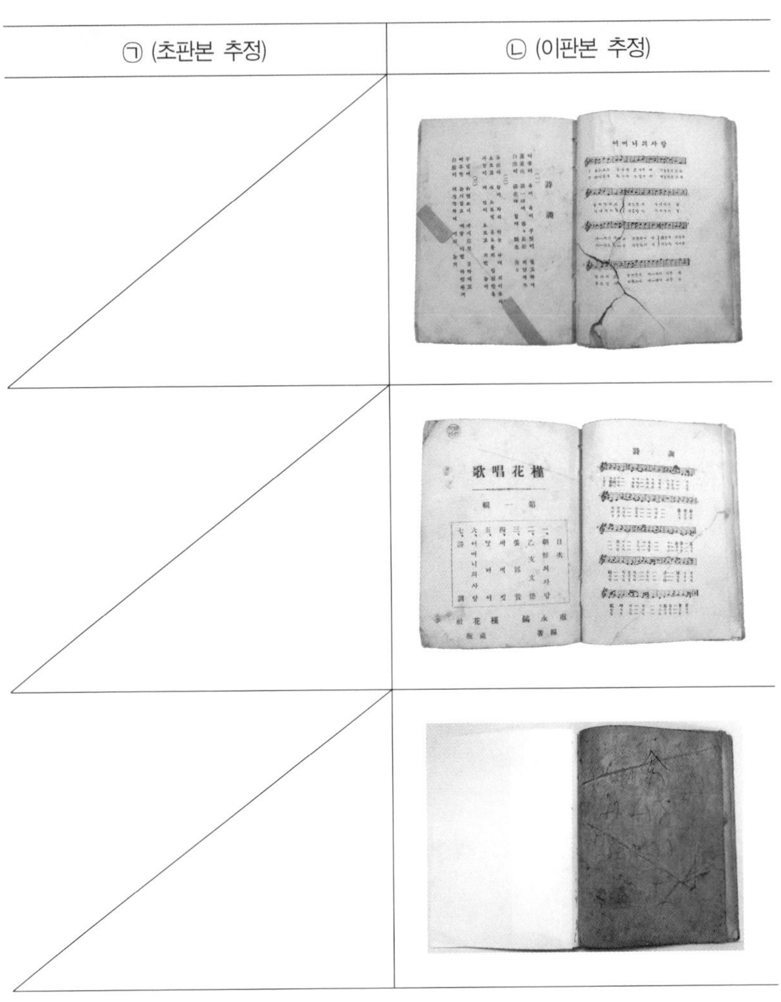

㉠ (초판본 추정)	㉡ (이판본 추정)

〈표 1〉에서 보이듯 두 점의 창가집은 상호 보완의 관계를 지니고 있다. ㉠은 표지가 있으나 5번째 곡 악보 이하가 누실되었고, ㉡은 표지는 없으나 전곡의 악보를 모두 갖추고 있다. 아쉽게도 판권지는 두

점 모두 없어서 자료로부터 출판 정보를 얻을 수는 없다. ㉡ 마지막 장에는 앞장에 있던 것과 같은 목차가 추가되어 있다.

두 점의 창가집은 인쇄 순서가 다르다. ㉠은 우측에 노랫말, 좌측에 오선악보가 있지만 ㉡은 반대로 우측에 노랫말이 좌측에 오선악보가 배치되어 있다. 한 곡목의 가사보와 악보가 양면으로 인쇄되어 있어 ㉡은 독보가 다소 불편하지만 크기가 작아 휴대하기 더 용이하다는 장점이 있다. 이처럼 인쇄 순서와 배치가 달라 두 점의 『槿花唱歌』가 다른 시기에 발행되었을 가능성도 있어 보인다.

3) 조선 문예 장려를 위한 기획물

『槿花唱歌』는 배송료 포함 정가 22전으로 판매되었다.[12] 배송료를 제외하고 정가는 20전[13]으로 비교적 저가이기는 하지만, 단 7곡만 수록하고 있다는 점을 볼 땐 저렴하진 않다. 대중음악과 동요 등이 크게 발전하던 당시의 추세를 따르지 않는 내용과 구성으로 제작된 『槿花唱歌』의 발행 목적은 무엇일까?[14]

『槿花唱歌』는 영리나 상업적 이윤 추구가 아닌, 출판사와 출판사 사주의 순수한 사적 목적성에 의해 발행되었다고 사료된다. 그 근거

12 「근화창가」, 『동아일보』, 1921년 4월 7일, 1면. 참고로 1921년 5월 원산 시장에서 유통된 백미 1말[斗]는 2원이다. 「원산상시장물가조」, 『동아일보』, 1921년 5월 15일, 4면.

13 현담문고 (http://www.adanmungo.org/view.php?idx=1933).

14 김해규 평택인문연구소 소장님께서 "시대적 트랜드에 맞지 않은 '상업적 창가집', 그것도 불과 7곡이 수록된 창가집을 출간한 이유가 궁금하다."라는 문제 제기를 해주셨다. 연구 심화에 도움을 주셔서 감사드린다.

는 근화사와 그 사주 노영호의 행적에서 드러난다.

근화사는 문학, 역사, 어학, 교육, 법학, 경제, 아동, 종교 등의 도서를 출판하던 곳이다.[15] 정확한 설립일은 알 수 없으나 〈도판 4〉[16]와 〈도판 5〉에서 보이듯 근화사는 문예 잡지 『槿花』의 발행소로 처음 등장한다. 『槿花』의 실제 인쇄일이 1920년 4월 15일[17]이라는 점에서 근화사가 그 이전에 설립되었음을 유추할 수 있다.

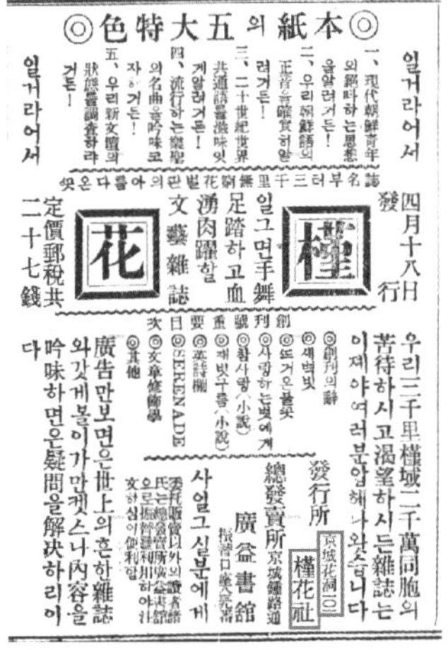

〈도판 4〉 근화사가 처음 등장한 문예 잡지 『槿花』의 발행 광고 (동아일보, 1920.05.08.)

〈도판 5〉 문예 잡지 『槿花』 창간호 (1920.04.07 김봉표 발행) (연세대학교 도서관 소장)

15 근화사의 출판 도서 목록은 「근화사」, 『동아일보』, 1922년 4월 12일, 4면 참고.

16 「槿花」, 『동아일보』, 1920년 5월 8일, 3면; 「신간소개-槿花(創刊號)」, 『매일신보』, 1920년 6월 9일, 4면.

17 『槿花』, 창간호, 근화사, 1920. 연세대학교 도서관 저널 데이터베이스를 통해 열람함. (https://library.yonsei.ac.kr/search/detail/CATTOT000000063645).

잡지 『槿花』는 단순히 문학 동인지가 아닌 『槿花唱歌』의 편자 노영호가 주도한 조선 문예 기획물로 간주된다. 비록 잡지 『槿花』 창간호의 발행자와 편집인은 김봉표(金鳳杓)[18]이지만 실제 편집을 주도한 것은 노영호(盧永鎬)이기 때문이다.[19]

노영호는 근화사의 사주이다. 〈도판 6〉[20]을 보면 근화사 발행 도서

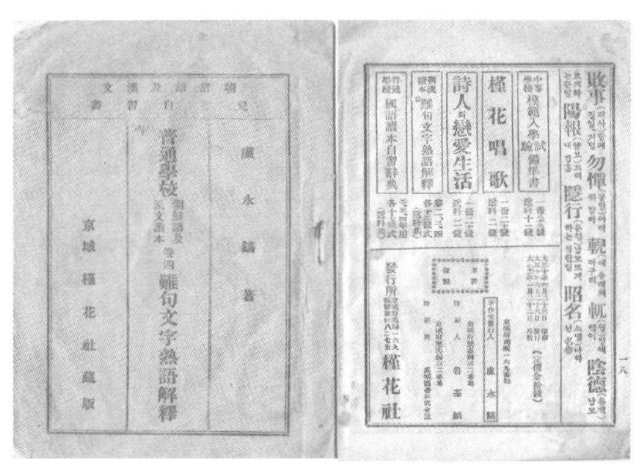

〈도판 6〉 『難句文子熟語解釋』의 표지와 판권지
저작 겸 발행인 '노영호(盧永鎬)'

18 『槿花』, 창간호, 근화사, 1920.

19 이경돈, 「잡지 『근화』와 문학동인지 시대」, 『반교어문연구』, 제26집, 반교어문학회, 2009, 360쪽.
"전 근화사주인인 노영호씨가 만주봉천에서 만선신보사를 차리는데 꾸어달라고 간청하는바람에줘버리고 다시빈털터리가되었다." 「우리문화 8 도서출판(8)」, 『경향신문』, 1972년 11월 14일 5면.
"연춘 봉천성철령에서 조직된 만봉권업통신사(滿蒙勸業通信社)는 금번 노영호(盧永鎬) (전) 근화사주간(槿花社主幹)씨가 경영일절를 인계하야 종래의 등사판식이었던 것을 활판식으로 변경하는 동시에 내외동포의 연락을 취(取)키 위하야 조선내각추요지에 동사 지분사를 설치키 위하야 불일간 노씨가 내경하리라는데 일체통신은 경성광화문국 사서함 제14호로함을 바란다더라." 「만봉통

중 비교적 이른 시기에 신간 소개 광고란[21]에 등장하는 『難句文子熟語解釋』(1921)의 발행인으로 노영호가 명시되어있음을 볼 수 있다.

노영호는 조선 문예를 증진하는 도서 출판에 열정을 쏟았을 뿐 아니라 필자나 편자로 직접 나서며 적극적인 행보를 펼친다. 가령 『槿花』에서는 금강샘(심훈)·외돗(고범 이서구), 곧은뚤(일석 이희승) 등 14명과 함께 필자로 참여하여 필명 'RYH'으로 〈SERENEDA〉를 발표하였고,[22] 소설 『詩人의 戀愛生活』을 쓰기도 하였다.[23] 『太西雄辯集』(1925) 등의 편자로도 나타난다.

노영호는 선율에 실리는 글의 힘, 즉 노래 부르기라는 행위의 파급력이 얼마나 중요한지 알고 있었다. 그는 1920년 출판법 위반으로 압송된 정경운(鄭敬惲)과 민족음악을 담은 창가집을 보급하려 했다.[24] 『二十世紀新青年唱歌』(1921)[25], 『東西偉人唱歌』(1921)[26], 『隨時敍情唱歌』(1922)

신사경영자변편」, 『조선일보』, 1925년 12월 7일, 4면.

20 필자 개인 소장.

21 1922년 『조선총독부관보』에도 근화사의 사주도 노영호로 등장한다. 「광고, 교과용도서발행인」, 『조선총독부관보』, 1922년 4월 22일 정규호 2905호, 189쪽.

22 이경돈, 「잡지 『근화』와 문학동인지 시대」, 『반교어문연구』, 제26집, 반교어문학회, 2009, 359쪽; 목차는 368쪽.

23 「신간소개-詩人의 戀愛生活 등」, 『조선일보』, 1921년 6월 9일, 석간 4면; 현담문고(http://www.adanmungo.org/view.php?idx=1933).

24 이경돈, 「잡지 『근화』와 문학동인지 시대」, 『반교어문연구』, 제26집, 반교어문학회, 2009, 360쪽.

25 장정윤, 「1920년대 한국 근대음악문화 지형그리기: 음악출판물을 중심으로」, 이화여자대학교 대학원 박사학위논문, 2017, 89~92쪽 〈표 13〉 참고; 노동은, 「한국근대 음악문헌 목록(1860년대~1945년간)」, 『음악과 민족』, 제50호, 민족음악학회, 2015, 103쪽.

26 코베이(https://kobay.co.kr/kobay/item/itemLifeView.do?itemseq=1905WVE2RNW);

의 수록곡 작곡자 겸 편곡자로 참여했고[27] 『最新東西流行曲選』(1924)에는 작사가로 참여했다.[28]

그렇다면 노영호는 어떻게 민족 상징의 꽃 '무궁화[槿花]'를 내세워 출판사를 차리고 잡지, 창가집 등을 기획 발행할 수 있었을까? 근화사가 세워진 이 시기는 문화통치기로서 '건전가요'를 수록하지 않더라도 출판이 가능했다. 3·1운동을 무단 통치의 결과로 판단한 일제가 언론과 출판의 자유를 보장하는 정책을 취했기 때문이다.[29]

이러한 배경 속에서 노영호는 민족주의적 활동을 펼칠 수 있었는데, 그의 의지가 왜 '근화' 즉 무궁화라는 상징 아래 표출되었는지는 아래의 〈인용 1〉을 통해 드러난다.

> 〈인용 1〉 한없이 찬란하든 우리 문예는 지나의 주정학이 수입된 후로 시일이 오래도록 한학의 노예 이십세기 신시대 만난 우리들 문예부흥 식히려 생각했으나 좋은 기회없어서 울민(鬱悶)이러니 일찍 듣지 못하든 근화문예가 비로소 오날에야 처음 생겼네. 애(愛)홉다 반갑도다. 무궁화(無窮花)꽃아 어이해 오날에야 겨우 피었다. 우리는 무궁화 꽃을 축원하세 만세로 근화문예를 만세만세만만세 고창합시다 (…중략…) 무궁화 동산에 생기가 있으니 말은 가지에 새싹이 돋음이라. 기쁘다! 형원의 황원(荒原)이 될까.

노동은, 「한국근대 음악문헌 목록(1860년대~1945년간)」, 『음악과 민족』, 제50호, 103쪽.

27 장정윤, 「1920년대 한국 근대음악문화 지형그리기: 음악출판물을 중심으로」, 이화여자대학교 대학원 박사학위논문, 2017, 89~92쪽 〈표 13〉 참고; 노동은, 「한국근대 음악문헌 목록(1860년대~1945년간)」, 『음악과 민족』, 제50호, 106쪽.

28 노동은, 「한국근대 음악문헌 목록(1860년대~1945년간)」, 『음악과 민족』, 제50호, 민족음악학회, 2015, 110쪽.

29 그 결과로 조선일보나 동아일보가 창간될 수 있었다.

염려하였든 우리배달도 영원의 미려한 꽃과 향기로 온내암새로 한낮 아름다운 동산을 이뤄 온 세계에 그 선미를 자랑하리로라 (…후략…)[30]

노영호는 민족의 상징적인 꽃 무궁화가 개화 만발하고 그 향이 널리 퍼지듯이 조선 문예가 부흥하고 발전되기를 소망하고 있다. 이때 조선 문예란 문학, 음악, 교육을 모두 아우른다. 그는 셋 모두에 관심을 가졌던 인물이기에 근화사는 설립 시기부터 출판사의 이름인 '근화'와 관련된 제목으로 출판물인 문학동인지 『槿花』, 노래책 『槿花唱歌』, 잡지 『槿花教育』을 준비하였다.

3·1운동 이전과 비교할 때 억제와 탄압이 표면적으로 완화되었을지라도 일제는 식민 체제를 전복할 위험 인자를 주시 관리하였다. 그 흔적이 『조선총독부관보』와 『개요역문』에 남아있다. 『조선총독부관보』에 따르면 노영호는 1922년 4월 조선총독부출판 교과용도서 발매규정에 의해 업무폐지 처분을 받았다.[31] 또한 문한별은 1927년 8월호

30 「축 근화창간」, 『槿花』, 창간호, 근화사, 1920. 한편 같은 시기에 '근화'라는 이름을 사용한 기관으로는 현재 덕성여고 및 덕성여중의 전신인 '근화여학교'가 있다. '근화'라는 이름 외에 근화사와 근화여학교 간의 직접적인 관련성을 찾기는 어려워 보인다. 다만 근화여학교의 설립년도와 설립자의 출신지에 미약하지만 접점을 찾을 수 있다. 근화여학교는 1920년 8월에 학교로 인가를 받았으며, 『槿花唱歌』가 발행된 6개월 뒤인 1921년 10월에 설립되었다. 또한 설립자 차미리사(車美理士, 1878~1955)는 화동 출신이다. 「팔월이십구일부로 근화학원 학교로 인가」, 『조선일보』, 1925년 8월 30일, 3면; 「첫길에 압장선 이들 (2): 십삼도를 편답하야 여자교육을 선전 김미리사 여사」, 『조선일보』, 1924년 11월 24일, 3면.

31 「광고, 교과용도서발행인」, 『조선총독부관보』, 1922년 4월 22일 정규호 2905호, 189쪽.

에 노영호의 『조선역사창가집』이 출판 금지되었음을 확인하였다. 사유는 '치안방해'로 명기되어 있고, 조선의 명인과 명승지를 소개했다는 것이 구체적인 삭제 이유라 한다.[32]

〈표 2〉 근화사의 문학·음악·교육을 위한 출판 기획물

제목	내용	분야
槿花	1920년(대정 9년) 4월 18일 창간.[33] 발행 김봉표, 인쇄 김성표. 인쇄소 박문관 인쇄소.[34] 우리말과 글을 규칙화하는 것을 목적	문학
槿花唱歌	1921년 발행. 〈조선의 자랑〉 등 조선의 민족적 자부심을 고취시키는 7곡의 가사와 악보를 실은 악보집	음악
槿花教育	『槿花』 창간호에 보통학교의 조선어와 창가교육을 비판하며 조선어 및 창가교수의 쇄신을 위한 시도로서 발행. 교육에 관한 조선어와 창가를 1등 10원의 상금을 걸고 현상모집[35]	교육

『槿花唱歌』는 〈도판 7〉에서 보이듯 일명 '조선 역사 창가'로도 홍보되었는데, 이때 금지 처분된 『조선역사창가집』이 사실은 『槿花唱歌』의 다른 이름일 수도 있다. 구체적인 삭제의 이유가 '조선의 명인과 명승지 소개'라는 점을 주목해보면 문한별이 유추하듯 기존 『槿花唱歌』와 같은 창가집을 토대로 보완하여 조선적 정서와 주제를 더 강하

32 문한별, 「신자료를 통해 살펴본 일제강점기 출판 검열의 단면」, 『한국언어문학』, 제86집, 한국언어문학회, 2013, 260~61쪽.

33 「槿花」, 『동아일보』, 1920년 5월 8일, 3면.

34 이경돈, 「잡지 『근화』와 문학동인지 시대」, 『반교어문연구』, 제26집, 반교어문학회, 2009, 355쪽.

35 『槿花』, 창간호, 근화사, 1920, 첫 장. 연세대학교 도서관 저널 데이터베이스를 통해 열람함. (https://library.yonsei.ac.kr/search/detail/CATTOT000000063645).

게 표출한 창가집일 가능성도 크다.[36] 다만 이러한 짐작과는 별개로 공식적으로 도서명『槿花唱歌』는 1939년 12월 1일 '치안'을 사유로 조선총독부에 의해 금지 처분되며[37] 그 자취를 감추게 된다.

〈도판 7〉'一名朝鮮歷史唱歌'로 소개된 『槿花唱歌』의 발매 광고 (동아일보, 1921.04.07.)

노영호는 감시와 제약 속에서 현실적인 어려움에 처한 것으로 보인다. 근화사의 주소가 지면에 따라 다르게 소개되어 여러 차례 이사한 사실을 보여주기 때문이다. 근화사의 주소는 지면에 따라 각각 다르게 소개되어 있다. 1920년 4월에는 경성부 관수동 30과 화동(花洞) 101번지로 나타나다가[38] 6월에는 원동(苑洞) 169번지[39]로 변경

---

36 문한별, 「신자료를 통해 살펴본 일제강점기 출판 검열의 단면」, 『한국언어문학』, 제86집, 한국언어문학회, 2013, 260~61쪽.

37 조선총독부, 「조선문·지나문」, 『조선총독부 금지단행본목록』, 조선총독부경무국, 1941, 41쪽.

38 「광고, 교과용도서발행인」, 『조선총독부관보』, 1922년 4월 22일 정규호 2905호, 189쪽; 「槿花」, 『동아일보』, 1920년 5월 8일, 3면; 『근화창가』, 『동아일보』, 1921년 4월 7일, 1면; 「신간소개-槿花唱歌第一集」, 『동아일보』, 1921년 4월 12일, 4면; 「신간소개-新撰俗曲集」, 『매일신보』, 1921년 4월 17일, 4면; 「槿花唱歌第一集 盧永鎬著作」, 『조선일보』, 1921년 4월 18일, 석간 4면.

39 「신간소개-詩人의 戀愛生活 등」, 『조선일보』, 1921년 6월 9일, 석간 4면; 「근화창가」, 『동아일보』, 1921년 6월 21일, 3면; 「근화창가」, 『동아일보』, 1921년 6월 22일, 1면; 「신간소개-普通學校朝鮮語及漢文讀本券四, 難句文子熟語解釋」, 『매일신보』, 1921년 6월 30일, 4면; 「입학시험계공전의 대복음」, 『동아일보』, 1922년 1월 23일, 1면; 「입학시험계공전의 대복음」, 『동아일보』, 1922년 1월 27일,

되었다. 1922년 4월부터는 경운동(慶雲洞) 100번지[40]로 나타나고, 10월에는 '경성부 제동(齋洞) 25번 3으로 나온다.[41] 12월부터는 다시 경운동 100번지로 소개된다.[42]

한편 근화사는 조선의 문예 증진을 위한 도서 출판 외에도 수험서나 자습서 판매에 주력했다.[43] 넓은 지면에 시험을 위한 필독서임이 대대적으로 광고되었다. 그럼에도 불구하고 근화사는 부진을 면치 못했던 것으로 보인다. 출판인 서재수(徐載壽) 회고담[44]에 따르면 그는 1926년 근화사에 근무한 경험이 있고, 근화사는 동종 출판사인 이문당(以文堂)과의 경쟁에서 밀려 1927년에 폐업하였다고 한다. 그리고 근화사를 정리한 노영호는 만주 봉천에서 만선신보사(滿鮮新報社)를 차리기 위해 서재수에게 돈을 빌렸다고 전한다.[45]

그런데 서재수의 증언과 달리, 실제로 근화사는 1927년 이전인 1925년에 이미 정리된 것으로 보인다. 노영호가 12월 7일 만봉권업통신사(滿蒙勸業通信社)를 인수하였다는 기사가 있기 때문이다. 그가 만주 봉천에 차렸다는 만선신보사는 예우회를 후원하였다.[46] 통신사 운

1면; 「입학시험계공전의 대복음」, 『동아일보』, 1922년 1월 31일, 1면.

40 「근화사」, 『동아일보』, 1922년 4월 12일, 4면; 「시사강연록」, 『동아일보』, 1922년 7월 13일, 1면.

41 「신간소개-高等程度入學試驗問題模範解答」, 『동아일보』, 1922년 10월 16일, 4면.

42 「근화창가」, 『동아일보』, 1923년 4월 5일, 1면.

43 「우리문화 8 도서출판(8)」, 『경향신문』, 1972년 11월 14일 5면.

44 「우리문화 8 도서출판(8)」, 『경향신문』, 1972년 11월 14일 5면.

45 「만봉통신사경영자변편」, 『조선일보』, 1925년 12월 7일, 4면; 「서산노동청년회 십삼일성황으로 창립」, 『조선일보』, 1928년 1월 21일, 4면.

46 「봉천예우회 동정소인극 대보름날에」, 『조선일보』, 1928년 2월 6일, 석간 3면.

영에 어려움이 있었는지 1937년에는 영광사서점(永光舍書店)을 운영하였다가 영업정지[47] 처분을 받았다는 기사가 있다.

신문지상에서 '근화사'의 이름이 마지막으로 보이는 1925년 이후의 거취를 뚜렷하게 파악할 수는 없지만, 노영호는 문예 장려를 위한 활동을 계속 이어나간 것으로 보인다. 동명이인의 가능성을 배제할 수는 없으나, 노영호의 이름으로 서산에서 강좌 개최의 위원으로 활동하거나, 노동청년회 위원, 신문기자단 조직, 8.1 길돈 봉기의 피해자들을 위한 위문금 헌납자 등의 활동 기록이 있음은 유의미한 기록이다.[48]

상기 노영호의 민족주의적 활동은 3·1운동 이후 완화된 시대적 분위기가 있었기 때문에 가능하였다. 그러나 이 인물의 업적이 단순히 시대의 흐름에서만 이루어진 것이라고 평가하기는 어렵다. 노영호의 활동에서 주목할 점은 글과 노래 그리고 교육을 통해 조선의 문예를 부흥시키겠다는 뜻을 체계적으로 기획·실천하고 어려운 여건 속에서도 소신을 굽히지 않았던 불굴의 의지에 있다.

4) 전형적인 항일애국창가집

『槿花唱歌』의 수록곡은 〈조선의 자랑〉, 〈을지문덕〉, 〈강감찬〉, 〈어

47 「취인정지」, 『조선일보』, 1937년 1월 5일, 12면.

48 「서산노동청년회 십삼일성황으로 창립」, 『조선일보』, 1928년 1월 21일, 4면; 「노청강좌개최」, 1928년 4월 9일, 4면; 「조선인신문기자단을조직」, 『조선일보』, 1929년 12월 22일, 3면; 「길돈사건의 피해동포위문금」, 『동아일보』, 1930년 12월 21일, 7면. 해방 이후에는 『한글조선말사전』(동명사, 1948), 『역대시조정해』(대한교육학회, 1946), 『시조해석』(동방문화사, 1948)을 펴냈다. 노영호의 해방 이후 도서 출판에 대해서는 오영식, 『해방기(1945-1950) 간행도서 총목록』, 소명출판, 2009, 314쪽 참고.

머니의 사랑〉, 〈숫바이〉, 〈새벽빗〉, 〈시조〉 등의 총 7곡이다. 이들 곡은 다른 항일 애국 노래에서 보이는 노랫말을 사용하고 있고, 조선적 민족 정서를 담고 있어 항일 애국 창가집의 전형을 보여준다. 그 내용을 수록곡별로 간략히 살펴보면 다음과 같다.

(1) 朝鮮의 자랑

〈조선의 자랑〉은 『槿花唱歌』의 첫 번째 곡이다. 노영호가 작사한 이 곡은 『最新東西流行名曲選 第一輯』(1924.12.25.)에도 첫 번째 곡으로 실렸다.[49] 최신문 기사에도 이 노래의 가사 1절이 모두 실릴 정도로 『槿花唱歌』라는 창가집이 만들어진 목적과 정신을 응축한 대표곡이라 볼 수 있겠다. 앞의 〈도판 7〉이나 아래의 〈도판 8〉[50]을 볼 때 〈조선의 자랑〉은 『槿花唱歌』의 대표곡으로서 주요하게 광고되었다.

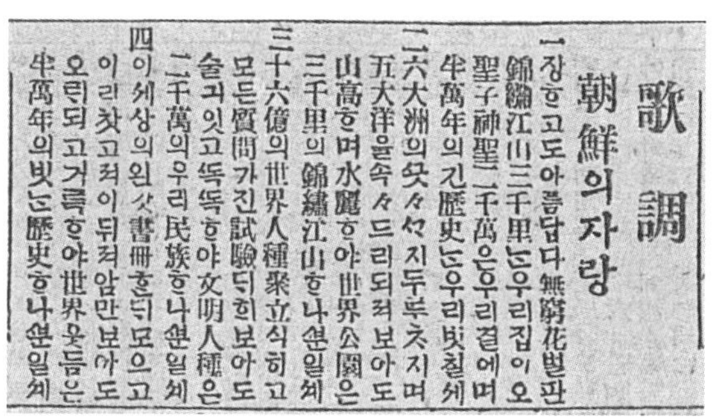
歌調
朝鮮의자랑
一 장ᄒᆞ고도아름답다無窮花벌판
錦繡江山三千里는우리집이오
聖子神聖二千萬은우리결에며
半萬年의긴歷史는우리빗칠세
二 六大洲의곳々지두루ᄎᆞ지며
五大洋을속々드리되져보아도
山高ᄒᆞ며水麗ᄒᆞ야世界公園은
三千里의錦繡江山ᄒᆞ나ᄲᅮᆫ일세
三 十六億의世界人種聚立식히고
모든質問가진試驗되히보아도
슬긔잇고똑똑ᄒᆞ야文明人種은
二千萬의우리民族ᄒᆞ나ᄲᅮᆫ일세
四 이세상의왼갓書冊ᄒᆞᆫ듸모으고
이리찻고져이뒤져암만보아도
오ᄅᆡ되고거륵ᄒᆞ야世界웃듬은
半萬年의빗는歷史ᄒᆞ나ᄲᅮᆫ일세

〈도판 8〉 〈조선의 자랑〉 가사(매일신보, 1921.04.13.)

49 양악연구회편, 『최신동서유행명곡선 제일집』, 근화사, 1924; 노동은, 「한국근대 음악문헌 목록(1860년대~1945년간)」, 『음악과 민족』, 제50호, 민족음악학회, 2015, 목록 중 69번 참고

50 해당 기사 발굴에 이준희 선생님께서 도움을 주셨다. 감사드린다.

『槿花唱歌』에 실린 노랫말과 악보는 다음과 같다.

一.
장하고도 아름답다 無窮花벌판
錦繡江山 三千里는 우리집이요
聖子神孫 二千萬은 우리결에며
半萬年의 긴歷史는 우리빗칠세

二.
六大洲의 곳곳까지 두루차지며
五大洋을 속속드리 뒤저보아도
山高하며 水麗하야 世界公園은
三千里의 錦繡江山 하나뿐일세

三.
十六億의 世界人種 聚立식히고
모든質問 가진試驗 대해보아도
슬긔잇고 쪽쪽하야 文明人種은
二千萬의 우리民族 하나뿐일세

四.
이세상의 웬갓書冊 한대모으고
이리찻고 저리뒤저 암만보아도
오래되고 거륵하야 世界웃듬은
半萬年의 빗난歷史 하나뿐일세

〈조선의 자랑〉은 조선 산수의 아름다움과 오랜 역사에 대한 자부심을 통해 민족정기를 고양하는 내용으로 되어 있다. 특히 '무궁화', '금수강산', '삼천리', '반만년 긴 역사', '육대주', '오대양' 등 애국가 노랫말의 전형적인 단어[51]가 눈에 띈다. 〈조선의 자랑〉은 『조선문단』(1935.2)에도 수록되어 있는데[52] 애국가와 같은 곡이 지속적 배포

된 점이 『槿花唱歌』 금지 처분의 직접적인 빌미가 되었다고 본다. 이러한 단어들이 『槿花唱歌』가 금지 처분되는데 직접적인 빌미를 제공했으리라 보인다.

숫자보가 병기되었고 노래는 4/4박자에 8마디 사장조로 기보되었다. 부점 리듬을 사용하여 발랄하고 경쾌한 분위기를 준다. 이 노래의 곡조는 찬송가 〈우리들이 싸울 것〉이 차용한 헨리 클레이 워크의 〈조지아 행진곡〉이 원곡임이 밝혀진 바 있다.[53] 이 선율은 광성중학교 『최신창가집』 〈작대〉·〈보국〉 등 4곡, 호놀룰루 출판 『애국창가』 〈보국가〉·〈작대가〉·〈한영서원가〉 등 6곡, 『손승룡창가집』〈구세군가〉 1곡, 이상준 『최신중등창가집』 〈어린이 날 노래〉 1곡 등의 항일가요에 원용되었다.

---

51 김수현, 「사료로 보는 애국가 짓기와 부르기의 역사」, 『동양학』, 제82집, 단국대학교 동양학연구원, 2021, 25~65쪽; 노복순, 「항일가요 활용 곡의 가사 결합 양상과 주제의식: 〈조지아행진곡〉 활용 곡을 중심으로」, 『애국과 저항, 독립을 노래하다』, 항일음악 국제학술회의 자료집, 단국대학교 항일음악 DB토대 연구팀, 2021, 183~209쪽; 김수현, 「일제강점기 음악통제와 애국가 탄압 사례」, 『애국과 저항, 독립을 노래하다』, 항일음악 국제학술회의 자료집, 단국대학교 항일음악 DB토대 연구팀, 2021, 211~31쪽.

52 『조선문단』, 속간 1호(1935.2). 조선문단사, 1935.

53 노복순, 「항일가요 활용 곡의 가사 결합 양상과 주제의식: 〈조지아행진곡〉 활용 곡을 중심으로」, 『애국과 저항, 독립을 노래하다』, 항일음악 국제학술회의 자료집, 단국대학교 항일음악 DB토대 연구팀, 2021, 183~209쪽; 반혜성·김수현·김명섭·노복순, 『다시 부르는 독립의 함성』, 단국대학교동양학연구원, 2022, 684쪽.

(2) 乙支文德

〈을지문덕〉은 『槿花唱歌』의 두 번째 곡이다. 정경운이 펴낸 『東西偉人唱歌』에도 두 번째로 실려 있다.[54] 살수대첩에서 중국 수나라군을 격퇴한 고구려의 명장 을지문덕을 곡의 제목으로 내세웠다. 노랫말과 악보는 다음과 같다.

구국 영웅 을지문덕을 주제로 한 이 노래에는 조선이 외세의 침략에서 벗어나기를 바라는 피식민지인의 희망이 담겨있다. 노래는 4/4 박자에 12마디 바장조로 기보되었다. 비교적 단조로운 선율과 리듬으로 되어 있어 쉽게 따라 부를 수 있다.

<table>
<tr>
<td>一.
絶人하는 智勇과
縱橫하는 奇策이
三千萬의 隋軍을
薩水에서 쌔치니
壯 하도다 그功이여
아아 乙支文德

二.
高句麗의 國運을
危機에서 救하고
莫强하든 中國에
致命傷을 냇스니
偉大하지 안할소냐
아아 乙支文德</td>
<td>
</td>
</tr>
</table>

54 정경운편, 『동서위인창가』, 광문서시, 1921 재판; 노동은, 「한국근대 음악문헌 목록(1860년대~1945년간)」, 『음악과 민족』, 제50호, 민족음악학회, 2015, 목록 중 24번 참고.

(3) 姜邯贊

〈강감찬〉은 『槿花唱歌』의 세 번째 곡이다. 정경운이 펴낸 『東西偉人唱歌』에도 두 번째로 실려 있다.[55] 거란을 물리친 고려의 명장 강감찬을 곡의 제목으로 내세웠다. 노랫말과 악보는 다음과 같다.

一.
하날이 백성을 사랑하심에
나라에 큰일이 이러날때엔
반다시 蓋世할 英雄傑士와
絶世의 大賢을 보내시도다

二.
안에선 逆臣이 作亂을 하고
밧그론 强敵이 분대를 치니
內亂과 外訌이 한대얼키여
나라가 그윽이 위태하도다

三.
이때를 당하야 姜公이 나니
얼골은 푸르며 키는 짱달보
弊袍와 破笠에 滿足을 하나
智勇과 才腕은 당할일이 업네

四.
庚戌의 亂으로 大敗를 하야
敵에게 降伏케 되엿슬때에
奇策을 부리여 버서낫스니
이것도 姜公의 絶人함이요

五.
十萬의 敵軍이 처들어올제
牛皮로 江물을 막어놧다가
一時에 고를터 크게 때치니
奇略도 壯하다 萬古의 英雄

六.
大風과 豪雨도 利用을 하야
秘訣의 戰術로 追擊을 하니
敵軍의 사라서 도라간 者가
百分에 하나도 모라갓도다

七.
勝戰鼓 울리고 凱旋해오니
임검의 榮寵은 空前後絶라
머리엔 御賜한 金花八枝요
손에는 親觴인 桂酒三밸(盃)세

八.
東西와 古今을 一貫하야도
姜公을 지나는 偉人업고요
이보다 英特한 將士듬으니
高麗의 色彩는 無窮이로다

---

55 정경운편, 『동서위인창가』, 광문서시, 1921 재판; 노동은, 「한국근대 음악문헌 목록(1860년대~1945년간)」, 『음악과 민족』, 제50호, 민족음악학회, 2015, 목록 중 24번 참고.

구국 영웅 강감찬을 하늘이 내린 영웅이라고 칭송하면서 식민지기를 벗어나게 해줄 위인을 기다리는 염원이 담아 낸 곡이다. 노래는 2/4박자 16마디 다장조로 기보되었다. 부점 리듬을 사용하여 활기찬 분위를 준다. 요나누끼 음계로 된 〈용진가〉의 곡조와 비슷하다.

(4) 새벽빛

〈새벽빛〉은 『槿花唱歌』의 네 번째 곡이다. 『槿花』 창간호에서 금강샘으로 글을 실었던 심훈의 작사에 노래를 얹었다. 『槿花唱歌』에만 유일하게 실려있다.

고난에서 희망으로 나아가는 정서적 고양을 표현[56]하였으며 특히 노랫말에 '무궁화', '흰뫼' 등 민족적 상징이 사용되었다. 노래는 4/4박자 16마디 사단조이다. 뽕꼬부시 리듬에 요나누끼 단음계로 되어 비장한 느낌도 준다. 노랫말과 악보는 다음 표와 같다.

---

56 이경돈, 「잡지 『근화』와 문학동인지 시대」, 『泮橋語文硏究』 제26집, 반교어문학회, 2009, 360~69쪽.

ㄱ.
웬누리로 자루박은 회호리바람
가진것을 휩싸넛코 핑핑돌때에
서리마즌 것친풀이 엉킨동산은
주리엇든 봄바람은 깃거맛도다

ㄴ.
얼어부튼 짱속으로 작은싹들은
구석々々 벼저나서 알머리드니
닭이울는 하날우는 더욱어둡고
불다남은 찬바람에 소름찟치네

ㄷ.
샛별가튼 가는눈을 깜작어리되
옷칠을한 넓은들은 빗칠수업고
약한손에 방울쥐고 흔들어보나
귀먹어리 새벽꿈의 둑거운귀청

ㄹ.
울며떨며 일어서々 비틀거리고
동튼다는 긔별듯고 거름을배니
헛트러진 가시덤불 맨발을 찔러
연한살에 붉은피만 새암이솟듯

ㅁ.
눈물로서 굽어보신 사랑의 검은
오른손에 밝은촉불 놉히드시니
닙새라는 닙새에는 구슬먹음고
굴레벗은 무궁화는 픠여웃도다

ㅂ.
울어르니 흰햇발에 눈은부신대
울엉차게 종소래는 흰뫼에울고
붉은구름 야티빗긴 하날가로서
텬녀들의 찬미소리 흘러내리네

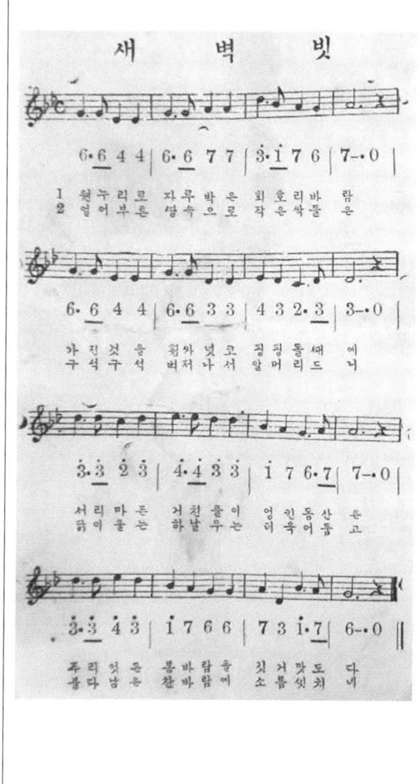

(5) ᄉᆞᆺ바이

〈ᄉᆞᆺ바이〉는 『槿花唱歌』의 다섯 번째 곡이다. 『槿花唱歌』에만 유일하게 실려있다. 노랫말과 악보는 다음과 같다.

이별을 아쉬워하며 다시 만날 날을 기다리는 노래이다. 갑과 을이 화답하는 형식이다. 4/4박자 20마디 사장조 못갖춘마디이다. 숫자보는 병기하지 않았다. 노랫말에 어울리는 담담한 분위기를 준다.

(첫)
참맘으로 노래하세 리별하는 노래를
질교하며 기달리세 다시맛날 때오기만

(甲) ᄉᆞᆺ바이 (乙) ᄉᆞᆺ바이
(甲) ᄉᆞᆺ바이 (乙) ᄉᆞᆺ바이
그리운 동무여
(乙) ᄉᆞᆺ바이 (甲) ᄉᆞᆺ바이
(乙) ᄉᆞᆺ바이 (甲) ᄉᆞᆺ바이
(甲) 평안이 갓다 오세요
(乙) 안녕이 겨시압소서

(둘)
우리들이 쏘다시는 맛나지 못한대도
한째라도 잇지마세 서로 사랑튼 이情은

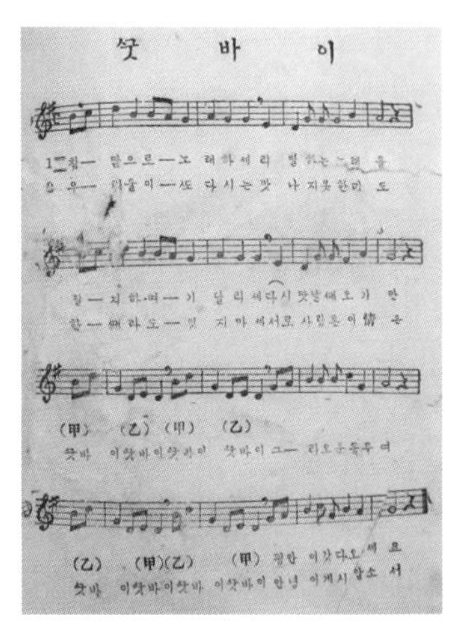

(6) 어머니의 사랑

〈어머니의 사랑〉은 『槿花唱歌』의 여섯 번째 곡이다. 『槿花唱歌』에만 유일하게 실려있다. 노랫말과 악보는 다음과 같다.

내 자신이 이름이 빛나게 되더라도 어머니의 사랑을 잊지 못한다는 곡이다. 노래는 4/4박자 24마디 바장조로 되어 있다. 숫자보는 병기하지 않았다.

一.
돈모으고 일음을 빗내이며
사람들이 모도 불어한대도
못잇겟네 어머니 무릅
거기서 나는 자랏습니다
아름답다 어머니 사랑
지금도 나를 사랑하시네
山들과 바다가 업서저도
남는 것은 어머니 사랑 뿐

二.
꼿다웁게 픠이는 아참이슬
해빗과 갓고나 어머니 사랑
마음대로 내일이 되면
한가지 나와 즐겨하시고
마음대로 안되는 때엔
혼자서 나를 慰勞하시네
하늘과 싸새엔 둘도없시
깁흐고나 어머니 사랑은

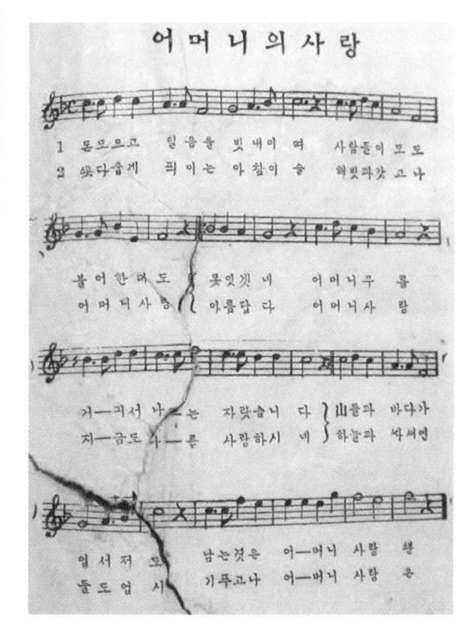

(7) 시조

〈시조〉는 『槿花唱歌』의 마지막 곡이다. 노랫말과 악보는 다음과 같다.

여러 시조 중 망국 고려에 대한 충절을 지킨 정몽주의 〈이몸이〉[丹心歌]를 실었다. 숫자보는 병기하지 않았다. 노래는 전통 평시조를 채보하였는데 4/4, 5/4 혼합 박자(변박), 18마디로 기보하였다. 마지막 마디는 '하노라' 생략을 위해 쉼표로 처리하였다.

(一)
이몸이 죽어 죽어 무엇이 될고하니
蓬萊山 第一峰에 落落長松 되엿다가
白雲이이 滿乾坤 할제 獨也 靑靑

(二)
泰山이 놉다 하되 하늘 아래 뫼이로다
오르고 오르면 못오를리 업것만은
사람이 제 안이 오르고 뫼만 놉다

(三)
半넘어 늙엇스니 다시졂진 못하여도
이후란 늙지말고 매양 이만 하엿과저
白髮이 제짐작하여 더듸 늙게

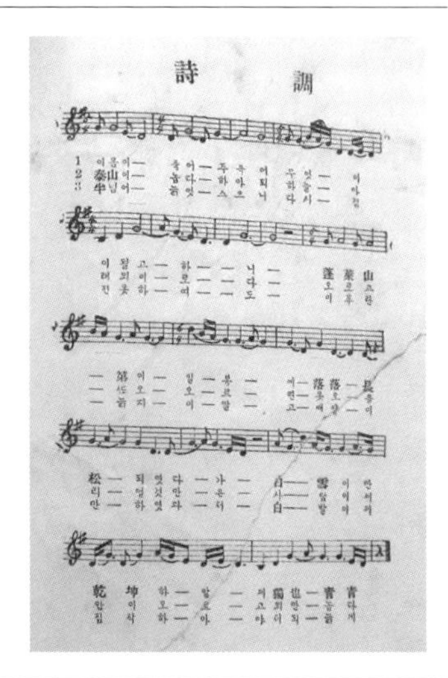

5) 근대음악사 연구 사료

『槿花唱歌』의 구성과 수록곡의 곡조를 통해 우리나라 근대 음악사의 일면을 볼 수 있다. 먼저 『槿花唱歌』의 구성을 보면 서양식 곡조의 〈조선의 자랑〉으로 시작하여 재래 민속음악 〈평시조〉로 마무리한다.

『槿花唱歌』의 대표곡이라 할 수 있는 첫 곡 〈조선의 자랑〉은 헨리 찬송가 〈우리들의 싸울 것은〉(새찬송가 350장)을 차용한 것이다(〈도판 9〉). 이 찬송가의 원곡은 헨리 클레이워크(Henry Clay Work)의 〈조지아행진곡〉이다.[57]

〈도판 9〉 〈우리들의 싸울 것은〉 악보

---

57 노복순은 〈조지아행진곡〉 곡조를 차용한 항일가요가 원곡인 〈조지아행진곡〉보다 찬송가 〈우리들의 싸울 것은〉을 활용한 것으로 보는 것이 타당하다고 한다. 노복순, 「항일가요의 가사 결합양상과 특성」, 84, 단국대학교 동양학연구원, 2021, 156쪽.

『槿花唱歌』는 항일음악 생산 방식의 전형과 근대기 우리 음악의 지형을 보여준다. 항일노래의 창작은 기존에 있던 선율에 가사만 바꿔 노래하는 콘트라팍툼(contrafactum)이 기초적인 방법이다. 소위 '노가바'(노래 가사 바꿔 부르기)라고 하는 이 방식은 노래를 생산하기 손쉽기 때문에 자주 사용되었다. 그 재료는 전래노래와 반대되는 일본 창가, 군가, 찬송가, 서양의 민요, 대중가요 등 서양의 노래들이 되었다.[58] 『槿花唱歌』에는 콘트라팍툼의 방식으로 만들어진 곡만 수록된 것은 아니다. 작곡자가 미상이지만 원곡이 알려지지 않은 새롭게 지어진 곡들도 있다.

『槿花唱歌』의 음악적 연구도 중요하지만 사실 더 중요한 것은 수록된 곡들의 노랫말이 담고 있는 항일 의지와 민족 정신이라고 생각한다. 〈조선의 자랑〉이 모곡이 되는 〈조지아행진곡〉은 〈작대〉, 〈보국〉, 〈경성〉, 〈국문창립기념〉, 〈독립군가〉 등 여러 항일 애국 노래에 사용되었으며, 일본의 〈철도창가〉도 〈학도〉(학도야 학도야 청년학도야)의 선율이 된 바 있다. 따라서 항일음악의 정체성은 곡조의 출처를 찾거나 작품성에 있는 것이 아니라 가사에 있다.

6) 확장성이 큰 학술 자산

『槿花唱歌』는 일제강점기 금지곡 연구를 위한 학술 자산으로서 가치를 지닌다. 『槿花唱歌』는 내용 면에서 민족창가집의 성격을 일관하고 있고, 체제 면에서 독보가 쉬운 악보와 가사를 갖추고 있다. 이러

58 반혜성·김수현·김명섭·노복순, 『다시 부르는 독립의 함성』, 단국대학교동양학연구원, 2022, 684~85쪽 참고.

한 『槿花唱歌』는 현재 경기도 등록문화재로 지정되어 있으나 내용과 체제에 완전함을 갖추고 있고 희귀성이 크다. 또한 항일 운동, 금지곡, 애국 창가집 등 연구 활성화에 기여할 수 있으므로 국가적으로 관리되어야 할 학술 자산이다.

그런데 『槿花唱歌』의 학술적 활용은 아직 민간 차원에 머물러 있다. 2020년 『槿花唱歌』가 한국근현대음악관에 의해 공개된 후 학계의 주목을 받아 2021년 단국대학교 항일음악 DB토대 연구팀에 의해 관련 연구가 3편이 발표되었고, 1편의 박사학위 논문에서 일부 다루어졌다.[59]

이제는 관차원에서 『槿花唱歌』에 대해 관심을 기울일 필요가 있다. 문화재청은 근대문화유산 목록화 조사 연구를 진행한 바 있다.[60] 13년 전이기 때문에 『槿花唱歌』와 같이 새롭게 발굴·공개된 자료의 반영이 필요하며 재정리 및 보완을 통해 심도 있는 항일 독립 운동 연구를 진행할 수 있다.

요컨대 『槿花唱歌』는 일제강점기 항일 운동, 금지곡, 애국 창가집 등 연구 활성화에 기여할 국가적 학술 자산이다. 평택시의 유물 공개와 등록문화재 지정은 어학사, 문학사, 독립운동사, 이민사, 근대사 연구 분야에 두루 아우르는 기초 자료를 제공해준 의미 깊은 일이라 생각한다. 앞으로 『槿花唱歌』의 영인본·현대본과 음원을 만듦으로써 학

59 『애국과 저항, 독립을 노래하다』, 항일음악 국제학술회의 자료집, 단국대학교 항일음악 DB토대 연구팀, 2021 ; 박기선, 「일제강점기와 박정희 정권 시기 음악정책과 금지곡의 특징에 관한 연구」, 동아대학교대학원박사학위논문, 2022.

60 한국예술종합학교 산학협력단, 『근대문화유산 음악분야 목록화 조사 연구 보고서』, 문화재청, 2010.

술 연구, 2차 창작물 제작을 위한 활용도를 증대하고 악보집의 가치를 환류할 수 있기를 기대한다.

7) 국민들의 자긍심을 고취할 유산

『槿花唱歌』는 어려운 시대 속에서도 민족의식을 고양하는 노래를 보급·배포하려 했던 항일 운동의 증거물이자 우리 민족의 기세와 용기의 상징이다. 일반적으로 일제강점기를 핍박받은 '어둠'의 역사로만 인식하곤 하지만 『槿花唱歌』를 통해 민족의 독립을 위해 투쟁하고 도전했던 '불꽃' 같은 역사가 있었음을 보여줄 수 있다.

『槿花唱歌』는 국민에게 환원되어야 할 우리 민족의 유산으로서 실용의 가치를 지닌다. 경기도에는 22곳의 독립운동 관련 터·지가 있고,[61]

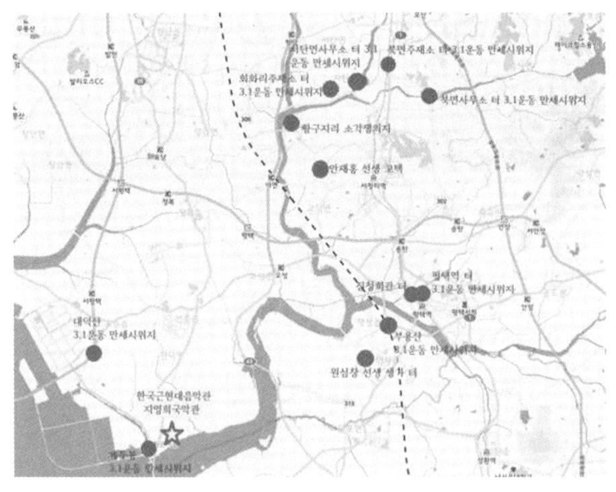

〈도판 10〉 평택 3·1운동 문화유적지

61 『경기도 항일독립운동 문화유산 실태 조사 보고서 1』, 경기문화재단, 2017; 『경기도 항일독립운동 문화유산 실태 조사 보고서 2』, 의정부문화원, 2017.

〈도판 11〉 평택 3·1운동 행사

그중 평택시는 13곳의 3·1운동 유적지를 보유하고 있다(〈도판 10〉). 매년 3월 1일 평택시는 3·1운동 만세 시위지에서 삼일절 행사를 개최한다(〈도판 11〉).[62] 『槿花唱歌』를 이와 연계하여 항일 운동 관광 콘텐츠를 개발한다면 평택시는 '민족 보훈'의 도시로 탈바꿈할 수 있으며 나아가 국민들의 자긍심을 고양하고 역사·문화 체험의 기회도 제공할 수 있을 것이다.

3. 『槿花唱歌』의 문화재 지정 의의

『槿花唱歌』의 문화재 지정이 우리 공동체에 어떠한 의미를 전달하

62 「평택 3·1운동 100주년 기념식 개최, 『중앙신문』, 2019년 3월 10일.

는가. 문화재가 국가와 국민을 위한 것이라면 『槿花唱歌』는 우리 공동체에 무엇을 기여할 수 있는가. 필자는 『槿花唱歌』가 '거창하고 비장하지 않아도 유의미하다.'는 메시지를 전달하고 있다고 생각한다.

혹자는 『槿花唱歌』가 독립운동사적 흐름에서 중대한 가치를 지니는 창가집인지 묻는다. 이에 창가집이 항일과 광복에 기여했다는 증거를 요구한다. 또한 발행인이 이성식처럼 애국가를 부르다가 잡혀가거나, 독립운동에 직접적으로 참여하는 등 해방에 중요한 역할을 한 인물인지 묻는다.

이러한 관점으로만 볼 때 『槿花唱歌』는 거창한 항일 운동 자료는 아닐 수 있다. 하지만 강점기의 상황에서 한 개인이 자신이 할 수 있는 능력 안에서 소신을 지키며 행동했다는 사실은 큰 의미를 지닌다. 우리나라는 35년간 일제의 식민지배를 받았다. 광복은 민족의 간절한 소망이었지만, 그 소망은 시대가 전복되어야 가능한 꿈이기도 했다. 현실적으로 일제 치하의 35년 기간은 해방에 대한 희망과 상상마저 앗아갈만큼 긴 시간이다.

출판사 사장, 작편곡가, 문학인인 노영호가 그 시대를 편리하게 사는 방법은 친일을 하거나, 최소한 일제의 심기를 거스르지 않으며 활동하는 것이다. 그렇게 했다면 그는 업무 폐지 처분을 받지 않았을 것이다. 그럼에도 노영호는 세상과 타협하지 않았다. 끝이 보이지 않는 막연한 강점의 상황에서 그 시대를 종결하고 변혁하겠다는 용기와 소신을 보여준 것만으로도 의미 있고 감사한 일이다.

노영호라는 개인을 통해 우리 민족을 본다. 우리 민족은 어려운 시대 속에서도 정의라고 생각하는 것에 대한 신념을 굳건히 지키는 불굴의 의지와 용기를 지닌 민족이다. 그 긍지를 잊은 오늘날의 우리 사회에 『槿花唱歌』와 노영호는 다음과 같이 말한다. "거창하거나 비장하지 않아도 자신이 할 수 있는 능력 내에서 공동체를 위해 용기내고 소신을 다하는 각 개인의 행위는 그 자체만으로도 뜻깊다."

국민들의 자긍심을 고취하는 증거물을 발굴했다는 점에서 『槿花唱歌』의 문화재 지정은 뜻깊다. 이를 지속하기 위해서는 우리에게 주어진 몇 가지 숙제가 있다. 금지 창가집은 총 몇 점이고 현재 얼마나 있는지 자료 현황 파악을 조선역사창가, 근화교육 등의 자료 발굴도 요구된다.

『槿花唱歌』의 문화재 지정은 지속적으로 근대 음악 유산이 발굴되고 있다는 점, 그리고 이에 대한 관심과 중요성이 사회적으로 이해되고 있다는 점에서 고무적인 성과라고 본다. 유산의 가치를 연구하고실용적 자산으로 전환하여 국민에게 공유하는 것은 우리의 의무이자 책무이다. 이를 위해 시·도와 국가가 긴밀히 협조하고 노력하길 바란다.

4. 맺음말

『槿花唱歌』는 일제강점기 민족음악 작·편곡자, 문학인, 출판사 사주 등 민족 문예인 노영호(盧永鎬)가 펴냈으며 조선의 문학·음악·교육의 장려와 민족 계몽을 위한 근화사의 기획물이다.

『槿花唱歌』는 실물 현전이 희소한 일제강점기 금지 처분 창가집이다. 현재 평택 한국근현대음악관이 유일하게 두 점을 소장하고 있다.

그 두 점은 크기와 인쇄 순서가 다르며 서로의 부족한 내용을 보완하고 있다.

『槿花唱歌』는 희소성·역사성·학술성·사회성을 모두 갖추고 있기에 경기도 등록문화재로 지정될 가치가 있다. 그 지정의 타당성은 7가지로 정리할 수 있다. 첫째, 발굴과 소재지가 국내에 있는 일제강점기 금지창가집이라는 점이다. 둘째, 단 두 점만 현존하는 희귀본이라는 점이다. 셋째, 영리나 상업적 이윤 추구가 아닌 노영호의 순수한 사적 목적 즉 조선 문예를 장려하고자 하는 목적을 위해 계획된 기획물이다. 넷째, 창가집 내용 전체와 곡 구성이 당시 항일음악 및 애국가의 전형을 보여준다. 다섯째, 항일음악의 창작 방식과 서양음악과 전통음악의 공존을 보여주는 근대음악사 연구 자료이다. 여섯째, 음악뿐 아니라 어학사, 문학사, 독립운동사, 이민사, 근대사 등 다양한 분야의 연구에 기여할 수 있는 확장성이 큰 학술 자산이다. 일곱째, 일본에게 35년의 식민 지배를 받았던 상황에서도 본래의 '나, 나라, 민족'의 정체성을 잊지 않기 위해 투쟁했던 용기와 의지의 현현이다. 경기도 나아가 대한민국의 관광·교육 콘텐츠로 개발되어 국민의 자긍심을 고취할 유산이다.

『槿花唱歌』가 독립운동사적 흐름에 의미 있는 가치를 지녔는지 의심할 수 있다. 이러한 의혹은 크게 두 가지 점에서 제기된다고 본다. 창가집이 항일과 광복에 기여했다는 직접적이고 가시적인 근거가 부족하다는 점, 노영호가 열사나 의사처럼 해방 전선에 뛰어들며 독립운동적 행위를 하지는 않았다는 점이다. 『槿花唱歌』의 음악사적 가치뿐 아니라 독립운동사적 가치를 분명하게 확인할 수 있는 증거에 대한 요구이다. 하지만 『槿花唱歌』는 노영호라는 한 개인이 현실과 타협하지 않고 출판사 사장으로서 작편곡가로서 문학인으로서 지닌 역량을 최대한 발휘하여 만들어낸 용기의 산물이라는 점에서 의미가 있다. 노영호는 세상과 권력에 굴복했을 수 있으나 시대를 종결하고 변혁하겠다는 자신의 신념을 실천한 우리 민족의 얼굴이다.

『槿花唱歌』는 거창하지 않더라도 각 개인이 자신의 여력 안에서 소신을 다한다면 충분히 의미가 있다는 메시지를 전달한다. 이 노래책에 녹여진 용기, 소신, 불굴의 의지를 널리 알린다면 『槿花唱歌』가 문화재로서 공동체의 발전을 위한 의미 있는 역할을 해낼 것이라 기대한다.

참고문헌

1. 단행본 저서
김동수, 『일제침략기 민족시가 연구』, 인문당, 1988.
김병선, 『창가와 신시의 형성 연구』, 소명출판사, 2007.
김보희, 『소비에트 고려민족의 노래』, 한울, 2008.
김주명, 『한국대중가요사 1』, 한국대중예술문화연구원, 2003.
김중영, 『항일아리랑』, 책나무출판사, 2021.
김창근, 『중국조선족가요 100수 분석』, 연변 인민출판사, 2014.
김춘선, 『북간도 한인 사회의 형성과 민족 운동』, 고려대학교 민족문화연구원, 2016.
노동은, 『한국근대음악사1』, 한길사, 1994.
_____, 『정율성의 삶과 예술』, 광주정율성국제음악제조직위, 2005.
_____, 『친일음악론』, 민속원, 2017.
문옥배, 『한국 교회음악 수용사』, 도서출판 예솔, 2001.
_____, 『한국 금지곡의 사회사』. 도서출판 예솔, 2004.
_____, 『한국공연예술 통제사』, 도서출판 예솔, 2013.
민경찬, 『한국 창가의 색인과 해제』, 한국예술종합학교 한국예술연구소, 1997.
_____, 『청소년을 위한 한국음악사-양악편-』, 서울: 두리미디어, 2006.
민경찬 외, 『동아시아와 서양음악의 수용』, 음악세계, 2008.
________, 『민족음악문화유산 창가집 연구』, 경인문화사, 2024.

박선희, 『메이지 시대의 창가 연구』, 전남대학교 출판부, 2014.
박재순, 『애국가 작사자 도산 안창호』, 도서출판 종문화사, 2020.
박찬호, 『한국가요사 1』, 미지북스, 2009.
_____, 『한국가요사 2』, 미지북스, 2009.
오지선, 『한국근대음악교육 : 조선총독부의 음악교육 정책을 중심으로』, 예솔, 2003.

이강숙·김춘미·민경찬, 『우리 양악 100년』, 현음사, 2001.
이소영, 『20세기 한국음악학의 혼종적 음악하기-신민요를 중심으로』, 민속원, 2018.
이영미, 『한국대중가요사』, 시공사, 1998.
_____, 『한국대중가요사』, 민속원, 2006.
이유선, 『한국 양악 백년사』, 중앙대학교 출판부, 1976.
이종한, 『항일전사 정율성 평전: 음악이 나의 무기다』, 지식산업사, 2006.
이중연, 『신대한국 독립군의 백만용사야-일제강점기 겨레의 노래사』, 혜안, 1998.
임종국, 『일제하의 사상탄압』, 평화출판사, 1985.
장경준, 『한형석 평전: 음악과 연극으로 조국광복을 노래한 독립운동가』, 산지니, 2020.
장사훈, 『여명의 동서음악』, 보진재, 1974.
장유정·서병기, 『한국 대중음악사 개론』, 성안당, 2015.
전정임, 『초기 한국 천주교회 음악』, 한국예술종합학교 한국예술연구소, 2001.
정설송, 『중국인민해방군가의 작곡가 정율성2: 그의 음악』, 형상사, 1992.
정진석, 『극비 조선총독부의 언론검열과 탄압』, 커뮤니케이션북스, 2008.
최창호, 『민족수난기의 가요들을 더듬어』, 평양: 평양출판사, 1997.
_____, 『민족수난기의 가요들을 더듬어-증보판-』, 평양: 평양출판사, 2003.
황문평, 『가요60년사』, 전곡사, 1983.
_____, 『노래백년사』, 숭일문화사, 1981.

2. 논문

강영애, 「노래로 불려진 천주가사의 음악적 특징」, 『국악원논문집』 25, 국립국악원, 2012.
고순희, 「윤희순의 의병가와 가사-여성주의적 성격을 중심」, 『한국고전여성문학연구』 1, 한국고전여성문학회, 2000.
구양근, 「독립군의 항일노래 모음 『최신창가집』」, 『민족문제연구』 8, 민족문제연구소, 1995.

구인모, 「가사체(歌辭體) 형식의 창가화(唱歌化)에 대하여」, 『한국어문학연구』 15, 동악어문학회, 2008.
권도희, 「1910년대 창가와 잡가」, 『동악어문학』 51, 동악어문학회, 2008.
권명아, 「풍속 통제와 일상에 대한 국가 관리 : 풍속 통제와 검열의 관계를 중심으로」, 『민족문학사연구』 33, 민족문화사연구소, 2007.
김경남, 「상해 『독립신문』 소재 시가와 항일가요 연구」, 『어문논총』 75, 한국어문학회, 2018.
김광순, 「동학(천도교) 사상과 민족교회음악」, 『음악과현실』 9, 민족음악학회, 1994.
김기종, 「권상로의 불교시가 연구」, 『한국문학연구』, 동국대 한국문학연구소, 2011.
김길연, 「한국금서의 시대별 양상 연구」, 서경대학교대학원 박사학위논문, 2013,
김덕균, 「우리 겨레의 항일가요 연구」, 『한국음악사학보』 20, 한국음악사학회, 1998.
_____, 「윤세주의 항일가요 최후의 결전에 대하여」,『한국음악사학회』 7, 한국음악사학회, 1991.
_____, 「한국의 걸출한 항일음악가 한형석」, 『음악과 민족』 17, 민족음악학회, 1999.
김명섭, 「신흥무관학교와 검성학교에서 부른 항일노래」, 『군사』 122, 국방부군사편찬연구소, 2022.
_____, 「조선의용대(군) 항일음악 창작과 문화활동」, 『한국근대사연구』 97, 한국근현대사학회, 2021.
김병선, 「『소년』지 소재 창가의 연구-7.5조 리듬에 대한 음악학적 접근」, 『국어문학』 25, 국어문학회, 1985.
김병철, 「開化期(1890-1990) 詩歌史上에 있어서의 初期 韓國讚頌歌의 位置」, 『아세아연구』 42, 고려대 아세아문제연구원, 1971.
김보희, 「1910년대 국외'애국창가'에 대한 음악학적 연구」, 『동양학』 78, 2019.
김보희, 「1917년 독일포로 고려인이 부른 독립운동가요」, 『한국독립운동사연구』 42, 독립기념관, 2012.
_____, 「고려인 노래의 갈래연구」, 『한국음악연구』 39, 한국국악학회, 2006.

______, 「북만주지역의 독립운동가요-1910년대 민족주의 독립운동가요를 중심으로」, 『한국음악연구』 43, 한국국악학회, 2008.
______, 「소비에트시기_고려극장의 역사와 음악활동 1-원동시기를 중심으로」, 『한국음악연구』 46, 한국국악학회, 2009.
______, 「우즈베키스탄 꼴호즈(집단농장) 소인예술단의 음악활동」, 『한국음악사학보』 36, 한국음악사학회, 2000.
______, 「한인 디아스포라 아리랑의 원형과 파생 관계 연구」, 『한국음악연구』 51, 한국국악학회, 2012.
______, 「해외 한민족 디아스포라 예술집단에 관한 연구」, 『한국문학과예술』 4, 한국문학과예술연구소, 2009.
김수현·김연수, 「북간도 광성중학교 『북간도 광성중학교 발행 『최신창가집(부악전)』(1914) 수록 창가 연구」, 『이화음악논집』 26-4, 이화음악연구소, 2022.
______, 「사료로 본 애국가 짓기와 부르기의 역사」, 『동양학』 82, 단국대학교 동양학연구원, 2021.
______, 「일제강점기 음악통제와 애국창가 탄압사례」, 『한국음악사학보』 66, 한국음악사학회, 2021.
______, 「항일·독립운동가요로 부른 학도가류 연구」, 『국악원논문집』 44, 국립국악원, 2021.
______, 「도산 안창호가 지은 항일가요의 가창 양상」, 『애국과 독립을 노래하라』, 단국대출판부, 2022.
김시덕, 「한국근현대음악관 탄생의 역사적 의미와 소장자료의 미래 가치」, 『한국근현대음악관 개관기념 도록』, 한국근현대음악관, 2022.
김영철, 「개화기 시가의 사회시학적 변이 양상」, 『한국시학연구』 26, 한국시학회, 2009.
김용직, 「唱歌·新體詩와 그 文學史上 意義」, 『국어국문학』 68, 국어국문학회, 1975.
김은하, 「김인식의 『(교과적용) 보통창가집 원전연구」, 『음악과문화』 27, 세계음악학회, 2012.
김점도, 「창가 속에 담긴 독립사상의 고찰」, 『황해문화』 5, 새얼문화재단, 1994.

김종진, 「근대 불교시가의 전환기적 양상과 의미 - 『조선불교월보(朝鮮佛教月報)』(1912.2-1913.8.)를 중심으로」, 『한민족문화연구』 22, 한민족문화학회, 2012.
김창욱, 「한형석의 광복군가 연구」, 『항도부산』 24, 부산광역시, 2008.
노동은, 「<학도가>, 우리노래인가 일본노래인가」, 『음악과 민족』 7, 민족음악학회, 1994.
_____, 「1910년대 기독교계 학교의 음악교육과 그 영향」, 『한국기독교와 역사』 20, 한국기독교역사연구소, 2004.
_____, 「애국가 가사는 언제, 누가 만들었나」, 『역사비평』 25, 역사비평사, 1994.
_____, 「일제하 음악사회의 성격」, 『낭만음악』 1-4 가을호, 낭만음악사, 1989.
_____, 「한국근대음악문헌목록(1860년대~1945년간)」, 『음악과 민족』 50, 민족음악학회, 2015.
노복순, 「항일가요에 나타난 가사와 곡조의 결합 양상연구 - 철도창가 곡조 활용 곡을 중심으로」, 『한국음악사학보』 65, 한국음악사학회, 2020.
_____, 「항일가요의 가사 결합양상과 특성-조지아행진곡 활용」, 『동양학』 84, 단국대동양학연구원, 2021.
문봉석, 「근대음악자료의 분류와 활용방안 연구-한국근현대음악관을 중심으로」, 『이화음악논집』25-3, 서울: 이화여자대학교 음악연구소, 2021.
문옥배, 「일제강점기 음악통제 관한 연구」, 『음악학』 제13호, 한국음악학학회, 2006.
문한별, 「일제강점 말기 경무국 도서과의 활동 방향과 검열의 흐름, 『우리어문연구』 72, 우리어문연구회, 2022.
_____, 「신자료를 통해 살펴본 일제강점기 출판 검열의 단면」. 『한국언어문학』. 86, 한국언어문학회, 2013.
민경찬, 「해방이전에 사용된 음악교과서(1) 신편창가집과 라마자 신편창가집에 관하여」, 『낭만음악.』 28, 낭만음악사, 1994.
_____, 「김인식의 (교과적용) 보통창가집」, 『낭만음악』 37, 낭만음악사, 1997.
_____, 「도산안창호 애국창가의 음악사적 의미 악보 복원 및 재현」, 『도산학보』

16, 도산학회, 2017.
_____, 「러시아 연해주 지역 고려인의 근대음악 - 한국에서의 연구를 중심으로」, 『한국예술연구』 34, 한국예술연구소, 2021.
_____, 「중국 조선족의 항일군가와 일본의 노래」, 『한국음악사학보』 25, 한국음악사학회, 2000.
_____, 「창가를 다시 묻는다」, 『동악어문학』 51, 동악어문학회, 2008.
_____, 「한국 근현대 음악사에서 창가 자료의 의미와 가치」, 『한국근현대음악관 개관 기념 도록』, 한국근현대음악관, 2022.
_____, 「항일혁명가에 침투한 일본 노래」, 『역사비평』 41 겨울호, 역사비평사, 1997.
_____, 「홍난파의 통속창가집(通俗唱歌集)」, 『낭만음악』 38, 낭만음악사, 1998.
_____, 『한국창가의 색인과 해제』. 한국예술종합학교, 1997.
민성숙, 「한서 남궁억의 창가(唱歌)에 나타난 민족정신 연구」, 『국제한국학저널』 5, 강원한국학연.구원, 2018.
박기선, 「일제강점기와 박정희 정권 시기 음악정책과 금지곡의 특징에 관한 연구」, 동아대학교 대학원 박사학위논문, 2022.
박민영, 「『보통학교보충창가집』(1926)의 '정서교화'양상」, 『국제언어문학』 32, 국제언어문학회, 2015.
박선영, 「근대 계몽기 교과서 수록 시가(詩歌)와 근대시 형성의 맹아(萌芽)」, 『우리말교육현장연구』 9-2, 우리말교육현자학회, 2015.
박애경, 「가요개념의 근대화, 식민화, 혼종화」, 『구비문학연구』 34, 한국구비문학회, 2012.
박은경, 「근대 창가의 연구-이상준을 중심으로」, 서울대학교 박사논문, 1998.
박은경, 「이상준의 『최신창가집』 연구」, 『음악연구』 15, 한국음악학회, 1997.
_____, 「이상준의 『풍금독습중등창가집(風琴獨習中等唱歌集)』 연구」, 『음악과 현실』, 민족음악학회, 1995.
박제홍, 「일제강점기 창가에 나타난 수신교육 : 조선총독부편찬 『新編唱歌集』, 『普通學校唱歌書』를 중심으로」, 『일본어교육』 53, 한국일본어교육학회,

2010.
박현철, 「난파(蘭坡) 홍영후의 새로운 자료 소개」, 『근대서지』 10, 근대서지학회, 2014.
박혜정, 「서양음악의 전래와 수용-1880년대를 기점으로 한 개화기 중심으로」, 『국악교육』 23, 국악교육학회, 2005.
반혜성, 「1916년 하와이 호놀룰루 『애국창가』 연구」, 『이화음악논집』 23, 이대음악연구소, 2019.
______, 「『광복군가집 제1집』(1943)의 특징과 의의」, 『한국음악연구』 68, 한국국악학회, 2019.
______, 「『손승용 수진본 창가집』의 특징과 가치」, 『동양학』 85, 단국대 동양학연구원, 2021.
배연형, 「창가 음반의 유통」, 『한국어문학연구』 51, 동악어문학회, 2008.
손지연, 「식민지 조선에서의 검열의 사상과 방법」, 『한국문학연구』 제32집, 동국대학교 한국문학연구소, 2007.
송민호, 「開化期 詩歌史上의 唱歌」, 『아세아연구』 24, 고려대 아세아문제연구원, 1966.
______, 「대한제국시대 출판법의 제정과 출판검열의 법」, 『한국현대문학연구』 제43집, 한국현대문학회, 2014.
신계휴, 「조선총독부 편찬 초등음악교과서 분석 연구」, 『교육논총』, 경인교육대학교 교육연구원, 2002.
신용하, 「계명의숙 취지서·창가·경축가·창립기념가·권학가 등」, 『한국학보』 6, 일지사, 1977.
______, 「새 자료 도산 유품 『구한말 애국창가집』 해제」, 『한국학보』 13-14, 일지사, 1987.
신현득, 「최남선의 창가 연구-창작동요에 미친 영향을 중심으로」, 『국문학논집』 19, 단국대 국어국문학과, 2003.
야마우치 후미타카, 「일본대중문화 수용의 사회사-일제강점기 창가와 유행가를 중심으로」, 『낭만음악』 49, 낭만음악사, 2000.

양지선, 「<아리랑>을 통해 본 한유한의 예술구국투쟁」, 『한국근현대사연구』 83, 한국근현대사학회, 2017.
______, 「한국광복군 군가 연구」, 『한국근현대사연구』 95, 한국근현대사학회, 2020.
______, 「한유한의 항일음악 연구」, 『숭실사학』 47, 숭실사학회, 2021.
엄찬호, 「윤희순의 생애와 항일운동」, 『의암학연구』 1, 의암학연구, 2020.
유충희, 「위대한 한국대중음악의 뿌리와 맥 한국대중음악박물관」, 『문화공간 산책』, 국회도서관, 2022.
이경돈, 「잡지 『근화』와 문학동인지 시대」. 『반교어문연구』 제26집. 반교어문학회, 2009.
이권희, 「근대일본의 소리문화와 창가(唱歌)-창가의 생성과 음악취조괘의 역할을 중심으로」, 『일본.사상』 19, 한국일본사상학회, 2010.
______, 「하와이 한인의 나라 사랑 노래」, 『애국과 독립을 노래하라』, 단국대출판부, 2022.
이명숙, 「신흥무관학교의 노래로 본 항일노래의 창작·공유·전승」, 『역사와 현실』 124, 한국역사연구회, 2022.
이명화, 「도산 안창호의 애국창가운동」, 『도산학연구』 14·15, 도산학회, 2015.
______, 「애국가 형성에 관한 연구」, 『한국사상사연구』 10·11, 역사와 실학회, 1999.
이민규, 「박창식 필사 잡집 해제 및 분석」, 『한국고전연구』 38, 한국고전연구학회, 2017.
______, 「박창식 필사 창가휘집 해제 및 분석」, 『한국고전연구』 43, 한국고전연구학회, 2018.
______, 「한민학교의 창가 가창 양상」, 『국제어문』 75-국제어문학회, 2017.
이민주, 「일제시기 검열관들의 조선어 미디어와 검열업무에 대한 인식」, 『한국언론학보』 2월, 제55권 제1호, 한국언론학회, 2011.
이상만, 「음악개관」, 『문예총감』, 한국문화예술진흥원, 1976.
이승희, 「식민지시대 흥행(장) 「취체규칙」의 문화전략과 역사적 추이」, 『상허학보』 제29집, 상허학회, 2010.

이유기, 「1910년대 하와이판 『애국가』에 대한 연구」, 『동악어문학』 51, 동악어문학회, 2008.

이정선, 「일본 문화유산의 연속적 활용에 관한 연구」, 『문화재』 52, 국립문화재연구소, 2019.

이진원, 「『태평(太平)레코-드 불로초창가집(不老草唱歌集)』해제 및 영인(1)」, 『한국음반학』 19, 한국고음반연구회, 2019.

이형대, 「근대계몽기 시가 장르의 존재 양상과 근대적 대응」, 『시조학논총』 32, 한국시조학회, 2010.

______, 「일제식민지시기 이중언어적 상황과 창가의 혼종성」, 『민족문화연구』, 고려대민족문화연.구원, 2019.

이혜영·윤종혁·류방란, 『한국근대학교교육 100년사 연구(Ⅱ) : 일제시대의 학교교육』, 한국교육개발원, 1997.

임경화, 「식민지 조선에서의 창가, 민요 개념 성립사-일본에서의 번역어 성립과 조선으로의 수용 과정 분석」, 『대동문화연구』 71, 성균관대 대동문화연구원, 2010.

장유정, 「20세기 전반기 한국 대중가요와 디아스포라」, 『대중음악』 2, 한국대중음악학회, 2008.

______, 「도산 안창호 작사 계몽가요 양상과 특징」, 『구비문학연구』 53, 한국구비문학회, 2019.

______, 「독립운동가요로 불린 대중가요 양상과 특징」, 『한국민요학』 61, 한국민요학회, 2021.

______, 「현전 최고 애국 계몽 가요집 손봉호의 『창가』 연구」, 『한국민요학』 56, 한국민요학회, 2019.

장정윤. 「1920년대 한국 근대음악문화 지형 그리기: 음악출판물을 중심으로」, 이화여자대학교 박사학위논문, 2017.

전정임, 「근대 서양음악의 도입 양상」, 『춤과 지성』 2, 한국춤문화자료원, 2005.

______, 「일제하 검열기구와 겸열관의 변동」, 『대동문화연구』 제51집, 성균관대학교 대동문화연구소, 2005.

정근식·최경희, 「도서과의 설치와 일제 식민지출판경찰의 체계화 : 1926-1929」, 『한국문학연구』 30, 동국대 한국문학연구소, 2006.

정진석, 「언론통제 검열기구 총독부 경무국 도서과」, 『관훈저널』 93 겨울호, 관훈클럽, 2004.

______, 「해제 : 일제의 탄압과 언론의 저항」, 『일제시대 민족지(民族紙) 압수기사모임 1』, LG상남언론재단, 1998.

조규익, 「문학(文學) 창가의 형성에 미친 번역 찬송가의 영향」, 『온지논총』 16, 온지학회, 2007.

조선총독부. 「조선문·지나문」. 『조선총독부 금지단행본목록』. 조선총독부경무국, 1941.

조순자, 「개화기 창가교육의 수용과 전개-개화기 근대학교 중심」, 『한국민요학』 63, 한국민요학회, 2021.

조윤영, 「남성의 시선으로 만들어진 여성의 노래 백우용의 『이십세기청년여자창가』 (二十世紀青年女子唱歌)를 중심으로」, 『음악학』 28, 한국음악학회, 2015.

조응순, 「음악가 정율성의 삶과 예술가의 윤리」, 『국악교육』 40, 한국국악교육학회, 2015.

최순배, 「항일운동기 창가의 연구: 『최신창가집』 분석을 중심으로」, 동국대 석사논문, 2001.

최옥화, 「중국조선족항일가요 타문화수용연구」, 『남북문화예술연구』 13, 남북문화예술학회, 2013.

최필선, 「민족음악 초기한국가톨릭교회의 민족교회음악」, 『음악과 현실』 4, 민족음악학회, 1992.

한국콘텐츠진흥원, 『문화원형 콘텐츠 총람 2002~2010』, 서울: 한국콘텐츠진흥원, 2012.

한기형, 「문화정치기 검열체제와 식민지 미디어」, 『대동문화연구』 51, 성균관대 대동문화연구원, 2005.

______, 「식민지 검열장의 성격과 근대 텍스트」, 『민족문학사연구』 34, 민족문

화사연구소, 2007.

한만수, 「1930년대 검열기준의 구성원리와 작동기제」, 『한국어문학연구』 47, 동악어문학회, 2006.

한만수, 「식민지시기 검열의 드러냄과 숨김」, 『배달말』 41, 배달말학회, 2007.

한정호, 「이극로의 대종교 활동과 『한얼노래』 연구」, 『인문학연구』 21-2, 원광대 인문학연구소, 2020.

한혜자, 「한국청년전지 공작대와 한유한의 항일예술활동」, 동아대학교 대학원, 2016.

허영춘, 「독립운동가요의 고찰 및 음악교육으로의 수용적 가치 탐구」, 교원대 박사논문, 2018.

______, 「정율성 항일가요 팔로군행진곡의 사회적 역할」, 『동양학』 72, 단국대 동양학연구원, 2018.

허형만, 「『독립신문』에 나타난 애국가류 연구」, 『돈암어문학』 2, 돈암어문학회, 1989.

홍윤표, 「野球歌와 蹴球歌가 첫 수록된 『新式唱歌集』을 찾아서」, 『근대서지』 20, 근대서지학회, 2019.

石田陽子, 「唱歌教育と童謠復興運動にみる初等科音樂教育への提言についての一考察」, 『四天王寺國際佛教大學紀要』第44号, 東京: 四天王寺國際佛教大學 圖書館, 2007.

井上學, 「鐵道唱歌に見られる近代の관觀光資源の特性」, 『立命館文學』, 東京: 立命館大学人文学会, 2017.

布施和也, 「未公開資料の鐵道唱歌を基軸とした地方都市の地域活性化に向けた檢討」, 『土木學會 第70回年次學術講演會資料集』(栃木: 足利工業大學, 2016.

布施和也, 「烏寶線鐵道唱歌の解明と近代後期以降」の烏山線沿線地域の變容過程」, 『那須烏山市』まちづくり研究會活動成果報告書』(栃木: 那須烏山市』まちづくり研究會, 2016.

大野裕司, 「唱歌についての一考察」, 『聖カタリナ大學研究紀要』第30号, 愛媛: 聖カタリナ大學, 2018.

3. 고서, 악보집, 편역서

광성중학교(편), 『최신창가집』. 小營子 : 光成中學校, 1914.
하와이 호놀룰루, 『애국창가』, 1916.
노영호 편, 『근화』. 창간호, 근화사, 1920.
정경운(편), 『동서위인창가』, 경성: 廣文書市, 1921.
노영호, 『난구문자숙어해석』. 근화사, 1921.

검열연구회 편, 『식민지 검열 : 제도·텍스트·실천』, 소명출판, 2011.
과학·백과사전출판사(편), 『문학예술사전』, 평양: 과학·백과사전출판사, 1974.
김병학 편, 『재소고려인의 노래를 찾아서 Ⅰ, Ⅱ』, 화남, 2007.
김보희 편, 『정추채록 소비에트시대 고려인의 노래』, 한양대학교 출판부, 2006.
김봉관 리광인 편, 『중국조선족무형문화재총서-중국조선족아리랑』, 중국연변:민족출판사, 2015.
김수현 편, 『1914 북간도의 노래 광성학교 최신창가집 152곡』, 민족문화유산연구소, 2023.
김수현·이수정 편, 『한국근대음악기사자료집-잡지편』, 민속원, 2008.
남희철 편, 『항일가곡선집』, 중국 연변: 인민출판사, 2015.
노동은 편, 『항일음악 330곡집』, 민족문제연구소, 2017.
단국대 동양학연구원, 『애국과 독립을 노래하라』, 단국대학교 출판부, 2022.
독립군가보존회 편, 『독립군 가곡집: 광복의 메아리』, 독립군가보존회, 1982.
독립군시가집 편찬위원회 편, 『독립군시가집 배달의 맥박』, 송산출판사, 1984.
동북역사기념관 편, 『동북인민 항일시사선』, 중국 요녕 길림: 인민출판사연합, 1961.
료녕인민출판사 편, 『조선족 노래집』, 중국 심양: 료녕인민출판사, 1981.
리덕태 최윤영, 『조선족 애창가요집』, 중국 심양: 료녕민족출판사, 1994.
문학예술종합출판사(편), 『계몽기가요선곡집』, 평양: 문학예술종합출판사, 1999.
문학예술출판사(편), 『조선노래대전집』, 평양: 문학예술출판사, 2002.
반혜성 김수현 김명섭 노복순 편, 『다시 부르는 독립의 함성-항일노래 600곡』,

단국대출판부, 2022.
부산근대역사관, 『먼구름 한형석의 생애와 독립운동』, 부산근대역사관, 2006.
상해인민출판사 편, 『건군오십주년가곡집 상집』, 중국상해:상해인민출판사, 1977.
에마뉘엘 피에라와 저·권지현 역, 『검열에 관한 검은 책』, 알마, 2012.
연변 조선족 자치주 모택동사상선전첩 편, 『혁명가곡 1』, 중국연변:연변인민출판사, 1972.
연변동북군정대학길림분교교사연구회 편, 『노래집60청춘닐리리』, 중국연변:동북조선민족교육출판사, 1992.
연변민간예술연구조 편, 『조선족 민간문예 자료집 혁명가·동요편』, 중국연변:연변민간예술조, 1963.
오영식. 『해방기(1945-1950) 간행도서 총목록』. 소명출판, 2009.
요녕인민출판사 편, 『리홍광지대 혁명가곡선집』, 중국 요녕:료녕인민출판사, 1979.
이민 편, 『동북항일연군가곡선』, 하얼빈출판사, 1991.
인민음악출판사 편, 『정율성가곡선』, 중국북경:신화서점 북경발행소, 1978.
전정혁 편, 『조선족 항일투쟁 노래 선집』, 중국심양:료녕민족출판사, 1995.
정근식·한기형·이혜령·고노 겐스케·고영란 엮음, 『검열의 제국 : 문화의 통제와 재생산』, 푸른역사, 2016.
중국 작가협회 연변분회 편, 『연변민가선집』, 중국북경:민족출판사, 1960.
중국음악가협회 연변분회 편, 『연변조선족가곡선』, 중국상해:상해문예출판사, 1982.
________________, 『중국조선족가요선집』, 중국연변:민족출판사, 1989.
________________, 『혁명 가곡집』, 중국연변:연변인민출판사, 1961.
중국조선족음악연구회 편, 『중국 조선족가요 정선』, 중국:민족출판사, 2011.
한울림합창단 편, 『한형석(한유한)작곡집 1 먹구름』, 예솔, 2005.
허경진 외, 『항일가요 및 기타』, 보고사, 2007.
황선열 편, 『님 찾아가는 길-독립군시가 자료집-』, 한국문화사, 2001.

4. 신문기사 · 광고(날짜 순)

「教育彙報-不適의 唱歌禁止」, 『경남일보』, 1909년 11월 20일, 3면
「普通歌編述」, 『황성신문』, 1910년 1월 9일, 2면.
「發賣 頒布 禁止 押收 李聖植 著作 『中等唱歌』」, 『관보』, 4656호, 1910년 4월 19일.
「창가압수」, 『대한매일신보』, 1910년 4월 20일, 2면.
「애국가 지은 죄」, 『신한민보』, 1910년 6월 29일, 3면
「槿花」, 『동아일보』, 1920년 5월 8일, 3면.
「신간소개-槿花(創刊號)」, 『매일신보』, 1920년 6월 9일, 4면.
「새소리」, 『매일신보』, 1920년 9월 29일, 4면
「신간소개-ᄉᆡ소리(창간호)」, 『매일신보』, 1920년 11월 10일, 4면.
「신간소개-새소리, 朝鮮의 歷史 등」, 『매일신보』, 1920년 12월 26일, 4면.
「신간소개-女子界(第六號)등」, 『매일신보』, 1921년 1월 25일, 4면.
「신간소개-難句文子熟語解釋」, 『매일신보』, 1921년 4월 6일, 4면.
「근화창가」, 『동아일보』, 1921년 4월 7일, 1면.
「신간소개-槿花唱歌第一集」, 『동아일보』, 1921년 4월 12일, 4면
「歌調 朝鮮의 자랑」, 『매일신보』, 1921년 4월 13일, 1면.
「신간소개-新撰俗曲集」, 『매일신보』, 1921년 4월 17일, 4면.
「槿花唱歌第一集 盧永鎬著作」, 『조선일보』, 1921년 4월 18일, 석간 4면.
「원산상시장물가조」, 『동아일보』, 1921년 5월 15일, 4면.
「신간소개-詩人의戀愛生活 등」, 『조선일보』, 1921년 6월 9일, 석간 4면.
「근화창가」, 『동아일보』, 1921년 6월 21일, 3면.
「근화창가」, 『동아일보』, 1921년 6월 22일, 1면.
「신간소개-普通學校朝鮮語及漢文讀本券四, 難句文子熟語解釋」, 『매일신보』, 1921년 6월 30일, 4면.
「신간소개-靑年, 東西偉人唱歌, 朝鮮名勝地理唱歌」, 1921년 8월 11일, 4면.
「입학시험계공전의 대복음」, 『동아일보』, 1922년 1월 23일, 1면
「입학시험계공전의 대복음」, 『동아일보』, 1922년 1월 31일, 1면
「입학시험계공전의 대복음」, 『동아일보』, 1922년 1월 27일, 1면

「근화사」, 『동아일보』, 1922년 4월 12일, 4면.
「이문당, 근화사」, 『동아일보』, 1922년 4월 20일, 4면.
「광고, 교과용도서발행인」, 『조선총독부관보』, 1922년 4월 22일.
「이문당, 근화사」, 『동아일보』, 1922년 4월 23일, 4면.
「시사강연록」, 『동아일보』, 1922년 7월 13일, 1면.
「입학시험에 합격하는 비결」, 『동아일보』, 1922년 9월 12일, 1면.
「입학시험에 합격하는 비결」, 『동아일보』, 1922년 9월 16일, 1면.
「입학시험에 합격하는 비결」, 『동아일보』, 1922년 9월 19일, 1면.
「신간소개-高等程度入學試驗問題模範解答」, 『동아일보』, 1922년 10월 16일, 4면.
「입학시험에 합격하는 비결」, 『동아일보』, 1922년 12월 8일, 1면.
「입학시험에 합격하는 비결」, 『동아일보』, 1922년 12월 30일, 1면.
「입학시험에 합격하는 비결」, 『동아일보』, 1923년 1월 16일, 1면.
「입학시험에 합격하는 비결」, 『동아일보』, 1923년 2월 2일, 1면.
「입학시험에 합격하는 비결」, 『동아일보』, 1923년 2월 2일, 1면.
「월간잡지 사랑의 벗」, 『동아일보』, 1923년 2월 15일, 1면.
「신간양저소개-朝鮮의 자랑 槿花唱歌」, 『동아일보』, 1923년 4월 5일, 1면.
「조선역사 실단실기」, 『동아일보』, 1923년 6월 26일, 1면.
「보통학교생도용 자습참고서」, 『동아일보』, 1923년 7월 1일, 1면.
「조선역사 실단실기」, 『동아일보』, 1923년 7월 5일, 1면.
「이문당 근화사 문화서관 광한서림」, 『동아일보』, 1924년 1월 7일, 3면.
「이문당 근화사 문화서관」, 『동아일보』, 1924년 1월 27일, 3면.
「이문당 근화사 문화서관」, 『동아일보』, 1924년 1월 30일, 3면.
「이문당 근화사」, 『동아일보』, 1924년 9월 9일, 3면.
「첫길에 압장선 이들 (2): 십삼도를 편답하야 여자교육을 선전 김미리사 여사」, 『조선일보』, 1924년 11월 24일, 3면.
「봉문관 근화사」, 『동아일보』, 1924년 1월 14일, 3면.
「수산방 문우당 문성당 적문관 근화사」, 『동아일보』, 1925년 2월 17일, 3면.
「신간소개-泰西雄辯集 第一集」, 『동아일보』, 1925년 4월 13일, 8면.

「8월 29일부로 근화학원 학교로 인가」, 『조선일보』, 1925년 8월 30일, 3면.
「만봉통신사경영자변편」, 『조선일보』, 1925년 12월 7일, 4면.
「서산노동청년회 십삼일성황으로 창립」, 『조선일보』, 1928년 1월 21일, 4면.
「봉천예우회 동정소인극 대보름날에」, 『조선일보』, 1928년 2월 6일, 석간 3면.
「노청강좌개최」, 1928년 4월 9일, 4면.
「조선인신문기자단을조직」, 『조선일보』, 1929년 12월 22일, 3면.
「길돈사건의 피해동포위문금」, 『동아일보』, 1930년 12월 21일, 7면.
「취인정지」, 『조선일보』, 1937년 1월 5일, 12면.
「ウタノホン」, 『조선신문』, 1942년 2월 15일, 1면.
「國民學校藝能科音樂」, 『경성일보』, 1942년 2월 20일, 3면.
「유치원·국민학교저학년용 창가집」, 『어린이신문』, 1946년 10월 19일~12월 21, 1면.
「우리문화 8 도서출판(8)」, 『경향신문』, 1972년 11월 14일 5면.

5. 사이트

한국근현대음악관 (https://www.ptlib.go.kr/mkmp/index.do)
한국대중음악박물관 (http://www.kpopmuseum.com/)
한국민속대백과사전 (https://folkency.nfm.go.kr/topic/%EC%B0%BD%EA%B0%80).
국가법령정보센터 (https://www.law.go.kr)
문화재청국가문화유산포털 (https://www.heritage.go.kr/heri/cul/culSelectView.do?pageNo=1_1_1_1)
연세대학교 도서관 저널 데이터베이스 (https://library.yonsei.ac.kr/search/detail/CATTOT000000063645).
코베이 (https://kobay.co.kr/kobay/item/itemLifeView.do?itemseq=1905WVE2RNW).
현담문고 (http://www.adanmungo.org/view.php?idx=1933).
일본근대음악관 (日本近代音樂館 https://www.meijigakuin.ac.jp/library/amjm).
시대를 넘어 만난 창가와 동요 홈페이지(福井縣 教育總合硏究所 教育博物館 特別展 時を越えて出逢う唱歌と童謠」(https://www.fukui-educate.jp/museum/

exhibition/archives/15).
오선보에 그린 꿈, 일본근대음악 150년 홈페이지 (五線譜に描いた夢_日本近代音樂の150年 https://www.operacity.jp/ag/exh157/).

* 이 책의 표지에 있는 창가집과 본문 230~239쪽 목록에 있는 창가집 표지 이미지는 평택시 한국근현대음악관 소장 자료임을 밝힙니다.

| 저 자 소 개 |

민경찬

현 한국예술종합학교 음악원 음악학과 명예교수.

서울대학교 음악대학을 거쳐 동경예술대학 대학원을 졸업했으며, 서울대학교 서양음악연구소 연구원, 한국예술종합학교 한국예술연구소 책임연구원, 교육부 교과과정 심의위원 등을 역임하였다. 서울 문화예술 평론상, 일본 방송진흥기금 대상 및 특별상, 국가보훈처 보훈문화상 등을 수상한 바 있다. 본 한국근현대음악관 소장 자료 『근화창가』의 희귀성과 그 가치를 평택시에 알려 문화재 등록을 추천하고 자문한 바 있다.

주요 연구로는 『김순남 가곡전집』(편저, 1988), 『한국창가의 색인과 해제』(1997), 『한국작곡가사전 I, II, III』(공저,1999), 『우리양악 100년』(공저, 2001), 『청소년을 위한 한국음악사』(2006), 『동아시아와 서양음악의 수용』(공저, 2008),『문화예술운동』(공저, 2009), 「신편창가집과 라마자 신편창가집」(1995), 「보통학교창가서」(1995), 「보통학교보충창가집」(1996), 「김인식의 (교과적용) 보통창가집」(1997), 「홍난파의 통속창가집」(1998), 「이상준이 편찬한 신유행창가집」(2000), 「'창가'를 다시 묻는다」(2008) 등이 있다.

문옥배

전)공주문화재단 대표이사

한국예술종합학교 음악원 예술전문사과정(대학원)을 졸업했으며, 호서대학교 겸임교수, 대전문화재단 초대 사무처장, 당진문예의전당 초대 관장, 공주문화재단 초대 대표이사, 한국문예회관연합회 이사 등을 역임했다. 현재 한국예술인복지재단 활동증명심의위원, 한국문예회관연합회 컨설팅사업 총괄튜터, 한국문화예술위원회 심의위원, 행정안전부 공익사업선정위원회 위원 등으로도 활동하고 있다. '객석예술평론상'(1989), '문화관광부 우수학술도서' 선정(2002), '문화체육

관광부 장관 표창'(2018) 등을 수상한 바 있다.

주요 저서로는 『한국교회음악 수용사』(2001), 『한국찬송가100년사』(2002), 『한국금지곡의 사회사』(2004), 『음악사회의 인식과 비평』(2007), 『문화콘텐츠의 지역기반연구』(공저, 2010), 『한국공연예술 통제사』(2013), 『충남음악 70년사』(2023), 등이 있다.

김수현

현 민족문화유산연구소 소장.

서울대 음악대학 졸업. 중앙대 음악학 석사. 한국학중앙연구원 박사. 중앙대 겸임교수. 한국학중앙연구원 학술연구교수, 단국대학교 동양학연구원 연구교수를 역임했다.

주요 연구로는 『근대음악기사자료집』1~10권(공편, 2008), 『사진과 엽서로 본 근대의 풍경』(공저, 2011), 『조선시대 악률론과 시악화성』(2012), 『경기음악Ⅱ』(공저, 2013), 『지영희를 말한다』(공저, 2016), 『조선의 악률론과 근대음악론』(2021), 『1914 북간도의 노래-최신창가집 152곡』(엮음, 2023), 『시나위의 전통과 현대적 계승』(엮음, 2023), 「일제강점기 국악 관련 학술적 연구경향고찰」(2012), 「근대시기 전통음악 장르용어에 관한 연구」(2012), 「실록악보로 본 세종 세조의 음악실천과 이론」(2021), 「사료로 보는 애국가 짓기와 부르기의 역사」(2021), 「일제강점기 음악통제와 애국창가 탄압사례」(2021), 「항일 독립운동가로 부른 학도가류 연구」(2021), 「북간도 광성중학교 발행 『최신창가집(부악전)』(1914) 수록 창가 연구」(공저, 2022) 등이 있다.

이준희

현 전주대학교 문화콘텐츠학과 초빙교수.

노래를 찾는 사람, 노래로 역사를 쓰는 사람, 노래로 세상을 보는 사람. 한국 고전 대중음악 전공으로 한국학중앙연구원 한국학대학원 박사과정을 수료했고, 「1920-40년대 조선 대중음악과 만주: 인적 접속의 흔적과 영향」 등 관련 논저를 발표해 왔다. 〈남인수 전집〉, 〈이난영 전집〉 등 음반을 기획·제작했고, KBS 〈가요무대〉 등 방송 프로그램에 참여했다. 옛 가요 사랑 모임 '유정천리' 부회장이며 전주대학교 등에서 대중음악 및 대중문화 강의를 이끄는 강사이기도 하다.